Laura Lackmann

DIE PUNKTE
NACH DEM
SCHLUSSSTRICH

LAURA LACKMANN

DIE PUNKTE NACH DEM SCHLUSSSTRICH

Roman

Mit Illustrationen von
Laura Tonke

List

List ist ein Verlag
der Ullstein Buchverlage GmbH

ISBN: 978-3-471-35120-8

© 2016 by Ullstein Buchverlage GmbH, Berlin
Alle Rechte vorbehalten
Gesetzt aus der Scala OT
Satz: L42 AG, Berlin
Druck und Bindearbeiten: CPI books GmbH, Leck
Printed in Germany

Um sich auf einen Menschen zu verlassen,
tut man gut, sich auf ihn zu setzen; man ist wenigstens
für diese Zeit sicher, dass er nicht davonläuft.

Kurt Tucholsky

Für meine Eltern und meine Schwester Irina

LUZY Es ist nicht das erste Mal, dass ich verhaftet werde. Aber dieses Mal ist es salonfähiger. Vor zehn Jahren war es wegen Grabschändung. Heute ist es nur Körperverletzung. Jemand anderem einen Arm zu brechen kann schon mal passieren, im Affekt. Besonders wenn der Geschubste unglücklich fällt. Man spricht dann von einem Unfall. Wie wenn zwei Autos ineinanderrasen, ohne dass jemand das absichtlich wollte. Dann steigt man aus, guckt sich den Schaden an, rechnet, denn sehr wahrscheinlich ist man schuld.

Ich bin in der Erwartungshaltung, jederzeit verhaftet zu werden, auch ohne Auto, denn ich bin die Verantwortliche.

Ehrlicherweise muss man zugeben, dass der gebrochene Arm von Jonas kein richtiger Unfall war. Mir war klar, dass das IKEA-Expeditregal über ihm zusammenbrechen würde, wenn ich ihn mit Schwung dagegenschubse. Ich kenne das Ding gut. Ich habe es selber in die Wohnung geschleppt und zusammengeschraubt. Es war schwer und von sehr schlechter Qualität, denn ich hatte es in der Fundgrube gefunden. Das ist der Ort bei IKEA vor den Kassen, wo die Gegenstände einen eigenen Preis haben. So ein selbstgemalter. Einer ohne Barcode, so dass der Mensch an der Kasse nicht wissen kann, ob die Zahl vor dem Eurozeichen zu dem Möbel gehört, das man kauft. Also hab ich den Preis vom Expeditregal gegen den Preis von Fundgrubenbettwäsche ausgetauscht. Das machte das blöde Ding gleich noch mal um acht Prozent günstiger.

Ich hab genug Geld. Nicht nur ausreichend, sondern richtig viel.

Das Austauschen von hohen gegen niedrige Preisen ist eine politische Sache, die ich von meiner Mutter gelernt habe. Sie macht das, um Ausbeuterkonzerne wie H&M und IKEA in den Ruin zu treiben. »Luzy, schau mal, dieses Ding kann unmöglich nur zehn Euro kosten. Dass da kein Kinderfinger mit eingenäht worden ist, wundert einen.« Wütend beißt sie dann das Plastik-T, das den Dumpingpreis am Oberteil festhält, zusammen, fiddelt das T, das jetzt ein L ist, durch das vorgestanzte Loch hindurch, findet einen noch günstigeren Artikel, wiederholt dann das Ganze und tauscht schließlich die Preise aus.

»Wir könnten es doch auch teurer machen?« War mein Vorschlag, der nur durch einen ironischen Blick aus dem Augenwinkel erwidert wird.

»Sei nicht so naiv. Nur wenn die Minus machen, fangen sie an nachzudenken. Dann müssen sie einfach alles insgesamt teurer machen, damit kein Verlust entsteht, wenn wir die Schilder immer noch austauschen. Dann können wir die Sachen ja nicht mehr billiger machen, weil alles den Preis hat, den es verdient. Das Plus in der Kasse geht dann an die armen ausgebeuteten Arbeiter!«

Einfach: Nein. Aber was soll's.

Soll sie doch daran glauben, die platinblonde Mama, die monatlich durch das Färben ihres grau gewordenen Haaransatzes die Gewässer dieser Welt vergiftet. Wie soll man es auch richtig machen, politisch korrekt zu leben ist unmöglich. Ich bin ein wandelndes Verbrechen, auch ohne jemandem den Arm gebrochen zu haben.

Ich wusste, was ich tat. Ich hab Jonas extra geschubst. Aus Wut und um ihm doll weh zu tun. Trotzdem war es keine Absicht, denn der Unfall an dem Ganzen war mein Gefühl. Das raste einfach in mein Herz, wie ein Auto bei Aquaplaning. Ich hatte keine Kontrolle mehr, und dann passierte es einfach. Dass ich nicht Herr meiner Gefühle bin, war nicht immer so.

Ich komme aus einer Familie, in der es sehr emotional zugeht. Mein Vater ist Maler. Berühmt wurde er mit einer Serie von Aktbildern, die er von meiner Mutter gemacht hatte. Sein frühes Werk zeigt aber nicht nur eine nackte Frau. Eigentlich sind es eher Porträts ihrer Muschi mit restlichem Körper dran. Das war politisch. Meine Eltern haben sich bei irgendeinem NACKT/KUNST/ EVENT kennengelernt. Meine Mutter hatte zu dieser Zeit unter dem Namen Lizzy Lollipop Pornos gedreht. Nicht so soft wie Emmanuelle, aber fast so kultig. Die Lollipop-Filme waren vor den Bildern meines Vaters einfach nur schmuddelig. Aber Papas Gemälde warfen ein anderes Licht auf Mamas Pornos. »Und dann wurde das, was vorher einfach nur Ficken war, auf einmal Kunst, ist das nicht lustig?« Mama findet es lustig. Die beiden zogen in eine große Villa. Meine Mutter wurde schwanger, ihre riesigen Pornobrüste bekamen eine andere Aufgabe. Ich wurde geboren, und dann war die Beziehung meiner Eltern vorbei. Vielleicht hatten sie einfach alle Gefühle füreinander verbraucht, bestimmt auch meine, denn ich zeigte als Kind keine emotionalen Regungen irgendeiner Art. Kein Weinen, kein Lachen. Es war nicht so, dass ich still war, ich machte schon Geräusche, auch laute, aber eben offensichtlich ohne einen erkennbaren emotionalen Bezug. »Ahhhh.« Kann auch einfach monoton sein. »Vielleicht ist die Luzy ein bisschen autistisch«, meinte mein Kinderarzt. Er riet meinen Eltern, mir das Fühlen »expressiv« beizubringen. »Sie sind doch kreative Menschen, Ihnen fällt bestimmt was ein.«

Sie versuchten es, indem sie mir Pappkarten mit Gesichtsausdrücken zeigten und ich das Gefühl dazu benennen sollte. »Wütend«, antwortete ich unbewegt auf die Karte mit dem Zusammengezogene-Augenbrauen-Mann, den mein Vater für mich gemalt hatte.

»Richtig«, bestätigte mein Vater, trotzdem war er sehr unzufrieden mit mir. »Das Kind spricht, ohne eine Miene zu verziehen!« Er brüllte und warf frustriert die Gesichtskarten hin, um in sein Atelier zu gehen.

Meine Mutter übernahm, setzte sich zu mir auf den Boden und schaute mich nachdenklich an.

»Luzy, weißt du eigentlich, was Gefühle sind?«

»Wütend, traurig, eklig, Angst, glücklich, müde?«, zählte ich ohne Anteilnahme auf.

»Wenn ich schauspiele, dann will ich, dass mir die Leute glauben, dass ich auch wirklich das meine, was ich sage. Ich muss die Sachen richtig betonen, also traurig oder neugierig oder interessiert. Dazu muss ich das dann entweder richtig fühlen oder so tun als ob ...«

In diesem Moment kam mein Vater ins Zimmer, packte meine Mutter und gab ihr eine schallende Ohrfeige, dann schaute er mich prüfend an. Bevor ich mich regen konnte, schlug meine Mutter zurück. Zackzackzackzack, so ging das eine Weile zwischen meinen Eltern hin und her.

»... und dann hast du ganz doll angefangen zu weinen! Weil du begriffen hast, wie man Angst ausdrückt! Und wir haben uns wie verrückt gefreut, dein Vater und ich, weil du nicht autistisch warst, sondern einfach ein bisschen langsam. Das war zwar brutal, aber stell dir mal vor, was heute mit dir los wäre, wenn damals nicht der Knoten geplatzt wäre?«

Vielleicht wäre es einfach ruhiger.

Gott sei Dank kann ich mich an dieses Ereignis nicht erinnern. Aber es wird schon irgendwie so gewesen sein, denn umsonst verschönert meine Mutter sicher keine Keilerei zwischen ihr und meinem Vater. Während er an Destruktivität nicht zu überbieten ist, schafft meine Mutter es noch, einem vollgekackten, umgefallenen Bauzaun etwas Schönes abzugewinnen.

»Schau, wie toll! Die Natur findet immer ihren Weg.«

Eins ist sicher, heute achte ich darauf, wie ich und andere Emotionen ausdrücken.

Wenn Gefühle schon wie Unfälle einfach in einen reinrauschen, dann ist es nur gut, wenn sie wenigstens eindeutig geäußert werden. Man will ja verstanden werden.

»Sind Sie vorbestraft?«, fragt mich der Polizist, der mich wegen der Körperverletzung von Jonas Dunker verhaftet hat.

»Ja, wegen Grabschändung, aber das war vor zehn Jahren, das ist inzwischen bestimmt gelöscht.« Beschwichtigend, ruhig und kontrolliert vorgetragen. Ich schaue ihn prüfend an und bin mir sicher, dass ich ihn emotional erreicht habe, denn: er starrt.

Gut, ein Grab zu schänden klingt auch einfach schlecht, und es passiert nicht mal eben so nebenbei. Es ist ein Ritual, das geplant werden muss. Langfristiger als Schubsen. Zumindest glaubt man das. Aber bei mir war es nicht so. Es war fast noch »unfalliger« als das Schubsen.

Das Einzige, was meine ganz persönliche Grabschändung mit einer normalen gemein hatte, war meine Besessenheit.

Ich war besessen von Liebe. Es ist also derselbe Grund, wegen dem ich heute hier im Polizeiauto sitze. In zehn Jahren hat sich nix geändert.

APOLLO

Eigentlich hieß er Daniel, Apollo war nur sein Rollenspielname. Der echte, richtige Gott Apollo hatte eine Schlange getötet, die Pest nach Troja geschickt, sich mit seinem Vater gestritten und war dann in einem fliegenden, von Schwänen gezogenen Wagen abgehauen.

Klar wollte Daniel Schmidtmayer ein Apollo sein.

Ich hab ihn kennengelernt, bevor er mich kennenlernte, denn er lag mit einer Apfelkornflasche in der Hand neben einem Hasenkäfig und schlief. Es war ein Grillfest, auf dem aber nur getrunken wurde, weil niemand an Kohle gedacht hatte. Essen war ein Vorwand, um erwachsen auszusehen.

Bis Mitternacht hatte man versucht, mit allem brennbaren Material den Grill funktionstüchtig zu machen. Nicht weil irgendwer Hunger gehabt hätte, man wollte einfach Dinge brennen sehen.

Die, die nach zwölf noch zündelten und keinen zum Knutschen abbekommen hatten, nannten wir die »Totgebissenen«. Junge Männer, die, wenn wir noch im Rudel im Wald leben würden, von den starken Alphajungs an der Kehle gepackt und so lange geschüttelt und gebissen werden, bis sie tot sind. Arme zurückgebliebene, dicke oder zu schmale, bebrillte Wesen mit quietschiger Stimme und falscher Kleidung.

Drei von der Sorte standen am Grill, ich bemitleidete sie aus dem Augenwinkel. Ich hatte mich hingesetzt, bevor ich Apollo entdeckt hatte. Er lag einfach da, hinter den Hasen, rechts vor meinem Stuhl, ich hab ihn also nicht »aktiv« gesucht.

Die Idee, dass er mein Freund sein würde, war auch nicht meine, sondern die von einem Totgebissenen, der sich neue Papptellermunition zum Zündeln vom Tisch holte, Apollo sah und mich fragte: »Ist das dein Freund?« Erst da hab ich Apollo bemerkt.

Weil nicht so richtig klar war, ob die Frage des armen unterentwickelten Feuerteufels eine Anmache war, hab ich ganz schnell genickt. »Jaaa.«

»Cool! Der ist völlig hinüber, was?«, sagte der Tote und zog ab. Hinüber. Das stimmte.

Er war für einige Stunden ausgeschaltet, und so hatte ich genug Zeit, ihn mir anzugucken und mir eine Zukunft mit ihm vorzustellen. Dass ich mich auf ihn einließ, war mir damals noch nicht bewusst, es passierte einfach von selbst. Ohne Mühe, ohne Berechnung, ohne Plan.

Verliebt war ich bis dahin noch nicht gewesen. Männer waren mir egal, ich hatte eine Freundin, die ich heiß und innig liebte. Das mit Apollo war Notwehr in einer Situation, in der ich drohte, den Anschluss an meine allerbeste Freundin zu verpassen.

»Vielleicht bist du auch einfach lesbisch, mein Schatz«, fand meine Mutter. »Diese Freundschaft zwischen dir und Sophie geht doch weit über das hinaus, was man Freundschaft nennt.« Sie hatte recht, nicht so sehr mit dem Lesbischsein, aber eigentlich war Sophie wirklich so was wie meine erste große Liebe gewesen.

Sophie und ich waren schon zusammen in den Kindergarten gegangen, wurden im selben Overall, also nicht im gleichen, sondern im Partnerlook, eingeschult, wir wohnten um die Ecke und hatten in einem alten Baum einen toten Briefkasten, in den wir Briefchen steckten, wenn wir nicht telefonierten oder ohnehin zusammen waren.

Unsere Namen waren Vieh und Zy.

Viehs Knie berührten nie den Boden. Sie war immer sauber, denn sie konnte stundenlang hocken. Ihre feinen Gliedmaßen waren dazu gemacht, sich ohne Mühe zusammenzuklappen, wenn es nötig war. Sie trug Haarreifen und rosa Schalmützen und legte so ungeniert ihre hohe Stirn frei, die sie später mit Pony und Schirmmützen verstecken würde.

Mir war der Ziegenbockkopf egal, ich liebte sogar ihren Herpes an der Oberlippe, der nie abzuheilen schien und den ich für eine Sportverletzung hielt. Warum auch nicht, denn an mir gab es keine Körperstelle, die nicht verpflastert oder durch Jod orange gefärbt war.

Damit wir noch öfter zusammen sein konnten, hatte Sophie sogar ihrer Katze wegen meiner Allergie die Haare abrasiert. Im Grunde waren wir aber immer bei mir im Keller, denn dahin kam kein Erwachsener. So hatten wir mit zwölf schon unsere eigene WG.

Es gab nur einen Zeitpunkt am Tag, an dem wir getrennte Wege gingen. Während Sophie im Französischunterricht saß, hatte ich Englisch. Wie es dazu überhaupt kommen konnte, weiß ich heute nicht mehr. Wahrscheinlich hatten irgendwelche Eltern für uns entschieden, welche Sprache wir sprechen sollten. Wir waren Kinder, die Auswahl von Frisuren, Sportarten, Kleidung, Mittagessen und Urlaubszielen lag nicht in unserer Hand.

Mir waren diese getrennten Unterrichtsstunden nahezu unerträglich. Was Männer heute »klammern« nennen, war damals unter Freundinnen ganz normal.

»Ich geh da ohne dich nicht hin!« »Ich bring dich noch bis zur Tür.« »Noch bis zum Tisch!« »Gut, ich warte hier, bis du fertig bist!« »Okay, ich geh jetzt, aber lass uns einfach in zehn Minuten auf der Toilette treffen!«

Sophie und ich waren einfach: beste Freundinnen.

»Du bist meine allerbeste Freundin!«

»Du meine allerallerbeste!«

»Du meine alleralleraller...«

Nur dass »allerbeste Freundinnen sein« eben grundsätzlich kein normales Verhältnis ist. Wir lebten in einer Symbiose.

Seit es Sophie gab, hatte ich in meinem Leben immer einen festen Platz. Im Bus neben ihr, im Hochbett über ihr, auf dem Pony vor ihr, in der Schule hinter ihr, denn man ließ uns nicht nebeneinander sitzen.

Sophie war klüger als ich, sauberer und ihr Elternhaus eindeutig spießiger. Vielleicht war es aber auch einfach nur ein Zuhause ohne Pornomutter und suizidalen Vater. Natürlich fanden ihre Eltern den Kontakt mit mir nicht ideal, besonders ihr Vater Klaus konnte mich nicht leiden, aber gegen unsere Liebe kam er nicht an. Bis die Parisscheiße kam.

»Ich werde ein Austauschjahr in Frankreich machen müssen, Papa hat da was bei Freunden von ihm klargemacht, mitten in Montmartre!«

»Vieh fährt nach Paris. Ich möchte dort bitte auch hin!«, erklärte ich meiner Mutter eindringlich.

»Ach, wie schön für euch, sicher kannst du. Wann denn?«

»Diesen September bis nächsten September!«

Mitfühlende Mutteraugen und ein Wort, das ich damals schon nicht kannte: »Nein! Mein Schatz, das geht leider nicht. Du hast doch gar kein Französisch.«

Natürlich ging es nicht, denn ich war klein und schulpflichtig und konnte nicht, wie ich vorschlug, in einer Parfumfabrik als Rosenblattabzupferin arbeiten.

»Du könntest aber währenddessen doch nach New York, das ist doch ideal mit dem Englisch, dann trefft ihr euch in einem Jahr wieder und habt euch ganz viel zu erzählen!« Was hatte New York schon zu bieten, ohne Sophie drin.

»Ich hasse Frankreich!« Sophie hasste Frankreich.

»Ich hasse die Franzosen!« Ich hasste die Franzosen.

»Ich hau einfach ab, nehm den Zug und versteck mich das nächste Jahr bei dir im Keller!«

Bis ins kleinste Detail organisierten wir Sophies Flucht und unser Versteck im Souterrain.

Es war von allen Plänen auf der ganzen Welt der schönste Plan, denn er war in Wahrheit der von Ronja und Dirk, die sich vor den Eltern aus der Mattisburg im Wald versteckt hielten. Aus Tschernobyl-Zeiten gab es noch ordentlich Milchpulver, Maiskolben und Benzin im Keller, so dass wir nie hungern würden und zur Not auch Mamas Cabrio tanken konnten.

Wir hatten alles durchdacht, so dass ich keine Angst mehr vor der Trennung hatte, als meine allerallerbeste Freundin durch die Glastür zur Sicherheitskontrolle in Tegel ging und mir ein letztes Mal zuwinkte. Ich war mir sicher, dass sie schon morgen wieder bei mir sein würde.

Aber Sophie kam nicht zurück.

Nach zwei Tagen rief sie an.»Luuucyyy, du würdest das hier so toll finden. Julie, das ist die Tochter von meinen Gasteltern, ist total verrückt. Ich hab dir schon einen Brief geschrieben, aber ...« Leitung tot.

Es war eine Zeit, in der Telefonate ins Ausland tatsächlich noch von sehr schlechter Qualität waren, dass man sich schreiend verständigte und das freie Ohr zuhielt, um sich konzentrieren zu können.

Es kostete auch viel. Im ersten Monat hatten wir eine Telefonrechnung von 1500 Mark. Meine Mutter fand das nicht schlimm, sie machte sich erst Sorgen, als unsere Telefonrechnung wieder normal war.

Es wurde relativ schnell wieder billiger, denn ich erreichte Sophie immer seltener. Man konnte ihr keinen Vorwurf machen, denn Vieh war in Paris unterwegs.

Neben mir, vor mir, hinter mir, unter und über mir. Überall saß keiner mehr. Alle Plätze waren leer.

Ich schleppte einen Kassettenrekorder mit mir herum, um jederzeit alles für Sophie aufzunehmen. Das war wie Skypen, bloß ohne Video und mit einwöchiger Verzögerung. Hundertfünfzig Tapes einseitiges Gesabbel fuhren per Post von Berlin nach Paris.

Heute weiß ich nicht mehr, was ich damals alles erzählt hab, denn es passierte das ganze Jahr über nix. Klar ging es irgendwie weiter, aber ich nahm nicht mehr teil. Es war, als wäre ich in ein Glas mit Formaldehyd geklettert, um mich selber einzulegen. Ich wollte einfach nicht, dass irgendwas passierte, solange Sophie nicht da war, um mitzumachen.

Dass ich mich dabei selber so gut wie gar nicht weiterentwickelte, merkte ich erst, als Sophie nach einem Jahr mit ihrem Koffer am Flughafen wieder vor mir stand. In meinem Arm fühlte sie sich erst mal nur ein bisschen größer und dünner an. Ich kam aber auch nicht so nah an sie heran, wie ich wollte, denn ihre kleinen Brüste steckten in einem dick ausgepolsterten Wonderbra, der mich wie ein Airbag auf Abstand hielt.

Die allerbeste Freundin hatte sich in eine kleine französische Mademoiselle verwandelt. Sie hatte lange Fingernägel, war geschminkt und hatte sich offensichtlich extra »hübsch« gemacht. So standen wir voreinander.

Ich war auf dem Entwicklungsstand hängengeblieben, in dem man sich reinigte, weil die Eltern es aus hygienischen Gründen von einem verlangten. Tagelang hatte ich nicht mal meinen Pferdeschwanz aufgemacht, geschweige denn mich zu Ehren von Sophies Rückkehr gebürstet.

Es war nicht nur Sophies Oberfläche, die anders war.

Aus den Kopfhörern, die ihr um den Hals hingen, drang statt Bibi Blocksberg blöde Musik. Mehr konnte ich auf die Schnelle nicht feststellen, denn Sophie musste nach Hause, in den Schoß ihrer Familie, die sie ein Jahr vermisst hatte.

»Süüüß sieht sie aus, oder, mein Schatz? So erwachsen.« Meine Mutter hatte mich mit dem Auto zum Flughafen gebracht, und offensichtlich war auch ihr nicht entgangen, dass sich Vieh verändert hatte.

Still fing ich an zu weinen, denn alles erschien mir kalt und fremd.

Als meine Mutter das sah, hielt sie mit quietschenden Reifen am Bordstein. Rotze lief mir aus der Nase, und als sie mich in den Arm nahm, schleimte ich auf die Pornobrüste. »Das ist nicht Viieeeh ... die benutzt doch kein Parfum! Warum? Was soll ich denn jetzt machen, wenn Sophie nicht mehr Sophie ist, dann muss ich steeerben.«

Ich war hysterisch, verzweifelt und in Angst eingewickelt. Erst bei Douglas kam ich wieder zu mir.

Meine Mutter und eine sehr kräftig geschminkte Dame waren dabei, mich bei der Auswahl meines ersten persönlichen Duftes zu beraten. Vielleicht lag es an meiner Schnoddernase, durch die keine Luft mehr durchkam. Ich entschied mich für den süßesten, duftigsten Duft, im größten und dollsten Flakon, den es gab.

Wieder zu Hause musste meine Mutter mir die Nester aus den Haaren kämmen. Ganz schnell sollte alles verschwinden, was nach Kind aussah, die Beweise stopften meine Mutter und ich in große blaue Müllsäcke. Ich wollte alles in den Garten schleppen, mit Benzin übergießen und verbrennen, aber das erlaubte meine Mutter nicht. Sie packte alles zusammen, was mich Dimensionen von Sophies neuer Lebenswirklichkeit entfernte, brachte es die Treppe hoch und versteckte es vor mir.

Irgendwann konnte ich nicht mehr. Eingeduftet, mit lackierten Nägeln und rotgeweinten Augen schlief ich erschöpft ein.

Das Jahr, in dem ich meine Pubertät angehalten hatte, um auf meine Freundin Sophie zu warten, spielte sich an einem einzigen Abend ab.

In derselben Nacht klopfte es an mein Kellerfenster.

Sophie trug keine Schuhe, sondern nur ihren Pferdepyjama und ihre grüne Zahnklammer.

Sie kletterte durch die Luke, kuschelte sich zu mir unter die Decke. Die Leselampe nahmen wir mit. Die alte Glühbirne heizte unsere Höhle auf saunaartige Temperaturen. Hier hatten wir uns die wichtigen Fragen gestellt: »Wen hast du am liebsten auf der Welt?«»Dich!«»Was würdest du mitnehmen, wenn du für immer auf eine einsame Insel gehen müsstest?«»Dich!«

Alles war wieder wie immer, wie früher, wie vor Paris und dem Eau de Toilette.

Wir redeten bis 5 Uhr früh über alles, was in den letzten zwölf Monaten passiert und nicht passiert war.

Sophie hatte mir aus Paris eine Schachtel Parisienne und eine Schachtel Pariser mitgebracht.

Bislang hatten wir niemals rauchen wollen, denn es war super ungesund und der Gestank hielt Tiere ab.

Als Sophie sich aber eine Zigarette anzündete, änderte ich meine Meinung sofort. Ich hielt die Zigarette so, dass sie schnell abbrennen konnte, mit der Glut nach unten.

Es wurde hell draußen, und schließlich musste Sophie nach Hause gehen.

»Ich hol dich in einer Stunde zur Schule ab. Zy? Eine Sache ist noch passiert! Ich hab mich total verliebt! Erzähl ich dir gleich. Kusskuss.«

Sie verschwand in den Morgen, und ich fragte mich, wo ich so schnell einen Jungen zum Verlieben herbekommen sollte, um bei Sophie bleiben zu können.

Es kam anders als geplant. Ich fand Apollo und verlor Sophie.

Von außen war alles wie immer. Sophie und ich gingen gemeinsam auf Partys, aber nur durch die Tür. Sobald Typen da waren, wurden Freundinnen wie wir zersprengt und über weite Areale, die teilweise mit der eigentlichen Party gar nix mehr zu tun hatten, verteilt. Saufend, streitend, knutschend, su-

chend, weinend, lachend – alles voll mit Jungs- und Mädchen-
fetzen. Wie nach einem Bombenangriff. Auch meine Sophie
war eins dieser Opfer. Der Franzose, mit dem sie die Liebe
entdeckt hatte, war schnell vergessen, denn sie hatte sich auf
den ersten Blick in einen Jungen aus der Parallelklasse verliebt,
der schon immer da gewesen war.

»Das mit Milan und mir ist was anderes. Mit Jean war nur
Kinderkram.«

Ich war übrig. Unbeschadet, ganz geblieben und allein. Obwohl es für mich nicht mal Kinderkram gab, fand ich mich gar
nicht spätzünderig. Ich glaubte nichts von Sophies Theater.

Mir kam es vor, als sei Liebe plötzlich in Mode, nur dass die
Jeans jetzt Milan oder Jean hießen. Die Markengeilheit damals
war groß, viel größer als heute, wo es so viel Auswahl gibt. Klar
war kein Krieg, trotzdem war gefühlt nix da. Was es gab, war
entweder sehr billig oder sehr teuer. So war es auch bei den
Jungs. Es war völlig egal, ob man Milan in Wirklichkeit so ab-
stoßend hässlich wie einen bordeauxroten Body fand, man
nahm ihn einfach und tat so, als wäre man begeistert. Wichtig
war nur, dass er nicht in die Totgebissen-Gruppe gehörte.

Man wollte den besten Typen, der schick neben einem aussah.
Und weil man nicht oberflächlich sein wollte, musste er es
nicht nur optisch bringen, sondern vor allem inhaltlich. So
stellte sich zumindest die ganze Freund-Freundinnen-Num-
mer für mich dar. Anders war das mit Milan und Sophie für
mich auch nicht zu erklären.

An echte Liebe dachte ich gar nicht. Der einzige Mann, der
mir liebenswert vorkam, war Helmut Kohl, denn der war, seit
ich lebte, einfach immer präsent gewesen.

Weil ich aus Sicherheitsgründen ein Mitläufer bin, wusste
ich, dass ich einen eigenen Freund brauchen würde, um nicht
mit den anderen Totgebissenen zündelnd am Grill zu enden.

Apollo war optisch ein bisschen anders als die anderen Jungs. Unangepasster. Es war keine sichere Sache, dass er dem Trend entsprach. Die Gefahr, sich zu vergreifen, bestand also in jedem Fall. Ich betrachtete den schlafenden Apollo wie einen Rock, den man anziehen will, aber nicht genau weiß: Werde ich mit dem aussehen wie ein Schulmädchen oder wie eine Nutte? Ist das cool oder eine Modesünde? Kann ich ihn aufwerten oder einfach umnähen lassen?

Apollo trug einen dicken Silberring mit einem Cannabisblatt und ein schwarzes zerfetztes Band-Shirt.

Ich kannte die Band nicht, vielleicht war es seine eigene. Dann wäre er ein Künstler. Einer, der mehr empfindet, mehr als andere. Leidenschaftlich, aber voll von Zweifeln und Kummer. Wie mein Vater, dachte ich wohl.

Wahrscheinlich keuchte irgendwo Sigmund Freud in seinem Grab. Leider nicht laut genug, dass ich aufgehört hätte, Apollo anzuglotzen.

Alles mit ihm wäre ein Abenteuer.

Viel fühlen, so dass man auch was fühlt, denn bislang fühlte ich männermäßig ja nix.

Genau dieser Junge sollte es sein. Er passte perfekt zu mir, es war völlig unerheblich, dass wir noch kein Wort miteinander gewechselt hatten. Dass ich nicht wusste, wie er hieß oder woher er wirklich kam. Im Gegenteil, gerade das Nichtwissen war wahrscheinlich ausschlaggebend, wie ich heute weiß.

Der schlafende Apollo war eine frische Leinwand und bot Platz für meine Fantasien. Egal ob diese der Wirklichkeit entsprachen, sie wurden gedacht. Wenn ich eins kann, dann mir was vorstellen.

In ihrer blumigen Detailliertheit kam mir meine Fantasie so echt vor, dass sie sich für immer als wahrhaftig in mein Gehirn fräste.

Als Apollo aufwachte, war ich mit ihm und seiner Band schon einmal durch Europa gereist.

Ich war damals zwar noch nicht besonders kreativ, was die Kopfkinofilme angeht, daher glich meine Vorstellung ziemlich stark der aktuellen C&A-Werbung, in der Apollo wie ein Requisit nur am Rand auftauchte. In Sepiatönen VW-Bus fahren, mit Sophie nackt ins Meer rennen. Wie in einer großen Familie würden wir alle zusammen in einem großen duftigen, blütenweißen Hotelbett schlafen, also ich und Sophie, und irgendwo war da auch Apollos Arm. Wie in der Afri-Cola-Werbung würden die geklöppelten Vorhänge im Wind wehen, hinter ihnen meine Silhouette, zwar nicht schwarz wie die der farbigen Dame, die mit ihrem Körper Limonade verkaufte, aber irgendwie trotzdem hübsch.

So Zeug hatte ich im Kopf, als er aufwachte. Gott sei Dank, kann man sagen, wachte er auf, sonst wäre als Nächstes der Kuschelweichbär zu uns ins Bett gesprungen.

Es war 4 Uhr früh. Sophie lag unter Milan begraben knutschend auf dem Sofa. In der Küche brieten sich ein paar Leute ganz spießig Spiegeleier, und einer der Totgebissenen kotzte den Grill aus.

Gekotzt wurde wahnsinnig viel. Mit Stolz wurde sich erbrochen, wohin es nur ging. Ein Abend war nur gut, wenn man gespuckt hatte.

Es waren der Alkohol und die Zigaretten, aber vor allem die Maßlosigkeit, mit der man als Jugendlicher das Leben fühlte. Egal was, vor allem viel und doll.

Jeder sollte mitbekommen, dass man da war. Man stank zum Himmel nach Pubertät, die Jungs rochen nach Kokoswachs und Davidoff Cool Water, Mädchen nach dem übersüßen Parfum von Chopard, das einen heute als Erwachsenen kotzen lässt.

Auch Apollo musste auf dem Heimweg spucken.

Ich war froh darüber, denn die Nacht war ein Erfolg, und ich konnte ihm wie sonst meiner Freundin Sophie die Haare halten.

Apollos Haare waren lang und braun und ein bisschen struppig. Ich fand das ganz toll.

Nicht weil es mir aus optischen Gründen gefallen hätte, sondern weil er offensichtlich niemand hatte, der sie ihm kämmte.

Er war verwahrlost und brauchte dringend jemanden, der sich um ihn kümmerte.

Apollo wohnte im Wedding, in dem ich bisher noch nie gewesen war, denn ich kam aus dem reichen Grunewald. Der aus Verzweiflung von den uncoolen jugendlichen Einwohnern »G.WOOD« genannt wurde.

Alles außer Wilmersdorf, Charlottenburg und Zehlendorf war für uns Ausland.

Randgebiete wie Kreuzberg waren endlos weit weg, vor allem weil man nur einen einzigen Bus zur Verfügung hatte, um in die Stadt zu kommen. Einen, der nur bis 21 Uhr fuhr. Ab da gab es so eine Art Ersatzverkehr, der am Wochenende alle zwei Stunden kam und aus einem VW-Bus mit schlechtgelauntem Fahrer bestand. Für so einen Doppelstockbusfahrer war das Downgrade auf VW-Bus sicher schlimm.

»Fahren Sie auch in den Wedding?«

»Seh ich aus wie ein Taxi?«

Eigentlich ja.

Der Grunewald war nach 21 Uhr ein unerreichbares Dorf. Dass Berlin in Ost und West geteilt war, wurde mir erst bewusst, als die Mauer fiel und meine Mutter ein kleines Stück davon an ihren Mantel pinnte. Dann kamen nach und nach immer mehr Steine ins Haus, denn meine Eltern zogen eine Wand in die

Villa ein, um nicht mehr miteinander leben zu müssen. Damals war ich zehn, natürlich dachte ich, dass diese beiden Ereignisse – der Mauerfall und der darauffolgende Mauerbau bei uns zu Hause – in direktem Zusammenhang standen.

Wedding war wild. Und es wurde noch besser, denn Apollo lebte in einem Hochhaus. Kein Altbau, kein Garten. Ganz, ganz oben, in einer Zweizimmerwohnung allein mit seiner Mutter.

Die Wohnung war so klein, dass nur er ein eigenes Zimmer hatte, seine Mutter schlief im Wohnzimmer auf dem Ausklappbett. Ein Bett, das bei Bedarf aus der Schrankwand gezogen wurde, weil sonst kein Platz dafür dagewesen wäre. Ein Bett für eine einzige Person.

Ich fand es irre unheimlich bei Apollo. Und so wirklich, dass mir schwindelig wurde.

Klar, eigentlich war es ein ganz normales Jungszimmer wie bei uns im Grunewald. Es enthielt entsprechende Items wie Jack-Daniels-Flaschen, mit Cannabisblättern bedruckte Gegenstände und selbstgezeichnete Comics. Die Requisiten sollten den Raum in Richtung »erwachsener, düsterer, verwahrloster Jugendlicher« aufpeppen. Aber Apollos Zimmer war nicht gestylt, sondern echt, denn man konnte nirgends einen Fehler in der Kulisse erkennen.

Bei den Jungs aus meiner Klasse war mit Sicherheit irgendwo eine Alfpuppe auf dem Schrank versteckt, die den schönen Schein sofort zusammenbrechen ließ, wenn man sie entdeckte. Hier war das nicht so. Apollo hatte nicht den Schreibtisch beklebt und zerkratzt, um ihn weniger teuer aussehen zu lassen, seiner war einfach oll.

Apollo holte eine Flasche Hohes C aus dem Kühlschrank, während ich mich schon mal in sein Bett legte. Bis hierher hatten wir kaum gesprochen. »Kommste mit zu mir? Ick wohn im Wedding.«

»O. k.«

Ausgezogen hab ich mich nicht. Bisher hatte ich mich für den Richtigen aufgehoben. Das machte man so, besonders wenn man so eine freizügige Mutter wie ich hatte.

Meine Mutter hatte die »Liebesfilme« zwar an den Nagel gehängt, aber sie war das Testimonial einer großen Sexshopkette geworden. Lasziv auf der Seite liegend, warb meine Mutter mit goldenen Sternchen auf den Brüsten von jeder Litfaßsäule für das Sexyland.

Mir war Geschlechtsverkehr peinlich, deswegen nahm ich vor allen Gesprächen, die sich in Richtung Aufklärung entwickelten, Reißaus.

»Aber Luzy, willst du nicht wissen, was Petting ist?«»Danke, nein!«

Keiner hatte es mir direkt ins Gesicht gesagt, aber in meinem Kopf stand, inspiriert von der *Bravo Girl* und mit Ausrufungszeichen markiert: Sex ist etwas ganz Besonderes! Und: Sex ist nur schön, wenn man sich liebt!

Ich hatte wenig bis keine Erfahrung. Meine bisherigen sexuellen Erlebnisse waren durch Stoff hindurch passiert. Man rieb Geschlechtsteile, die unter der Jeans erst steif und dann nass wurden. Deswegen hatte ich berechtigterweise ein bisschen Angst, dass, wenn die Stoffbarriere weg ist, der Penis von Apollo einfach automatisch in mich reinfahren würde. Hatte ein Pimmel Muskeln oder Gelenke? Möglich.

Aber Apollo – plus Schwanz – war schon eingeschlafen.

Ich betrachtete den blassen Jungen neben mir, der mein Freund werden sollte. Unter seiner Nase kringelte sich ein Haar, aus einer entzündeten Pore, das später mal ein Bart werden würde, wie ich hoffte.

Rührung packte mich, aber mehr darüber, dass ich nun endlich im Begriff war, mich selbst in einen Erwachsenen zu entwickeln.

»Ich bin Luzy«, erklärte ich Apollo feierlich. Ich nahm ihn in den Arm, hielt ihn fest, ganz fest, und beschloss, ihn nie wieder loszulassen.

Als ich morgens aufwachte, hatte er es irgendwie geschafft, sich loszumachen. Es glich demselben Zaubertrick, mit dem sich meine Mutter, als ich klein war, aus meiner Umklammerung lösen konnte, um meinem Vater auf die Couch hinterherzuziehen, ohne dass ich es mitbekam. Egal wie fest ich sie beim Einschlafen festhielt, wenn ich aufwachte, war sie aus dem Bett verschwunden.

Apollo saß an seinem Schreibtisch, zeichnete ein Pentagramm und rauchte.

»Meine Mutter macht uns Rührei.« Das war der erste richtige, nüchterne Satz, den er an mich richtete.

Stellvertretend für ein Gespräch mit ihm, sprach ich mit seiner Mutter, während er danebensaß und Ei in sich reinschaufelte.

Bini, so hieß sie, schien sich um einiges mehr für mich zu interessieren als ihr Sohn. Sie hatte einfach ein volles Tablett mit Frühstück ins Zimmer getragen und sich schnaufend zu uns ins Bett gesetzt. Mitten rein. Sie war dick und trotzdem unweiblich. Haare kurz geschnitten, ihre Augen müde.

Ihr Anblick war ein einziger Vorwurf. »Apollo, mein Sohn, sieh her, wie müde ich bin. Ich hab keine Zeit für lange Haare. Ich hab nicht das Glück wie Lizzy Lollipop, deren Muschi ihr den Vorruhestand gesichert hat, mir jeden Abend die platinblonde Mähne mit den von Frauenzeitschriften geforderten hundert Bürstenstrichen gesund und geschmeidig zu halten.«

»Bini, jetzt hören Sie mal zu. Das Geld meines Mannes ist ein Fluch ...« »Sei still, Mama, hier ist eine Frau, die sich die Hände wund arbeitet, um ihren Sohn durchzubringen!«

Bini steckte sich, zwischen uns sitzend, eine Zigarette an. Sie stellte Fragen, und ich erzählte von mir. Weil Apollo selber nichts wissen wollte, konnte ich ihm so trotzdem, durch das Gespräch mit seiner Mutter, Informationen zukommen lassen. Also war ich bemüht, das zu erzählen, was Apollo meiner Meinung nach von mir begeistern müsste.

Das hatte mit meinem wirklichen Leben nicht so viel zu tun. Ich log. Aber wirkliches Lügen war es nicht. Ich stellte lediglich das echte Gefühl, das ich hatte, in eine Lebenssituation, die dazu passte. Denn mir selber kam damals alles normal vor.

So ist das mit dem, was man täglich sieht, man kennt es eben und nimmt es nicht wahr. Und fragt einen jemand, welche Farbe der Wohnzimmerteppich hat, weiß man nicht mal, ob da überhaupt jemals einer gelegen hat. Dass unter unserem pompösen Villendach alles durcheinander war, konnte man nur als Außenstehender sehen.

Zu Apollos Zeiten lebten meine Eltern längst getrennt, aber in derselben Villa, in zwei Wohnungen, allerdings ohne Verbindungstüren. Die große Doppeltür, die Speisezimmer und Wohnzimmer getrennt hatte, wurde irgendwann nach Tschernobyl und Mauerfall dichtgemacht.

Prächtig war es in dem alten Haus nie gewesen, denn als hippiesken Neureichen war es meinen Eltern nicht gegeben, das Haus seiner Beschaffenheit nach entsprechend geschmackvoll auszustatten.

Die Hälfte meines Vaters wurde »drüben« genannt, denn man war meist »hier«, das war bei meiner Mutter. Ich selber lebte »unten« im Souterrain. Nicht weil ich abgeschoben wurde, also zumindest oberflächlich nicht, sondern weil der Keller einen eigenen Eingang hatte. Auf diese Art war auch ich gerecht aufgeteilt worden, denn ich wohnte bei keinem richtig.

»Die Luzy hat ihr eigenes Reich.« Betonte meine Mutter stolz vor anderen und beschönigte meine Einsamkeit zur Unabhängigkeit.

Um Stress aus dem Weg zu gehen, hatte jeder von uns seinen eigenen Telefonanschluss mit eigener Nummer. 23 Pfennig Flatrate pro Gespräch. So war das damals.

Ich lernte früh, dass man anrief und sich anmeldete, bevor man ungefragt zu Besuch kam. So konnten meine Eltern sicher sein, dass sie sich »in meinem Reich« nicht zufällig über den Weg liefen. Alles war geregelt. »Hallo, Luzy, ist Papa da?«

»Nein.« Denn Papa war so gut wie nie da.

»O.k., ich komm gleich.«

»Drüben« bei meinem Vater war ein Atelier mit Küche und Bad. Die Leinwände standen achtlos in der Gegend herum und schachtelten die Räume in sich wie ein Labyrinth.

»Wo ist das Klo?«

»Zweimal blau, dann links bei dem grünen Quaderhahn...«
Der ganz normale grüne Quaderhahn war eine Skulptur. Kurz hatte er sich daran versucht. Deswegen war auch nicht klar, ob die Schlinge, die von der Decke baumelte, auch zur Kunst dazugehörte.

»Drüben« war es nicht wohnlich, weil mein Vater nicht leben wollte.

Meine Mutter hatte ihren Teil der Villa nach der Teilung aufwendig zum Neubau umrenovieren lassen. Parkett raus, weißer Teppich rein. Die neue Wirklichkeit aus cremefarbenen Ledersofas, Whirlpool, Glastischchen und tuffigen Vorhängen mit Quasten schrie aber noch lauter Porno als das vorher Dagewesene.

Zu Hause war alles in reichhaltiger Ordnung. Wir hatten Essen, Trinken, Kleider und Meerschweinchen. Das waren die Fakten, die zu gut klangen, um bei Leuten aus dem Wedding mit Ausklappbett und richtigen Problemen Eindruck zu schinden.

Bini häufte mir Rührei auf den Teller, denn sie hatte Mitleid mit mir. »Du arme Maus. Und dann lebst du da ganz alleine ohne deine Eltern?«

In der Geschichte, die ich Apollo und seiner Mutter beim Frühstücken im Bett erzählte, war ich ein Heimkind mit totem Vater und alkoholabhängiger Mutter, die sich nicht mehr um mich kümmern konnte.

Irgendwie stimmte es sogar ein bisschen.

Alkoholsüchtig war vielleicht übertrieben, aber meine Mutter trank jeden Abend, um sich zu entspannen, auf ihrer Seite der Mauer im Whirlpool eine Flasche Champagner.

Mein Vater war zwar noch nicht tot, aber das war nur eine Frage der Zeit.

Irgendwo war ein Atomkraftwerk explodiert. Ich wusste nicht, was das war, aber es musste schlimm sein, denn meine Mutter war wochenlang im Ausnahmezustand. Für sie, den Hippie der Herzen mit dem Antiatombutton, war das Unglück die schon lange prophezeite Apokalypse. Sie sprach nur noch von Atompilzen, Krebs und dreiköpfigen Katzen, kaufte mir einen Geigerzähler und erklärte mir, wie ich damit umgehen sollte.

»Den nimmst du überall mit hin und prüfst alles erst mal durch! Wenn etwas verseucht ist, dann fängt das Gerät ganz doll an zu knacken. Nichts in den Mund nehmen, das vorher knackt, verstanden?«

Meine Mutter hatte den Weg der Wolke in den Nachrichten verfolgt und traf Vorsorge für den Fall, dass sie über die Stadt ziehen würde, um hier ihr Gift auf uns zu entleeren. Sie kaufte Maiskolben in Dosen, Trockenmilch und Benzin. Viel davon. So viel, dass sich Pakete und Behälter im Keller stapelten. Wir durften das Haus nicht mehr verlassen, die Gefahr, dass es anfangen könnte zu regnen, war ihr zu groß.

Wenn eine Familie unerwartet auf engstem Raum zusammengepfercht ist und sich von Trockenmilch und Maiskolben ernähren muss, kann man mit Spannungen rechnen. Ich glaube, meine Eltern hatten sich schon vorher nicht mehr verstanden, aber der gesamte Beziehungsfrust entlud sich in der Woche, in der wir auf die Wolke warteten. Es wurde ohne Unterlass gebrüllt und gezankt. Als Kind versteht man nicht, worum es geht, wenn sich Erwachsene streiten. Die Fetzen, die einem zufliegen und die im Kopf hängenbleiben, ergeben erst Jahre später einen Sinn. Dann ploppt es plötzlich im Kopf und man begreift, warum Pullover »pull over« oder eine Reporterin Karla Columna heißt.

»Ich bin hier gefangen in einer SITUATION, die ich nie wollte!«

»Meinst du, ich hab mir das so vorgestellt?«

»Du wolltest doch dieses Kind, ich bin dir vollkommen egal. Dir ist doch nur wichtig, dass dir irgendwer am Busen hängt!«

»Du erträgst es einfach nicht, wenn du nur eine Sekunde nicht der Mittelpunkt der Welt bist. Du bist so ein egoistischer Wichser!«

»Schlampe!«

»Vielleicht hast du ja Glück, und sie ist gar nicht von dir ...«

So unrecht hatte mein Vater nicht. Meine Mutter wollte wirklich einfach nicht aufhören, mich zu stillen. Sie war froh, dass ihre Brust endlich ihrer wahren Bestimmung folgen konnte.

»Ich bin ein sehr sexuelles Wesen, aber irgendwann hat man von Schwänzen die Nase voll, mein Schatz. Ich wollte unbedingt ein Kind!«

Ich war ihr Ticket nach draußen, sie wurde zum Muttertier, und ich hielt ihren Busen besetzt, bis ich vier war. Man muss sich vorstellen, dass das ein Alter ist, in dem man schon läuft, Zähne hat und einigermaßen vernünftige Gespräche führen kann. Ich ernährte mich natürlich nicht ausschließlich von Muttermilch, eher so kleines Schnitzel mit Pommes und zum Nachtisch ein Schluck Brust.

»Man soll stillen, solang man kann, das ist so gesund für das

Immunsystem. Schau dich mal an, mein Schatz, wie gut du in Schuss bist.«

Stimmt, ich bin richtig gut drauf.

Als der Regen wirklich kam, war das Geschrei meiner Eltern plötzlich vorbei, und es war totenstill im Haus. Meine Mutter, mein Vater und ich betrachteten die Straße, auf der sich Pfützen bildeten. Jeder Tropfen kam mir vor wie eine Bombe, die Tod und Verderben brachte.

Mein Vater starrte still auf die Straße, während meine Mutter sich in meiner kleinen Kinderhand so festkrallte, dass diese weiß wurde. Passend zum Regen liefen ihr die Tränen über die Wangen.

»Jetzt ist alles vorbei!«, hauchte sie vor sich hin.

Aus Angst grapschte ich neben mich, um auch bei meinem Vater Halt zu finden, aber der hatte sich schon umgedreht und den Raum verlassen.

In Panik fiel mir ein, dass ich das Fenster in meinem Zimmer offen gelassen hatte. Es bestand die Möglichkeit, dass es seitlich in den Raum hinein- und auf die Meerschweinchen draufregnen könnte. Ich befreite mich von der Kralle meiner Mutter, rannte die Treppe hinauf und stürzte in mein Zimmer, das damals noch nicht im Keller war. Um dem Gift nicht ausgesetzt zu werden, zog ich mir Handschuhe an und wickelte mich in eine Decke ein, bis nur noch ein Guckloch frei war. Todesmutig beugte ich mich hinaus, um das Fenster zu schließen. Dabei fiel mein Blick in den Garten.

Mein Vater saß auf einem Stuhl mitten auf dem Rasen hinter dem Haus.

Erst wollte ich schreien, doch die ganze Szene erschien mir so grotesk, dass ich nur zuschauen konnte, wie seine Kleidung immer stärker durchweichte. Aus seinen Haaren tropfte das Wasser in seinen Kragen, denn er trug keine Jacke und nichts, das ihn schützte. Schließlich legte mein Vater seinen Kopf nach hinten in den Nacken. Er schloss die Augen, öffnete den Mund und ließ das Regenwasser auf seine Zunge prasseln.

Erst glaubte ich zu träumen, denn der Anblick erschien mir für meine kindliche Logik zu unwirklich. Die Warnungen meiner Mutter, die Maiskolben in Dosen, der Geigerzähler, es war unwahrscheinlich, dass mein Vater zufällig in den Regen gekommen war. Die Gefahr war klar. Er musste absichtlich rausgegangen sein, dahin, wo der Tod von oben kam. Ohne dass ich wusste, was Selbstmord war, verstand ich, dass meinem Vater nichts an seinem Leben lag.

Die Tschernobyl-Geschichte war zu absurd, um damit Apollo und Bini zu beeindrucken.

Mir kam es schlimmer und damit passender vor, einfach nur ein Heimkind zu sein. Mein erfundenes Leben glich sehr der Geschichte von Oliver Twist, aber das merkte Bini nicht. Sie nahm mich in die Arme und hielt mich fest, während ihr Sohn neben uns im Bett einen weiteren Toast mit Butter beschmierte. Apollo gefiel die Fürsorge seiner Mutter offensichtlich überhaupt nicht.

Verständlich, denn genau wie ich und jeder Teenager war er ganz begierig darauf, Gründe zu haben, seine Mutter zu hassen. Leider war Bini offensichtlich eine sehr liebevolle Mutter und fuhr ihrem Sohn damit ordentlich in die Parade.

Irgendwann hievte sie sich hoch, um in der Küche noch eine zu rauchen. Als Apollo und ich allein waren, wurde mir klar, dass ich irgendwas machen musste, um die Verbindung zwischen uns zu besiegeln. Dass seine Mutter mich mochte, war nicht genug, es war sogar eher hinderlich, wie ich durch Apollos nächsten Satz lernte, denn er wollte offensichtlich, dass ich gehe.

»Ick muss jetze noch Gitarre üben und Mathe machen«, erklärte er mir und schickte damit eine Ausrede voraus, auf die mit Sicherheit ein Abschied für immer folgen würde.

Außer Haare beim Kotzen halten und Rührei essen war zwischen uns bisher nix passiert. Aber Händchen halten und Küssen waren wie der Wittenberg- und der Nollendorfplatz: sichere Stationen auf der U1 zum Pärchenwerden. Ei essen hingegen garantierte nicht mal, dass wir uns wiedersehen würden.

Mir war klar, dass es kein Ehering sein musste, aber irgendetwas Verbindliches brauchte ich, um Apollo zu behalten und somit Sophie einen eigenen Freund präsentieren zu können.

Küssen war nicht genug.

Romantik war hier im Reich der Dunkelheit zwischen Star Wars, Aschenbechern und Metalpostern nicht angesagt, das würde Apollo nicht beeindrucken.

Ich konnte selbstverständlich nicht mit ihm schlafen, denn dass ich noch Jungfrau war, kam einer körperlichen Behinderung gleich. Auf das erste Mal wollte ich besser vorbereitet sein. Lust als Grund für Sex erschloss sich mir ohnehin nicht. Irgendjemand hatte mir unter dem Pullover die Brüste gestreichelt und mich mit Fragezeichen in den Augen zurückgelassen.

Also habe ich Oralsex erfunden.

Dachte ich, weil ich nicht wusste, dass es ihn schon gab.

Die Pornos, die ich kannte, hießen *Liebesgrüße aus der Lederhose*, aber die waren ohne Schwanz und Muschi und fanden ausschließlich in Bayern statt. Im übrigen Land gab es offensichtlich keinen Sex. Die richtigen Filme, in den Regalen bei uns zu Hause, konnte ich mir nicht angucken, weil meine Mutter mitspielte. Bestimmt gab es auch welche ohne sie, aber die Gefahr, dass Mama als Statistin in einem Gangbang auftreten könnte, war mir einfach zu groß. Das Internet und die damit einhergehende Kenntnis von Praktiken wie Fistfuck, Analsex oder Gangbang waren noch Science-Fiction.

Weil ich es noch nie gesehen hatte und ich deswegen nichts davon wusste, gab es Blowjobs für mich einfach nicht. Ein Penis im Mund kam mir unmöglich vor, denn ich hatte ja noch nicht mal einen in der Hand gehabt. Es war so dermaßen unvorstellbar, dass das sicher bisher niemand gemacht haben konnte. Also fasste ich mir ein Herz und wagte mich vor. Weil mir gar nicht klar war, dass die angestrebte Ziellinie ein Orgasmus war, hörte ich irgendwann einfach auf. Mein Unwissen spielte mir ungeplant in die Hände, denn Apollo wollte unbedingt, dass ich am nächsten Tag wiederkomme. Blasen war offensichtlich ein guter Kleber, der Menschen zusammenhielt.

Am Anfang war das Rummachen mit Apollo nur ein Spiel, denn in Wahrheit wollte ich mit Sophie zusammen sein. Aber ich brauchte einfach einen Freund, um dazuzugehören und mitreden zu können.

Leider hatte ich mir mit Apollo jemanden ausgesucht, der nicht soooo gerne unter Leuten war.

Als ich ihn auf einer von Sophies Schickimickipartys stolz präsentieren wollte, saß er schweigend in der Ecke und hasste alle.

Diese Art von Fest, vornehmlich von Mädchen ausgerichtet, feierte man in den 90ern, um ein Kleid und hohe Schuhe anziehen zu dürfen. Ab und zu brauchte man diese Partys, um zu zeigen, was sich unter der karierten Grungebluse in der Zwischenzeit gebildet hatte. Auch ich war unheimlich fein angezogen, um Apollo zu zeigen, wie ich aussehen würde, wenn ich kein Waisenkind, sondern reich und schick wäre.

»Sophie, das ist Apollo, Apollo, das ist Sophie.«

Apollo stand nicht auf, Sophie zog ihre Hand zurück.

»Was für reiche Schweine wohnen hier denn?«, wollte Apollo wissen.

Dass ich noch reicher und damit noch schweinischer war als Sophie, wusste er ja nicht.

»Meine Schweineeltern«, erklärte Sophie stolz, denn auch sie fand ihre Eltern unmöglich bescheuert.

Aber meine beste Freundin fand meinen neuen Freund noch blöder als ihre Eltern. Sie sagte zwar nichts gegen ihn, aber ich wusste es auch so. Sie redete mit den anderen Mädchen über Philipp und Milan und wie sie alle hießen, nur an meinem Freund hatte sie kein Interesse. Sophie stellte keine Fragen, aber Fragen bedeuten für weibliche Teenager die Welt. Gute Freundinnen interessiert alles. Man stand im ständigen Austausch. Auf dem Schulweg, während der Stunde auf Zetteln, in der Pause, im Unterricht, am Telefon, es wurde IMMER und über ALLES geredet.

Apollo war das erste Thema – vor Lecken –, das Sophie nicht mit mir besprechen wollte.

Anstatt mir Apollo genauer anzuschauen und zu überlegen, ob an der stillen Abneigung meiner Freundin vielleicht etwas dran sein könnte, wurde ich zum ersten Mal in meinem Leben wütend auf Sophie.

Apollo war nach bestem Wissen und Gewissen ausgesucht worden. Ich hatte alles richtig gemacht, auf alles Wesentliche geachtet, und ich verstand einfach nicht, was los war.

»Wie findest du Apollo denn? Meinst du, der ist nur auf Sex aus, oder will der mehr?«, versuchte ich ein Mädchengespräch anzukurbeln, denn ich hatte schon belauscht, dass es immer um die Integrität des Jungen ging. Man besprach, ob sie die Richtigen waren oder ob sie einen nur verarschten.

»Verarscht« wurde man damals die ganze Zeit. Eigentlich natürlich nicht, wir mochten nur das Wort und wollten es so oft wie möglich benutzen. Heute wird man »betrogen«, das tut dann einfach weh und hat nix mit der Liebe zum Wort zu tun.

Schulterzucken bei Sophie.

»Egal, du verarschst den doch selber.« Sprachlosigkeit.

»Ich? Wie verarsche ich den denn?«

»Na, du liebst den doch gar nicht.« Selbstverständlich und nebenbei ausgeplaudert. Ich war überrascht, denn ich hielt es für absolut selbstverständlich, dass ich Apollo liebte. Er war ja mein Freund und nicht irgendwer. Ich fühlte mich gut mit Apollo. Ich fand ihn schön und besonders, nicht so wie Milan oder Philipp, die einfach nur wie wir reiche Schweine waren.

»Doch.« War meine Antwort.

»Hast du so richtig Schmetterlinge im Bauch?« Sophie schien zu wissen, wovon sie sprach, und klar kannte ich diese blöden Schmetterlinge, von denen jede sprach, auch, aber nur als Begriff, nicht als Gefühl.

»So richtig, richtig?«

Nein. Hatte ich nicht. Ich fühlte mich ganz normal, und das war offensichtlich nicht normal.

»Ja, klar.« Erwiderte ich bestimmt und schaute Sophie fest in die Augen. »Wie fühlt sich das denn bei dir und Milan an?«

Sophie musste nicht lange überlegen.

»Ich bin einfach glücklich!«

»Und das warst du vorher nicht, oder was?« Vor Milan war ich, das musste auch Sophie wissen. Wenn sie vor dem blöden Milan nicht glücklich war, hieß das also, dass ich sie nicht glücklich gemacht hatte. Sie überlegte kurz.

»Doch, aber nicht so!« Sophie wusste, dass sie mich traf, da bin ich sicher.

»Toll, denn ich war auch vorher noch nie so glücklich wie jetzt mit Apollo«, versicherte ich und machte mich auf, um Apollo zu finden.

Heute denke ich, dass alles vielleicht ein Missverständnis war. Es könnte sein, dass Sophie auch nur mit Milan zusammengekommen ist, weil sich das in unserem Alter so gehörte wie die Einschulung mit sechs. Wahrscheinlich sind alle Frauen überhaupt nur mit Männern zusammen, weil sie einem Trend folgen, den irgendeine mal angefangen hat und der sich hartnäckig hält wie der Bikini.

Als ich Apollo fand, saß er besoffen in der leeren Eckbadewanne mit Whirlpoolfunktion. Er cremte sich mit der Lancômecreme von Sophies Mutter die Füße ein. Seine abgewetzte Hose lag auf dem Fußboden, der durch eine eingelassene Heizung immer wohlig warm gehalten wurde.

Apollo machte den Dresscode nicht mit und passte schon deswegen nicht zu Milan und Philipp, die was von Joop trugen. Wahrscheinlich hatte Apollo gar keinen Anzug. Schließlich wohnte er mit seiner Mama ganz oben im Hochhaus. Plötzlich tat er mir leid. So ohne Anzug und Tennisschläger. Ich wollte Apollo unbedingt lieben.

»Ich liebe dich«, hab ich dann gesagt und war ganz froh, denn nun war es draußen in der Welt. Ich liebte offiziell.

Apollo sagte nichts. Gar nichts. Absolut und überhaupt nix.

Ich fand das merkwürdig, denn eigentlich musste er ja »Ich dich auch« sagen. Nix. Stattdessen folgte ein erstes leises zartes Männerseufzen, das mich wie ein Soundtrack durch mein ganzes Leben begleiten würde. Puh, uff, och.

Plötzlich fing es in meinem Bauch an zu flattern. Aber es waren mit Sicherheit keine Schmetterlinge, sondern Motten. Viele Motten, die kopflos durch meinen Magen taumelten und gegen die Wände klatschten. Australische, giftige, riesige Motten, die Fleisch fressen. Solche, die mit ihrem Urin Löcher in Autolack brennen.

Weil ich den Unterschied zwischen Motten und Schmetterlingen im Bauch aber nicht kannte, hielt ich diese starke Angst, die in mir flatterte, für die echte große Liebe. Ich war nicht dumm. Aber bisher hatte mich alles, was ich geliebt hatte, einfach zurückgeliebt: Mama, Sophie, Meerschweinchen. Mir war so elend zumute, dass ich mich auf den Boden fallen ließ und meinen Kopf auf dem Badewannenrand ablegte.

»Liebst du mich nicht?«, fragte ich mit Angst in der Stimme. Die Betonung hatte ich gar nicht extra in die Fragestellung gelegt, sie passierte einfach und war mein erster emotionaler Unfall.

»Weiß ich noch nicht. Wir kennen uns ja noch nicht so gut«, erklärte Apollo. Der Sinnzusammenhang zwischen Kennen und Lieben erschloss sich mir gar nicht. Ich konnte ihn schließlich auch lieben, ohne ihn zu kennen.

»Ich weiß doch gar nicht, was für ein Mensch du bist.«

Wenn er das, was er von mir kannte, nicht liebte, dann müsste er mich einfach besser kennenlernen.

Es war nicht so, dass ich es als Challenge verstanden habe. Ich wollte einfach zurückgeliebt werden. Richtig offiziell, alle sollten wissen, hier lieben sich zwei, gegenseitig, gleich doll. Apollo + Luzy, Luzy + Apollo.

Das Problem bestand darin, dass es nix an mir zu lieben gab. Ich war nicht sonderlich schön oder aufregend, ich hatte im Grunde keine Interessen und Pläne außer Sophie. Jetzt, wo Sophie Milan hatte, war ich wie ein Auto ohne Motor. Ich musste jemand werden, eine Frau, die Apollo, wenn er sie kannte, lieben könnte.

Wer sollte diese Person sein?, fragte ich mich, während ich Apollo in der Badewanne betrachtete, wie er seine Füße mit Creme massierte.

Jemand, der auch anderer Leute teure Kosmetik verbrauchte.

Also zog ich mich aus, drehte den Wasserhahn auf und goss alles, was ich an Produkten fand, in die Wanne.

Wir nahmen das Badezimmer auseinander und rutschten auf unseren eingecremten Ärschen über den warmen Boden. An Apollos Lachen konnte ich sehen, dass ich auf dem richtigen Weg war, jemand zu werden, den man liebte.

Von da an war ich vierundzwanzig Stunden im Einsatz, Apollo das Beste von und an mir zu zeigen.

Was zuvor Tennis, Reiten und Sophie waren, wurde nun Apollo. Ihm zu gefallen wurde mein einziges Hobby.

Ich trug sogar eine Art Apollo-Trikot, in dessen Herstellung ich sehr viel Mühe und Zeit investierte.

Wir waren politisch so inhaltslos, dass alles zusammen ging. Man suchte sich aus den jeweiligen Moden und Gesinnungen die schönsten, saftigsten Stücke aus und hing sich alles zusammen ohne Sinn und Verstand an den Körper. Von unten angefangen: an den Füßen Adidas Superstars, dann zum Schlag aufgeschnittene, von den Freunden unterschriebene, vollgemalte Levi's, Gürtel mit Blumenschnalle, Spitzenbody, Raiders-Bomberjacke, »Nazis sind Schweine. Überall«-Button, kreisrunde Hippiesonnenbrille, Pali- und/oder Billytuch, Stüssycappy. Fertig.

Aber es könnte auch alles anders sein.

Kleider folgten nicht der Einstellung, sondern die Einstellung den Kleidern. Wer soll einen schon in Frage stellen, wenn alle gleichermaßen in Gefahr sind, dass ihre Oberflächlichkeit auffliegt.

Leider lief ich mit meinem Apollo-Outfit bei meinen Eltern offene Türen ein.

»Oh, wie süüüß! Das steht dir aber so gut. Anton!«, schrie meine Mutter gegen die Wand, wo früher die Tür gewesen war.

»Deine Tochter hat sich einen Metallstab ins Auge gesteckt wie die Indianer!«

»Das ist ein Piercing.« Genervt gedacht.

»Aha!«, hörte man dumpf von »drüben«.

Das Aha meines Vaters war Teil einer Lebenseinstellung, die er sich ausgedacht hatte, seitdem er hinter der Wand lebte: »Erst mal immer Aha sagen. Damit gewinnst du Zeit, um zu überlegen, wie du was wirklich findest.« Aber mein Vater behielt seine Meinung, wenn er überhaupt eine hatte, nach dem Aha meistens für sich.

Der Weg in den Wedding war weit, und wegen der schlechten Busverbindung ließ ich mich oft von Mama fahren. Dann saß ich in meinem »Nazis sind Schweine«-Pullover und umgehängter Mercedessternkette im Mercedes-Cabrio ohne Stern neben ihr. Auf den Knien lag mein Skateboard, das ich wie später die Gitarre brauchte, um Apollo zu beeindrucken. Natürlich konnte ich nicht fahren, das war aber auch egal, denn ich trug das Brett wie alle anderen immer nur unterm Arm mit mir rum, und falls ich gebeten wurde, einen Trick zu zeigen, hatte ich immer die falschen Schuhe an.

»Mit den hohen Docks kann ich den Flip nicht machen, da hab ich mir schon mal den Knöchel gebrochen, und dann konnte ich zwei Monate nicht fahren.«

Verständiges Nicken. Nachfragen tat man eh nicht.

Ich liebte das Ding. Es war wunderschön, und ich sammelte alle Arten von Aufklebern, um es zu dekorieren. Ich tauschte die Rollen des Boards wie meine Socken. Wir verbrachten Tage auf gut befahrbaren Plätzen. Auf den Brettern sitzend, rauchend und quatschend.

Am schönsten fand ich es, wenn mich Apollo schob. Dann umarmte ich, auf dem Skateboard stehend, seinen Hals, er lief los und zog mich mit.

»Ick hab keene Lust mehr aufs Fahren«, erklärte mir Apollo irgendwann. »Dit klaut mir zu viel Zeit, die ick für die Musik brauche! Ick muss einfach mehr üben. Wir können ja später telefonieren, oke, Luzy?«

Ich hasse Musik. Heute noch. Sie nervt mich. Immer. Die Menschen, die »ohne Musik nicht leben können«, finde ich sehr zweifelhaft. Ungefragt wird einem über die Ohren eine Stimmung in den Körper gepresst, die mit der eigenen Laune oft gar nichts zu tun hat. Menschen werden besetzt und unzugänglich. Das passiert so hinterhältig und effektvoll, dass sich selbst das frustrierendste Leben innerhalb von zehn Sekunden mit Jackson 5 in eine Party verwandeln kann. Man wird zugeschwallt, angeschrien und in manchen Ländern sogar verprügelt, wenn man den falschen Musikgeschmack hat. Es ist laut und durcheinander und nervt. Musik ist am schönsten, wenn sie so leise ist, dass sie aus ist.

Zusätzlich führte das blöde Üben dazu, dass sich Apollo über die Gitarre gebeugt in seinem Zimmer versteckte.

Ich wusste schon, dass sich meine Begeisterung auch nicht einstellen würde, wenn ich mich mit dem Krach näher beschäftige. Es blieb mir aber nichts anderes übrig, wenn ich weiter Zeit mit Apollo verbringen wollte.

»Manche Sachen muss man eben machen, auch wenn man keine Lust hat, sonst funktioniert unsere Gesellschaft nicht. Oder meinst du, ich hab immer Lust auf Pornos gehabt?«, erklärte mir meine Mutter oft.

Also: »Oh, du spielst so schön, kannst du mir nicht ein paar Griffe beibringen?« Apollo wurde mein Gitarrenlehrer. Mein langfristiger Plan war es, mit Apollo eine Band zu gründen, also gab ich mir Mühe.

Bald spielte ich besser als Apollo, was nicht schwer war, weil mir meine reichen Schweine-Eltern zwei Mal die Woche einen echten Gitarrenlehrer kommen ließen, der mich im Keller unterrichtete.

Mit meinem steigenden Können schien Apollos Interesse an mir noch mehr abzunehmen. Während ich in seinem Zimmer *Nothing else matters* zupfte, lag er in seinem Bett und starrte an die Decke.

Der Übergang von dem Hobby Apollo zum Beruf war schleichend. Schon bald hatte ich alles, was ich zu bieten hatte, vorgeführt, und falls etwas fehlte, erfand ich es einfach. Apollo kannte nach einiger Zeit sehr viel von mir oder zumindest alles das, was ich für ihn sein wollte.

»Liebst du mich jetzt?«, fragte ich so nebenbei wie möglich, um den Stand der Dinge herauszufinden.

»Das kann ich nicht sagen.«

»Aber du kennst mich doch jetzt.«

»Ich kenn mich ja selbst nicht.« Sätze, die einen wie Schläge auf die Nieren einfach ausschalten. Es war wie in einem nicht enden wollenden Bewerbungsgespräch. Lächeln, präsentieren und heimlich den Schweiß abwischen. Mittlerweile konnte ich auch nicht mehr aufhören, denn es war zu viel Energie in das Ganze geflossen. Eine Ablehnung war gleichbedeutend mit einer Absage an meine reichhaltige erfundene Persönlichkeit. Ich hatte mich investiert.

Sophie schaffte es im Gegensatz zu mir, ihre Beziehung in einem gesunden Mittelmaß zu führen. Klar, denn sie wurde von Milan auch offiziell zurückgeliebt. Seine Zuneigung hatte er mehrmals schriftlich ausgedrückt. Eines Tages stand es sogar an der Turnhalle.

»Ich find's ein bisschen peinlich.« Sophie lächelte in sich hinein, als wir vor dem Schriftzug standen, der aussah, als hätte ihn jemand aus dem Graffitikindergarten hergestellt.

Für mich war das gesprühte Bekenntnis, für ein halbes Jahr, denn so lange dauerte es, bis der Senat den Kauf von Außenwandfarbe genehmigte, jedes Mal wenn ich daran vorbeilief, ein Schlag ins Gesicht. Um dem Ganzen aus dem Weg zu gehen, betrat ich die Schule nur noch durch den kleinen Seiteneingang und versuchte mit aller Kraft, die Raucherecke, die vis-à-vis dem Kunstwerk war, zu verlegen. Um den Leuten den Umzug schmackhaft zu machen, verteilte ich Freizigaretten an den Fahrradständern.

Ich liebte Sophie mehr, als der blöde Milan es jemals gekonnt hätte. Also bestand der emotionale Cocktail, den ich zu schlucken hatte, aus Eifersucht gegenüber Milan und der Enttäuschung über Apollos Unentschlossenheit.

Mein Freund hatte bisher nicht mal auf meiner Federmappe unterschrieben. Während Sophie Milans Liebe peinlich zu sein schien, schämte ich mich dafür, dass ich von meinem Freund nicht zurückgeliebt wurde.

Keiner sollte merken, dass ich mich verrannt hatte.

Anstatt mich zu trennen, gab ich mir noch mehr Mühe, Apollo von mir zu überzeugen.

Es war kurz vor Sophies sechzehntem Geburtstag. Wir hatten uns in den letzten Wochen kaum gesehen.

Mir war es unfassbar unangenehm, dass ich meiner allerbesten Freundin auf Grund meiner Vollzeittätigkeit als Apollos Freundin nicht mehr gerecht werden konnte. Für meine ständige Abwesenheit erfand ich Familienfeste, Krankheiten und Sportveranstaltungen.

Ich hatte mir fest vorgenommen, alles an Sophies Geburtstag wiedergutzumachen. »Lass uns essen gehen. In ein Restaurant. Nur wir beide.« Es hörte sich damals schon an wie die Verabredung zur Rettung einer Ehe.

Natürlich hat ein Dinner für zwei sechzehnjährige Mädchen aber auch eine andere Bedeutung. Wir würden Erwachsene sein, anstoßen und die Rechnung bezahlen. Sophie fand die Idee ganz toll. Weil mir der Abend als Präsent aber nicht reichte, fand ich zusätzlich ein Geschenk, das unsere Freundschaft retten sollte.

Ein Tandem.

Es war ein Symbol. Für uns, unsere Freundschaft und einen gemeinsamen Weg, den ich unbedingt mit ihr und nur mit ihr gehen wollte.

Weil ich tagsüber in der Schule und nachmittags bei Apollo war, bastelte ich nachts an dem alten Rad, das ich aus zweiter

Hand gekauft hatte. Ich lackierte den Rahmen neu und dekorierte den Fahrradkorb. Ich war so beschäftigt, dass ich meinen Freund, der mich nicht zurückliebte, für zwei Tage vergaß.

Sophie und ich wollten reinfeiern, deswegen besorgte ich am Vortag Heliumballons, um das Tandem damit zu schmücken. Ich besprühte mich mit meinem ekligen, zuckersüßen Parfum und schminkte mich zu einer Achtzehnjährigen, damit ich uns um Mitternacht Sekt bestellen konnte.

Kurz bevor ich mit dem Tandem zum Restaurant fahren wollte, klingelte das Telefon. Apollo.

»Hallo.«

»Hi.«

»Hey, meine Mutter ist für zwei Tage zu ihrer Schwester gefahren, wie wär's, wenn du zu mir kommst?«

»Nein. Sophie hat Geburtstag, und wir werden ein sehr schönes Fest feiern. Darauf freue ich mich seit einem Monat. Außerdem frage ich mich, warum ich überhaupt weiter Zeit mit dir verbringen sollte, wenn du mich gar nicht liebst.«

Das wäre die richtige Antwort gewesen. Aber ich schaffte es nur, nichts zu sagen. Ruhe. Pause. Schweigen. 5,6 Kilometer Telefonleitung. Eine Sekunde brauchte Apollos Satz, bis er bei mir angekommen war. Zwei Jahre hatte ich darauf gewartet.

»Ich würde mich freuen, wenn du kommst«, setzte er nach. Freude ist nicht Liebe, aber man kann sie aufrunden.

Es fing an zu regnen, als ich mit dem Tandem auf der Straße rumkurvte. Die Tropfen bummerten auf den Luftballons und hatten eine ähnliche emotionale Einschlagkraft wie damals bei Tschernobyl. »Bumbumbumichwürdemichfreuenbumbumbumichwürdemichfreuen.« Apollos Satz war wie ein nicht enden wollendes Echo, das zwischen meinen Gehirnwänden hin und her knallte.

An der letzten Ampel, die meinen Weg gabelte, hielt ich an.

Ein Tandem ist zwar nur ein Fahrrad mit Überlänge, aber es kam mir vor, als fuhr ich Zug. Auf dem letzten Kilometer hatte ich mir eingebildet, dass ich es schaffen könnte, von der Schiene zu kommen, die nach Wedding führte.

Bei Jim Knopf war es auch gegangen. Da war es sogar möglich, die Lokomotive Emma mit Teer abzudichten und aus ihr ein Schiff zu machen. Weg von den Gleisen übers Meer nach Mandala. Im Buch ging das wunderbar. Aber ich schaffte es nicht. Der bekloppte Roboter war geboren.

Ich wollte so sehr zu Sophie wollen, abbiegen, mit Sektgläsern anstoßen und eine allerallerbeste Freundin sein. Stattdessen fuhr ich geradeaus nach Wedding, während Sophie allein im Restaurant vor einer Apfelschorle saß. Ohne mich konnte sie keinen Sekt bestellen, denn ich war die, die älter aussehen konnte.

»Bumbumbumichwürdemichfreuenbumbumbumichwürdemichfreuen.«

Sie würde mir das nicht verzeihen. Keine Lüge könnte mich retten, denn es gab keine Entschuldigung, am Geburtstag der allerbesten Freundin nicht mit ihr zusammen zu sein.

Und deshalb rief ich sie nicht an. Nicht im Restaurant und auch nicht am nächsten Tag. Ich ging auch nicht ans Telefon, als sie mich sprechen wollte. Sophie war zu einem lebenden Mahnmal geworden. Eins, das mich für immer daran erinnern würde, dass ich ein ungeliebtes, abhängiges, unemanzipiertes Mädchen war, das seine allerbeste Freundin an ihrem Geburtstag für ein »Ich würde mich freuen« eines Mannes sitzengelassen hatte.

»Na?«

»Na?«

»Komm rein, Terminator 1 läuft.«

Also setzte ich mich wie selbstverständlich zu Apollo aufs Bett und glotzte Arnold an, der unzerstörbar war, während ich vor mich hin bröselte. Apollo hätte niemals verstanden, dass ich Sophie an ihrem Geburtstag für ein »Ich würde mich freuen« sitzengelassen hatte. Wie auch? Ich verstand den Magnetismus, der mich zu ihm gezogen hatte, selber nicht.

Auf dem Papier war mein Verhalten unmöglich, aber in Wirklichkeit hatte ich gar keine andere Möglichkeit.

Das Tandem schenkte ich am nächsten Tag Apollo, der die Abwesenheit seiner Mutter nutzte, um darauf mit seinem besten Freund Kalle eine Landpartie zu machen.

Ich hatte keine Freundin mehr und hab mich auch nie wieder um eine bemüht. Nicht weil es mir nicht fehlte, sondern weil ich wusste, dass ich es wieder so machen würde. Ich würde mich im Zweifel für den Scheißmann entscheiden.

Von da an habe ich aus Verwirrung erst mal eine Weile nur noch geblasen.

Die Reaktion von Apollo auf Oralsex erfüllte mich jedes Mal mit Ruhe und Frieden. Er wollte mich, wollte bei mir sein. Wir waren wir, und ich war nicht allein. Ich musste nichts mehr machen, niemand sein, nichts erfinden, um ihm zu gefallen. Mit dem Schwanz im Mund hatte meine Show Pause. Ich fand das nicht arm, ich fand es einfach nur entspannend.

Wenn wir nicht körperlich miteinander verbunden waren, zerfielen wir in zwei Menschen, und dieser Abstand schien mir unmöglich weit.

Sex war eine gute Sache, er bringt die Menschen zusammen.

Das Präsent meiner Jungfräulichkeit hatte ich Apollo mittlerweile natürlich schon längst gemacht.

Also offiziell.

Inoffiziell war mir die Vorstellung, mit Apollo völlig unvorbereitet in so eine wichtige Sache wie die Entjungferung zu gehen, ganz furchtbar. Allein das Blut in der Star-Wars-Bettwäsche und Bini, die das dann alles waschen musste, entsprachen

nicht dem, wie ich mir mein erstes Mal mit Apollo vorstellte.
Den Dreck und die Schmerzen sollte ein anderer bekommen,
einer, an dem ich mich auch gleich noch ein bisschen ausprobieren konnte.

Matze ging in meine Klasse und »fickte alles durch, was
nicht bei drei auf den Bäumen war«, hieß es.

Aber klar, bei uns gab es wie bei allen Jugendlichen viele
Gerüchte, deren Wahrheitsgehalt meist fragwürdig übertrieben
war.

»Cola zusammen mit Aspirin macht pervers!«

»Frau Dr. Lüttig muss diese Perücke tragen, weil bei einem
Motorradunfall all ihre Haare abgebrannt sind.«

Auch über mich gab es ein Gerücht, das sich hartnäckig hielt.

»Luzy spielt ohne Unterhose Tennis.«

Eigentlich war es jedem Yuppiekind natürlich klar, dass es
nicht mal möglich war, in einem Tennisverein mit roten statt
weißen Socken auf den Platz zu gehen. Ohne Unterhose unter
dem minikleinen Tennisröckchen zu spielen fand man hingegen
glaubwürdig genug, um mich für meine gesamte Schulzeit zu
einer Perversen abzustempeln, die Reservebälle im Arsch aufbe-
wahrte, weil sie die nicht in das Bündchen ihres Slips klemmen
konnte. Ich hab keine Ahnung, wer diese Scheiße verbreitet
hatte, aber es muss ein sehr böser Mensch gewesen sein.

Matzes Titel »Fickmonster« war schon so alt, dass ich nicht
mal mehr wusste, von wem er stammte. Ich erinnerte mich
nur, dass wir in der siebten Klasse alle nicht neben ihm sitzen
wollten, weil die Gefahr bestand, dass er einen so richtig durch-
knallte.

»Matze, mein Lieber, könntest du mich vielleicht entjung-
fern?« Höflich gefragt.

»Wann?«

»Gleich nach PW? Unten? Also im Keller, also bei mir zu
Hause?«

Matze nickte und setzte sich zurück auf seinen einsamen Platz in der letzten Reihe, mit genug Abstand, so dass niemand aus Versehen gefickt werden konnte.

Apollo gegenüber hatte ich kein schlechtes Gewissen, als Matze mit mir schlief. Das war nicht das besondere erste Mal, das man nur mit »dem Richtigen« machen konnte. Es war nur eine notwendige Tat vor der Tätigkeit. So wie das Anzünden einer Zigarette vor dem Rauchen oder dem Händewaschen vor dem Essen. Matzes Ruf kam ganz klar von der Größe seines Penis, stellte sich schnell heraus. Irgendjemand muss das Riesending gesehen und daraus Rückschlüsse auf sein Sexualleben geschlossen haben.

Als er seine Hose auszog, wollte ich am liebsten aufstehen, meinen Fotoapparat holen und einen Bleistift als Reverenz danebenlegen. Ich hatte mir auf jeden Fall den Richtigen ausgesucht, denn nach Sex mit ihm würde der letzte Rest meines Jungfernhäutchens zersprengt in der Ecke landen. Kurz hatte ich Angst vor dem Schwanz und der ganzen Aktion, aber es half alles nichts. Ich musste da durch. Außerdem war der Penis zu spektakulär, um ihn nicht zu benutzen. Denn man kann ja auch nicht vor dem Eiffelturm stehen bleiben, ohne hochzufahren.

Bevor es losgehen konnte, fiel Matze erst mal kurz in Ohnmacht. All das Blut, das er zur Versorgung seines Körpers brauchte, war in seine Schwellkörper geflossen. Er wurde ganz bleich um die Nase, die Augen flatterten, und dann verlor er das Bewusstsein.

»Passiert mir öfter«, erklärte er, als er wieder zu sich kam.

Es tat weh und war blöd. Mechanisch, auch unanständig, in jedem Fall kam mir Sex völlig überbewertet vor. Mit zusammengekniffenem Gesicht gratulierte ich mir selbst zu meiner genialen Idee, als Matze endlich fertig war.

»Mist, abgegangen!« Matze war kein großer Redner.

»Was?«

»Das Kondom ist reingerutscht.« Matze rutschte hingegen aus mir raus.

»Wie kann das passieren?«

Matze zuckte die Schultern. »Nicht gepasst? Passiert mir öfter.«

»Und jetzt?«

»Irgendwie rausholen!«

Ich bekreuzigte mich vor Dankbarkeit, dass ich mit Matze in meiner Muschi nach dem alten Gummi grub und nicht mit Apollo. Matze und ich sprangen wild auf der Matratze auf und ab, nahmen ein Bad zur Entspannung und fraßen den Kühlschrank leer in der Hoffnung, dass die vollen Gedärme von oben das Ding rausdrücken würden. Nix half. Es war irgendwo in den Tiefen meines Körpers verschwunden.

»Wir könnten noch mal miteinander schlafen, und ich versuche dabei, es irgendwie rauszuholen!« Matzes Idee war brillant, aber am Ende leider auch nicht zielführend.

»Es wird wahrscheinlich irgendwann einfach von selbst rausfallen«, sagte Matze zum Abschied. »Tut mir leid«, entschuldigte er sich höflich.

Er tat mir leid. Das arme Fickmonster mit seinem riesigen Penis, allein in der letzten Reihe.

»Ach, Quatsch. Danke dir«, bedankte ich mich.

»Keine Ursache.«

Das Gummi blieb für immer verschwunden, und mein erstes Mal mit Apollo verlief reibungslos und war wie erwartet unspektakulär. Zur Feier tranken wir einen Fruchtsekt aus alten Senfgläsern mit Katzen drauf.

Ich war mir nicht sicher, ob es ihm gefallen hatte, denn während ich höflich ganze Lieder stöhnte, war er eher ruhig.

Vielleicht kam die Nervosität, ob ich gut im Bett war, auch daher, dass es mir selbst eigentlich gar nicht so viel Spaß machte. Ich fand es okay. Ich fand es gut, dass unsere Körper verbunden waren und man sich dabei mit nix anderem beschäftigte als mit dem anderen.

Mir war damals nicht klar, dass eigentlich ich es war, die Abwechslung brauchte. Unsere Beziehung ähnelte einem Giff, das man stundenlang in der Erwartung betrachtet, dass gleich endlich was Neues passiert. Aus lauter Langeweile hatte ich Angst, dass er sich mit mir langweilte.

Um interessant zu bleiben, musste ich mir was ausdenken. Etwas Spannendes, Aufregendes, Dramatisches, Neues, das in Apollos Welt passte und uns beide einander näherbrachte.

Also wurde ich heroinsüchtig.

LUZY   Das war damals. Heute ist es 22 Uhr. Kein Wunder, denn mittags passiert so was nicht.

Wenn es dunkel wird, werden im Kopf irgendwelche Hormone abgeschaltet, die einen dazu bringen, sich normal zu verhalten. Deswegen ist es viel öfter Nacht, wenn man streitet, Sex hat oder Tiere tötet.

Wie das wohl im Sommer in Island ist, wenn es gar nicht dunkel wird?

Friedlich wahrscheinlich, ohne Sex.

Die Polizisten gucken mich komisch an. Sie halten mich für gefährlich, weil ich so normal aussehe. Solche wie mich haben sie auch zu Hause. Emotionale Ungeheuer, mit Wasser aus den Augen und rot geschwollenen Adern auf der Stirn.

Durch die Uniformen und das ganze Zeugs um den Bauch wirken die beiden wie zwei Maschinen. Funktionstüchtig und spülmaschinentauglich. Ich nenne die Polizisten »Buckelnase«

und »Frühlingsfrische«, denn Frühlingsfrische riecht nach Weichspüler.

Mit ihm könnte man glücklich werden. Er hat kein Problem mit sich. Morgens genau drei Minuten Zähne putzen, dann Filterkaffee mit Marmeladenstulle, rumprotzen mit den Kollegen, Waffe umschnallen, ein richtiger Mann sein, abends grillen und dabei die Hand auf IHREN Poansatz legen.

SIE gibt es auf jeden Fall. Das riecht man. Zufällig ist dieser frische Duft nicht. Ich würde nicht behaupten, dass sie ihn olfaktorisch markiert hat, so stupide sind Frauen nicht. Sie will, dass er es weich und wohlig hat. So wohlig, dass er die Weichheit vermissen würde, wenn sie nicht mehr da ist. Das Waschmittel als Sicherheitsnetz.

Deswegen kann er sich nicht trennen. Keine Beziehung = Weichspüler mehr = keine Wohligkeit. Es ist ein devoter Geniestreich.

Auf jeden Fall hätte ich es genauso gemacht. Und die Wäsche falten und nach Farben sortieren. Falls er sich eines Tages von ihr trennen sollte, fällt ihm ein falsch gefaltetes T-Shirt sofort auf. Erinnerungen sind wichtig, sie schaffen Verbindungen.

Buckelnase ist anders. Er hat keine Frisur und keine ausrasierten Ohren. Dreckig ist er nicht, angeschlagen vielleicht, mit Gebrauchsspuren. Wenn etwas benutzt wurde, hat es was erlebt, es wurde eingesetzt. Buckelnase war in Betrieb und hat sich nicht geschont.

Ich mag ihn. Die Nase macht ihn ein bisschen hässlich. Bestimmt finden ihn nicht alle Frauen anziehend.

Sophie hatte immer eine Vorliebe für Tiere, denen ein Bein fehlte. Ihr Lieblingspony Flori hatte sogar nur ein Auge. Wo das andere hätte sein sollen, war einfach ein Loch im Kopf. In die leere Augenhöhle war mit den Jahren Fell gewachsen, so dass man mit dem Finger reinfassen konnte. Man könnte jetzt denken, dass meine Sophie einfach Mitleid mit den Schwächeren hatte, aber das war es nicht. Niemand mochte Flori, er war eklig. Keiner wollte das Ekelauge anfassen. Sophie hatte Flori für sich ganz alleine, und das Pony war dankbar, dass jemand seine Augenhöhle eincremte. Es war eine sichere Sache.

Die Buckelnase wird die Zukunft mit ihm leichter machen. Mit dieser Nase hat er nicht die freie Auswahl. So kann man als Freundin schon mal nicht so leicht ausgetauscht werden wie bei Apollo.

Ich mag ihn. Irgendwann sieht man die Nase eh nicht mehr. Da ist das Gesicht nur noch eine Liebesmasse, ohne bewertbare Konturen.

Noch ist die Nase allerdings da. Ich muss mir merken, wie sie aussieht für später, wenn wir Kinder haben.

»Hast du eine Freundin?« Verwirrt gefragt, aber interessiert gemeint.

Frühlingsfrische ist ein bisschen überrascht über diese Frage. Seit es Buckelnase gibt, bin ich ruhiger geworden. Es war unnötig, sich bei Jonas so aufzuregen, es gibt Alternativen.

Frühlingsfrische hat Angst vor mir.

»Seit sieben Jahren«, sagt er und gibt mir damit zu verstehen, dass er für mich uneinnehmbar ist.

Ich nicke. »Riecht man.«

Meine Augen brennen. Bestimmt hab ich vergessen, mir nach der Chili die Hände zu waschen. Das plus Tränen tut weh.

»Haben Sie sich jetzt ein bisschen beruhigt?« Buckelnase macht sich Sorgen.

Das gefällt mir. Mir geht es besser. Ich schüttle den Kopf. Buckelnase nickt.

Der Wagen hält vor meinem Haus. Buckelnase steht auf, öffnet die Schiebetür und steigt aus.

»Hören Sie. Es wäre besser, wenn Sie den Herrn Dunker jetzt erst mal nicht mehr kontaktieren.«

»Ach so, ja.« Wer war noch mal Herr Dunker? »Will ich ja auch gar nicht.« Will ich wirklich nicht. Ich will Buckelnases Polizeifrau sein und Brotboxen füllen. Er nickt. »Gut, das haben Sie auch gar nicht nötig.« Da ist es. Der Aufruf. Die ausgestreckte Hand, die Einladung zum Tanz. »Wollen Sie meine Telefonnummer haben?« Vielleicht bleibt er auch gleich da oder kommt nach dem Dienst vorbei. Rücken massieren. Schön den Trapezmuskel quetschen, die Rautenmuskulatur runter, mit warmem Öl, das vorher im Wasserbad erhitzt wurde. Das mag jeder. Buckelnase schüttelt den Kopf. »Das ist nicht nötig. Wir haben Ihre Daten ja schon aufgenommen.«

»Sie haben eine schöne Nase«, sanft gesäuselt. Frühlingsfrische grinst und kritzelt in seinem Block herum. »Finde ich nicht.« Buckelnase findet es nicht. »Nicht schön im eigentlichen Sinne, aber anders. Einzigartig.« Buckelnase ist skeptisch.

»Sicher, dass es Ihnen gutgeht?«

Sorge, schön, gefällt. Ich nicke, aber zaghaft. Buckelnase dreht sich um und steigt ins Auto ein. Hätte ich mal nicht genickt. Diese Spielchen sind kacke. Man muss deutlich sein. Woher soll er wissen, dass ich seine Frau bin?

»Können wir uns mal auf einen Kaffee treffen. Nachher?«

Buckelnase dreht sich um. Er steigt wieder aus.

»Hören Sie, Frau Lopinski?!? Sie haben gerade eine nicht minder schwere Straftat begangen. Sie sind sicher noch etwas verwirrt. Sie sollten sich jetzt erst mal sammeln und Ihren Anwalt anrufen.«

»Geht das nicht, weil ich Ihre Kundin bin?«, interessiert, aber ohne Nachdruck gefragt.

»Nein, es geht nicht, weil wir uns beide nicht kennen.« Mal wieder der Totschlagsatz.

»Dafür ist ja der Kaffee da, zum Kennenlernen.«

»Sicher, aber das, was ich bisher von Ihnen kenne, reicht mir, um Sie nicht näher kennenlernen zu wollen. Nehmen Sie es nicht zu schwer. Trennungen sind schlimm, aber der Liebeskummer geht vorbei. Der Herr Dunker war sicher nicht der Richtige für Sie.«

Buckelnase steigt ein. Mir ist, als ob Frühlingsfrische lacht. Die Wanne fährt weg, aber keiner winkt zum Abschied.

Es fährt mir in den Bauch. Wie ein blöder Ice Bucket, der direkt in einen reingeschüttet wird. Es ist, wie wenn man beim Spicken erwischt wird, wie wenn man aus Versehen auf der Autobahn schlenkert.

Es ist derselbe Schreck wie damals auf dem Friedhof, derselbe wie fünf Jahre später, als mich Peter zum ersten Mal anlog, und wie heute, als die Elle von Jonas krachte.

Was einen Schreck zum Schreck macht, ist die Zeit. Angst ist lang. Ein Schreck ist da, um einen kurz aufzurütteln und vor dem Tod zu bewahren.

Aber bei Trennungen bleibt dieser Schreck im Bauch stecken, macht sich breit und hält manchmal tagelang. Es ist unerträglich, weil der Körper eigentlich nicht dafür gemacht ist, dieses Gefühl länger als zwei Sekunden auszuhalten. Man kann nichts machen, man ist gleichzeitig starr und panisch vor Angst. Ich kenne das Gefühl.

Deswegen fahre ich zu unmöglichen Uhrzeiten durch die Nacht, um Geleebananen zu besorgen, massiere Füße und Penis, falte und sortiere Wäsche nach Farben, und deswegen weiß ich alles über Skateboards, Musik, Filme, Kochen und Fotografieren. Obwohl es mich einen Scheiß interessiert, versuche ich alles richtig zu machen. Ich gebe immer alles, damit mir dieses Gefühl, dieser Schreck erspart bleibt.

Trotzdem. Auch dieses Mal hat es nichts genützt. Buckelnase

hat es nicht ganz richtig formuliert, denn: nicht er. Ich bin nicht die Richtige für Jonas Dunker. Ich bin falsch.

Die Verrückte.

So wird er mich in Zukunft vor seinem besten Freund Christoph nennen.

Wenn ich zurückgehe und ganz ruhig bin, wenn ich es schaffe, dass er den Vorfall vergisst, wenn ich besonders bin, delikat und leicht, ganz leicht, so dass er mich gar nicht merkt, dann nimmt er mich zurück, schon wegen der neuen Glasplatte, die ich für seinen Single-Kühlschrank gekauft habe, damit er ein Fach mehr zur Verfügung hat.

Aber trotz all meiner Bemühungen sitze ich jetzt hier und habe es offensichtlich nicht geschafft, meinen Freund Jonas festzuhalten. Aber es ist nicht die Strategie, an der es scheitert, sondern die Durchführung.

Ich hätte einfach noch besser sein können, besser geht immer.

Besser als heute Abend geht auf jeden Fall. Ich hab mich gehenlassen. Das passiert mir immer am Ende einer Beziehung, mein gesamtes angestautes authentisches Ich entlädt sich auf einmal wie bei einem Vulkanausbruch. Mit dem Unterschied, dass ich keine bergige Ausbeulung habe, die schon verrät, dass unter ihr was platzen kann.

Angst mache ich den Leuten trotzdem.

Ich hab nicht direkt damit gedroht, dass ich mich umbringe, aber irgendwas in die Richtung habe ich gesagt. So was wie »Ich kann ohne dich nicht leben«.

Klar, ich bin nicht mehr fünfzehn. Natürlich kann ich ohne ihn leben. Ich hab schon zwei Mal, nachdem jemand den Schlusspunkt gesetzt hatte, weitergemacht, obwohl ich dachte, dass es vorbei ist.

Aber das weiß Jonas nicht, der weiß nur, dass ich ihn mit den Worten »Ich kann ohne dich nicht leben« gegen ein IKEA-Expeditregal geschubst habe.

Mit einem Mal wird mir klar, was ich gemacht habe. Wie schlimm es war. Wie schlimm ich heute bei Jonas war. Es ist endgültig Schluss, denn sehr wahrscheinlich kann ich nicht einfach zurückgehen.

Aber ich kann anrufen.

Ich weiß nicht mehr, wie ich es von der Straße in mein Zimmer geschafft habe. Unten jault der Hund vom Meister wie meine innere Klagestimme vor sich hin. Unser Nachbar heißt Meister, nicht weil er einer ist, sondern weil das am Klingelschild steht. Eigentlich weint der Köter immer, zumindest wenn der Meister weg ist. Und der ist immer weg. Wenn er da ist, hört man den Hund nicht mehr, denn der Meister hat eine Schwäche für Phil Collins. Einst mochte ich selber *In the air tonight*, heute ist mir das Geheule von der Töle deutlich lieber.

Der Schreck sitzt dick und fett in mir. Mein Display sagt, dass ich Jonas schon neun Mal angerufen hab. Wäre es wie früher ein Telefon mit Wählscheibe, könnte mir keiner nachweisen, wie penetrant ich bin.

Die ersten vier Mal haben sich alltäglich und notwendig angefühlt. Jetzt sieht die Zahl Neun einfach nur gestört aus. Ich bin die, die neun Mal anruft, und wähle ein zehntes Mal seine Nummer. Einfach nur, weil ich weiß, dass er es sowieso aufrundet, wenn er Christoph davon erzählt.

»Sie hat mich tausend Mal angerufen.« Also habe ich noch neunhundertneunzig Mal frei.

Sein Telefon ist aus. Ausgemacht.

Zumindest kann er sehen, dass ich versuche, ihn zu erreichen. Man kann mir nicht vorhalten, dass ich die Hand nicht ausgestreckt habe. An mir soll's nicht scheitern. Das ist zwar ein einseitiger Kontakt, aber es ist auch ein Halt, wenn nur ich mich festhalte.

Ich bin wie ferngesteuert. Mal wieder der bekloppte Roboter.

Mein Kopf schreit nein, mein Körper zieht sich mit steifen, mechanischen Bewegungen eine Jacke an.

Automatisch greife ich zum Schlüssel, um zu Jonas zu fahren. Kann ich so überhaupt Auto fahren? Eigentlich stellt sich die Frage nicht mal. Meine Augen sehen aus wie Muschis, die Art, die man operieren möchte, aber ich schaffe es immerhin, die Schamlippen aufzuklappen, um ein bisschen rauszulugen. Was soll schon sein, ich kenn den Weg ja schließlich auswendig.

Weg zu Jonas: 13,06 Minuten, wenn man schnell fährt.

14,03 Minuten, wenn man sich bemüht, ihn warten zu lassen, um sich wichtigzumachen. Hab ich einmal geschafft.

An meinem Lidl vorbei, von dem ich ihm die guten Geleebananen mitbringen kann, die, die er wirklich liebt, geradeaus auf der sicheren Streitstrecke, hier kann man nicht rechts ranfahren, es ist eine dreispurige Straße ohne Seitenstreifen.

Wenn man was Wichtiges, Beziehungsmäßiges zu besprechen hat, ist dieser Streckenabschnitt auf dem Weg zu Jonas der beste Moment, um sich mitzuteilen. Für fünf Minuten kann man sich über ernste, unangenehme Themen unterhalten. Denn keiner kann aussteigen und weglaufen.

Auf dieser Strecke habe ich ihn gefragt, ob er mich liebt.

»Liebst du mich eigentlich?« Mutig, denn obwohl er nicht aussteigen kann, blieb ihm noch die Möglichkeit, uns einfach gegen einen Baum zu fahren.

»So was fragt man doch nicht!«

»Ich frage dich: warum nicht?«

»Weil man warten muss, bis einem das freiwillig gesagt wird.«

Wenigstens liegt es nicht daran, dass Jonas mich nicht gut genug kennt.

»Ich will es ja auch nicht gesagt bekommen, ich will es einfach nur wissen.«

Er sagte nichts.

»Ich liebe dich sehr!«, sage ich liebevoll und aus tiefstem Hass. Jonas nahm meine Hand und drückte sie, dann hatten wir die sichere Streitstrecke passiert.

Als ich aus der Tür meiner Wohnung stürmen will, wird sie geöffnet und Tim kommt herein.

Er ist mein Mitbewohner. Es ist schon meine zweite Wohnung. Auch diese gehört meinen Eltern. Die erste habe ich nach der Trennung von Peter einfach voll eingerichtet stehenlassen. Sie war wie ein Tatort.

»Ich kann da nieee wieder hin zurück!«, erklärte ich meiner Mutter, bei der ich damals auf unendliches Verständnis stieß.

»Musst du ja nicht!« Meine Mutter nickt entschlossen.

»Aber das geht ja gar nicht! Da sind alle meine Sachen! Alle!!«

»Natürlich geht das. Wir kaufen einfach alles neu.«

»Nein, das ist krank! Kein Mensch macht das! Man kann doch nicht einfach alles stehen und liegen lassen und weglaufen.«

»Doch, doch, das geht. So eine Wohnung hab ich auch noch irgendwo.«

»Wo?«

»In Charlottenburg. Kantstraße. Nummer muss ich nachgucken. Das ist schon so lange her, vor deinem Vater! Da war ich so unglücklich verliebt, dass ich das alles nicht mehr sehen wollte, also bin ich nicht mehr zurückgegangen.«

Sprachlosigkeit.

»Ich wollte das einfach hinter mir lassen und hatte keine

Kraft, die Möbel auszuräumen, kostet ja heute nix mehr, so ein alter Mietvertrag.«

Also bin ich dem Rat meiner Mutter gefolgt, habe alles stehen und liegen gelassen, so das inoffizielle Peter-Wolf-Museum eröffnet und habe eine weitere frische, leere Wohnung von meinen Eltern geschenkt bekommen.

Erst waren wir da zu dritt. Tim, ich und eine Kleptomanin, die wir wie bei *Emil und die Detektive* durch markierte Geldscheine überführen konnten. Natürlich haben wir ihr nicht gesagt, dass wir nicht mit jemand zusammenleben wollen, der uns beklaut. Haben wir uns nicht getraut. Wir haben lieber gesagt, dass uns die Wohnung gekündigt wird und wir alle rausmüssen.

Am Tag des Umzugs haben wir unsere Sachen zusammengesucht und runtergetragen, und als die Diebin mit ihrem Transporter um die Ecke gefahren war, haben wir alles wieder zurück in die Wohnung geschleppt.

Es war aufwendig, aber ohne Konfrontation und trotzdem mit demselben Ergebnis. Dann haben Tim und ich uns entschieden, zusammen allein zu wohnen. Mir ist unsere Wohnung egal.

Wir haben Dinge, die man braucht, um durchzukommen. Bett, Tisch, Stuhl, Kühlschrank. Es ist nicht so, dass ich mich nicht für Dekoration interessiere.

Meine erste Wohnung, das Peter-Wolf-Museum, hätte man bei *Schöner Wohnen* ausstellen können. Sie war liebevoll und gemütlich eingerichtet. Der Langflorteppich passte zu den greigen Vorhängen, die schwer und bodenlang die Altbaufenster rahmten. Vieles hatte ich in Antiquitätengeschäften gefunden, so wie die großen Bodenvasen mit den bunten Papageien drauf.

Aber durch die Erfahrung mit Peter habe ich gelernt, dass Gegenstände sich extrem schnell mit Erinnerungen aufladen, die man vielleicht später nicht mehr so gerne um sich haben will. Also lieber glatte, spülmaschinenfeste, funktionale Dinge an denen kein Gefühl haftenbleiben kann.

In meiner zweiten Wohnung ist alles von IKEA. Notwendige Gegenstände stecken in Möbeln aus überzogenen Spanplatten, die auf einem abwaschbaren Laminatboden stehen. Bei mir und Tim ist die Luft immer elektrisch.

Tim macht uns morgens Butterbrote auf Brettchen mit Katzenbildern. Mit seiner struppigen, zerfetzten Punkerfrisur sieht er ein bisschen aus wie die exotischen, bunten Vögel auf den alten Bodenvasen, die immer noch im Petermuseum stehen.

Tim verdient sein Geld im Internet.

Ich putze unsere Wohnung und arbeite nicht, weil ich sehr reich bin.

Tim glaubt mich zu kennen. Aber natürlich weiß er nicht, wie schlimm es in meinem Kopf aussieht. Wenn er es wüsste, könnte er hier sicher nicht so einfach mit mir leben. So wie ich darf man nicht denken. Ich weiß das, aber ich kann nichts dagegen machen. Ich bin selber nur ein Zuschauer, der keinen Einfluss auf das Programm hat, das in ihm abläuft.

Tim kennt meine verheulten Muschiaugen. Weil ich ihm immer nur die schlechten Geschichten von Jonas erzähle, versteht er auch, warum ich so viel weine.

»Es ist aus«, rausgepiepst. Mir selbst kommt der Satz unheimlich endgültig vor. Endgültig auch deshalb, weil ich weiß, wie die Unterhaltung zwischen mir und Tim weitergeht. Ich kenn die Gesprächsrutsche, auf der Tim mir mit der nächsten Frage einen Schubs geben wird.

»Was ist passiert?«

Ich sause los, denn darauf gibt es natürlich nur eine Antwort. Sie wird es immer geben, denn ich bin das Opfer. Ich werde nie gehen. Nicht, weil ich nicht will, sondern weil ich gar keine Beine zum Weglaufen habe. Ich bin ein Liebesrumpf, der, einmal neben den jeweiligen Mann hingestellt, stehen bleibt wie festgeschraubt. Ich kann nicht gehen. Nicht bei Apollo, nicht bei Peter, nicht bei Jonas.

Also gleite ich auf der Rutsche noch ein Stückchen weiter runter.

»Er hat Schluss gemacht.«

Hälfte der Strecke geschafft, das Ende ist schon in Sicht. Ich werfe mich in Tims Vogelarme.

Das ist neu, denn wir haben uns in all den Jahren noch nie berührt. Warum sollte man sich auch umarmen, wenn man zusammenlebt.

Tim legt schüchtern seine Flügel um mich und klopft mir auf den Rücken. Genauso einer ist er, ein »Klopfer«. Ein »Reiber« auch.

Wenn ein Mann mich klopft, stellt sich bei mir sofort das Gefühl ein, abgewiesen zu werden. Klopfen ist fies. Und das habe ich mir nicht ausgedacht, das habe ich schriftlich.

Wer klopft, sucht den anderen in der Umarmung nach Waffen ab, stand in der *Psychologie heute*. Der Klopfende fühlt sich mit einem nicht sicher. Er vertraut einem nicht und will einen eigentlich auch gar nicht so nah an sich dran haben. Das Umarmen ist nur ein Vorwand, mich, die schreckliche Person, heimlich zu überprüfen.

»Gott sei Dank ist das endlich vorbei.« Findet Tim. »Das war eine ganz, ganz schlimme Beziehung. Es ging doch alles nur von dir aus.«

»Natürlich«, will ich schreien, vielleicht schreie ich es auch. »Der hat mich ja auch nie geliebt. Nieee.«

Unten angekommen. Im Wasser, im Sand, egal. Durchgerutscht auf dem nackten Po. Ein Gespräch, das ich schon oft geführt habe.

Klar ging alles in der Beziehung zu Jonas von mir aus, denn nur so ist man sicher, dass es weitergeht.

Es ist, als ob man einem Kind das Steuer einer Tui-Passagiermaschine anvertraut: Man begibt sich in Lebensgefahr. Viel wahrscheinlicher, als zu sterben, ist aber, dass das Flugzeug niemals abhebt.

Tim will, dass ich kiffe, um mich zu beruhigen. Ich darf die Jacke anlassen und den Autoschlüssel festhalten, wenn ich mich nur ganz kurz hinsetze und einmal am Joint ziehe. Es scheint mir ein realistisches Angebot. Der komische Vogel bröselt ein bisschen Hasch auf das Katzenbrettchen, dreht in Windeseile, ich atme ein, und es ist wirklich sofort ein bisschen besser.

Wattig. Trotzdem lasse ich den Schlüssel nicht los. Er ist sogar genau auf die Höhe des Zündlochs meines Autos ausgerichtet. Ich muss ihn nur noch reinstecken und umdrehen.

So stoned, finde ich mich auf einmal wieder ganz normal.

»Ist doch ganz normal, dass es mir jetzt schlechtgeht, oder, oder?« Tim nickt.

»Völlig normal.« Findet er es.

Es ist nicht normal. Ich bin verhaftet worden, abgeführt. Das weiß Tim aber nicht.

Er dreht noch einen zweiten Joint. Den rauche ich auch noch und fühle mich gleich noch viel, viel besser.

Alles nicht so schlimm. Der bekloppte Roboter ist ausgestellt. Natürlich steht er in Wahrheit in der Ladestation, das ist mir irgendwo ganz hinten im Kopf klar, aber für den Moment ist es geschafft. Das Ding ist aus.

Ich kiffe eigentlich schon lange nicht mehr, seit Apollo nicht. Peter hat lieber gekokst und Jonas gesoffen.

Ich habe – wen überrascht es – meinen Drogenkonsum immer nach meinem aktuellen Freund gerichtet, denn ich hab ja nix Eigenes.

Mir bringt das Highsein selber nicht so viel, schon wegen

dem Kontrollverlust, aber mir ist es ganz recht, wenn mein Freund drauf ist. Auch wenn vieles lästig wird, kann man die Druffis in ihrer Einfältigkeit einfach besser einschätzen, als wenn sie nüchtern sind. Apollo wurde durchs Kiffen einfach nur stumpf und bräsig. Wenn er rauchte, war klar, dass nicht mehr viel passieren wird. Der Teig, zu dem er wurde, ließ sich gut zu dem kneten, was man sonst vermisste: schmusen, abhängen, Schnauze halten. Bei Peter war das mit dem Kokain schon bedeutend schwieriger. Er wurde kühl und ärgerlich. Aber als ich verstand, dass seine wütenden Monologe im Zusammenhang mit der Droge und nicht mit mir standen, war das Theater wie ein Horrorfilm, den man zwanzig Mal gesehen hat. Es war gut auszuhalten, weil es nicht mehr gruselig, sondern einfach nur absurd war.

Betrunkene wie Jonas sind aufwendig. Alleine der Weg aus der Kneipe nach Hause zog sich oft endlos in die Länge, weil Jonas wie ein Kleinkind, das gerade Laufen gelernt hatte, immer nach fünf Metern stehen blieb, um schwankend etwas, das ihm auf der Seele lag, loszuwerden. Dann erzählte er, wie unglücklich er in Berlin war, weinte kurz, um dann wieder gutgelaunt loszutorkeln und mir beim Einhaken aus Versehen den Ellbogen ins Gesicht zu hauen.

Ich spielte alle Räusche mit, torkeln, tanzen, lallen, streiten, lachen, und bin unheimlich froh, dass es meistens kein Publikum gab.

Jetzt bin ich ausnahmsweise mal high, werde von Tim vor den Beamer gesetzt, in Jacke, mit Autoschlüssel, den ich in der Hand halte, bis ich einschlafe.

APOLLO Dass die Heroinsucht nicht besonders glaubwürdig war, machte nichts. Meine blumigen Geschichten waren aufgebraucht, der Sex brachte nichts Neues mehr, ich wollte was bieten und musste was erfinden, um Apollo zu gefallen.

Lügen war Erzählen. Wir waren unbeschriebene Blätter, die es nicht erwarten konnten, eine Geschichte zu haben. Weil eigene Erlebnisse aber Zeit brauchen, musste man das Leben erfinden, um das Papier schneller vollzubekommen.

Drogen gab es in meinem Umfeld nicht so richtig.

Die Loveparade und mit ihr das Ecstasy tanzten fröhlich durch den Tiergarten an uns vorbei, ohne dass wir davon Notiz nahmen. Unsere Skater-Grunge-Pretender-Gruppe wollte mit den Sonnenblumen-Neon-Leuten nix zu tun haben. Vielleicht waren wir auch einfach zu jung oder zu alt oder zu dumm oder zu klug. Jedenfalls haben wir nicht kapiert, was da in unserer Stadt stattfand, als die Clubs im Osten aufmachten. Wir fuhren dahin wie eine Reisegruppe. Staunend stand man in den Kellern der eigenen Stadt, verstand die Musik nicht, verstand die Leute nicht, verstand die Mode nicht. Wo kam das alles her? War die Frage, und die Antwort war: aus Berlin. Aus meiner Stadt, in der ich, während das passierte, nur Zaungast war.

Für den Grunewald reichte kiffen außerdem schon aus, um als Süchtige zu gelten.

Meine Eltern interessierte der große Drogencoup, den Sophies Vater aufgedeckt hatte, nicht besonders.

Meine Mutter kam zwar zur Elterngesprächsrunde, aber eher aus Sensationsgeilheit. Konsequenzen hatte das Ganze für mich nicht.

Alle anderen wurden weggesperrt. Für eine Woche war ich das letzte Einhorn, die einzige Jugendliche im Grunewald, die frei herumlaufen konnte, denn die Ausläufer des Skandals reichten in viele Kinderzimmer.

Klaus, der Vater von Sophie, hatte alle Eltern eingeladen, vierzig waren es bestimmt.

»Die Kinder haben im Halenseepark Drogen geraucht!« Klaus reichte einen Packen Fotos herum. »Und am Johannaplatz!«

Er hatte in einem Magazin gelesen, dass die Lustlosigkeit seiner Tochter Sophie von Drogenkonsum herrühren konnte, und hatte einen Privatdetektiv engagiert, der sie offensichtlich eine Weile beobachtet hatte.

Komische Männer, die einen im Grunewald verfolgen, waren für uns nix Besonderes. Der Bezirk war voll von Exhibitionisten, die an jeder Ecke ihre Mäntel öffneten, um uns ihr Glied zu zeigen. Es gab sogar einen, der einfach von vornherein nackt im Mercedes durch die Gegend fuhr.

»Oh, wie süß. Das ist Luzy mit ihrem Freund«, erklärte meine Mutter, als sie das Beweisfoto sah. Ich lag mit Apollo ganz hinten und allein auf dem Rasen, während vorne auf der Bank gekifft wurde.

»Ich würde das gerne behalten, wenn ich darf, ich hab gar kein aktuelles Foto. Luzy ist so kamerascheu, ist wahrscheinlich ein Altersding. Lässt sich Sophie von dir fotografieren, Klaus?« Klaus war verstimmt.

»Der Junge da ist doch nicht auf dem Gymnasium, oder?«

»Der Apollo ist bei sich im Bezirk auf einem eigenen Gymnasium.«

»Welcher Bezirk?«

»Wedding.«

»Wusst ich's doch!«

Meine Mutter plusterte sich auf. »Was heißt das?«

»Der Junge hat den Shit mitgebracht! Das ist doch klar, wo sollen die Mädchen das Zeug denn herhaben?«

»Also, Klaus, wirklich. Du bist ja ein ganz schlimmer Rassist! Das ist doch nur ein bisschen Hasch.«

»Ich will nicht, dass Sophie mit solchen Leuten Kontakt hat.«
»Meinst du jetzt meine Tochter oder den ganzen Wedding?«
»Egal, meine Tochter macht so was nicht von allein, sie ist
keine Aufwieglerin, ich kenne sie!«
Meine Mutter mochte Klaus noch nie. »Wenn du Sophie
kennen würdest, wüsstest du, dass Luzy und sie seit der Sache
mit dem Tandem keinen Kontakt mehr haben.« Sagte meine
Mutter und verließ die Elternkrisensitzung.

Meine Mutter hatte recht, und obwohl ich es nicht wollte,
wurde sie zu der einzigen Freundin, die ich im nächsten Jahrzehnt haben konnte.

Die Idee kam aus dem Film *Die Kinder vom Bahnhof Zoo*. Der
war damals wie heute für Jugendliche das, was *Pippi Lang-
strumpf* für Kinder ist: zeitlos schön. Erst will man Pippi sein:
ohne Eltern, dafür mit Pferd. Später Christiane: süchtig, Nutte,
aber verliebt in Detlef.

Meine Idee mit der Nadel, mit der ich eigentlich das Pentagramm in meinen Fuß ritzen wollte, war einfach. Ich stach
mir mehrfach in die Armbeuge. Ganz, ganz oft, denn mein
speckiger Jugendarm reparierte die Löcher in der Haut bereits
in dem Moment, in dem ich die Nadel wieder herauszog.

Es war eine größere Nummer, denn schließlich musste »es«
bemerkt werden, ohne dass »es« jemals ausgesprochen wurde.
Zu dem Theater gehörte dazu, dass ich ab und zu zitterte, unerwartet, ganz schnell noch mal rausmusste, um Zigaretten zu
holen, um dann tiefenentspannt und ein bisschen weggetreten,
mit flatterigen Augen, die ich mir von Christiane F. abgeguckt
hatte, wiederzukommen. Ich aß nichts mehr, denn Fixer sind
dünn.

Apollo war leider viel zu beschäftigt, um meine Heroinsucht
zu bemerken. Er saß den ganzen Tag im Keller seines Freundes
Kalle, um über einen neuen Namen für eine Band, die es nicht

gab, zu diskutieren. Wir waren an einem Punkt unserer Beziehung angekommen, an dem wir sehr unterschiedliche Dinge wollten: Er wollte Musik, und ich wollte keine Musik.

Irgendwann fiel ich einfach um. Ganz von selbst. Ich musste mir nicht mal die Halsschlagader abdrücken. Mein Kreislauf machte das ganze Hungern nicht mehr mit.

Apollo machte sich zwar Sorgen, aber begreifen, dass mein Zusammenbruch in direktem Zusammenhang mit Heroin stand, tat er nicht.

Nach meiner Ohnmacht stellte sich bei mir zum ersten Mal überhaupt so etwas wie eine Art Wut auf ihn ein. Ich fand es unmöglich, dass er sich nicht genug für mich interessierte, um meine schwere Sucht zu erkennen.

Wir waren auf dem Konzert einer Band, die man unbedingt hören musste. Die Musik war laut und unordentlich.

Ich taumelte in der Menge herum und musste schließlich an die frische Luft. Apollo war genervt, er hätte Stinky Shit of Potion oder wie diese Idioten hießen gerne noch zu Ende gehört. Aber ich war am Ende mit den Nerven, wie konnte man so blind für seine Umwelt sein? Wir stritten, bis es mir aus Versehen rausrutschte.

»Man, checkst es nicht? Ich bin abhängig«, eindringlich vorgetragen.

Weil ich so müde von meinem ganzen Theater war, musste ich heulen. Ich hatte mich in eine Geschichte verstrickt, aus der ich nicht mehr rauskam. Ich hatte in die ganze Sache viel Kraft und Zeit investiert, und nun war ich wütend, dass immer nur ich etwas für unsere Beziehung tat.

Zu meiner Überraschung fing auch Apollo an zu weinen. Auch doll. Zu doll für meinen Geschmack. Er war verzweifelt und machte sich Vorwürfe, nicht erkannt zu haben, was mit mir los war. »Wahrscheinlich hast du jetzt auch AIDS!«

Daran hatte ich gar nicht gedacht. Mir stieg die Angst den

Hals hoch, dass Apollo mir, der HIV-Positiven, ab jetzt den beruhigend vereinigenden Sex verweigern würde.

»Nein, nein, ich benutz nur mein eigenes Besteck. Ich schwöre!«

Apollo ließ sich auf den Bordstein fallen. Denn Szenen in Berlin enden immer am Straßenrand.

Auf einmal tat es mir wahnsinnig leid, dass er solche Angst um mich hatte. Aber zurück konnte ich auch nicht mehr. Er wollte mich ins Krankenhaus bringen. »Wir werden es gemeinsam schaffen«, erklärte er zu meinem großen Entsetzen.

Das ging natürlich gar nicht. Jeder halbwegs normale erwachsene Mensch, besonders einer mit medizinischer Ausbildung und entsprechenden Urintests, hätte meine Fake-Sucht sofort bemerkt.

Ich brauchte eine andere Lösung.

»Ich mache einen kalten Entzug, ohne Arzt. Wenn die Behörden merken, dass ich heroinsüchtig bin, stecken die mich sofort zurück ins Heim.«

Das war plausibel genug für Apollo, um mir das Krankenhaus zu ersparen.

Ich schlief drei Tage bei ihm, in denen ich entzog. Ich bemühte mich zu schwitzen und zu zittern. Apollo hielt, fütterte und tränkte mich. Wir machten es genauso wie Christiane und Detlef.

Apollos Mutter wurde Krankenschwester für eine erfundene Heroinsucht, die vor Bini zu einer erfundenen Grippe wurde.

Als ich wieder clean war, hatten wir gemeinsam etwas geschafft, das uns für immer zusammenschweißen würde, fand Apollo. Wir waren »gemeinsam durch die Scheiße gegangen«. Nichts würde uns trennen.

Und so war es tatsächlich auch. Für eine lange Weile war alles in Ordnung. Apollo und ich morphten ineinander. Wir wurden zu einem einzigen rauchenden, Bier trinkenden, schwarzhaarigen Klumpen. Wir gingen spazieren. Wie damals die Kaiserin Elisabeth mit ihrer Mutter in Griechenland. Hand in Hand durch Berlin, immer geradeaus. Das wurde zu unserem Spiel. »Entschuldigen Sie, wir müssten mal eben durch Ihre Wohnung durch!« Wir klopften an Erdgeschossfenster und stiegen über Zäune. Immer geradeaus laufen ist in einer Stadt wie Berlin schwer, immer steht was im Weg. Wahrscheinlich war es auch kein Spiel, sondern einfach nur ein Nachmittag, der mir lange vorkam, weil er so episch schön war.

Am Ende fuhren wir sogar zusammen in Urlaub. Ganz normal Cluburlaub in der Türkei, meine Eltern bezahlten. Unsere weiße Haut bekam eine lebendige Farbe. Zum ersten Mal überhaupt legten wir unsere Rollenspielcharaktere ab und zeigten uns voreinander so, wie wir waren. Langweilige Jugendliche, die gerne Wassermelone aßen.

Es ging auch nicht anders. Denn man kann schlecht Apollo heißen und am Buffet eines Clubhotels hinter zwanzig anderen Deutschen auf Nachschlag warten. Außerdem kann niemand auf einer Sonnenliege aussehen wie ein Outlaw, besonders nicht wenn er den Rücken eingecremt bekommt.

Ich ließ los. Die Führung, die Moderation, all das, was ich normalerweise tat, um unsere Beziehung am Leben zu halten, machte Urlaub. Es war nicht nötig.

Nicht nur, weil es einfach schön zwischen uns war, sondern weil die Bedingungen stimmten. Wir waren allein. Wir hatten nur uns.

Selbst wenn wir uns trennen würden, unser Flieger ging erst am nächsten Sonntag, und Apollo hatte kein Geld, um früher nach Hause zu fliegen oder um ein anderes Hotelzimmer zu nehmen. Wir waren gemeinsam eingesperrt.

Nach zwei Wochen war ich wirklich entspannt. Ich fühlte mich ruhig bis emotional tot, weil sich nichts im Herzen rühr-

te. Es war, wie wenn einem der Arm einschläft. Man fängt an reinzukneifen und draufzuhauen, bis man endlich wieder was spürt und man weiß, dass man noch am Leben ist.

Also fing ich an mir weh zu tun.

Als wir eines Abends am Strand saßen, hörte ich mich auf einmal davon sprechen, dass ich nach New York gehen wollte. »Ich glaub, ich muss abhauen aus Deutschland, vielleicht New York. Jemand wie ich braucht eine große Stadt, um sich in der Masse auch mal unsichtbar zu fühlen.« Mit Pathos in der Stimme sinnierend in die Ferne gesprochen. Meeresrauschen unterstützte meine Sehnsucht nach der Ferne.

Apollo freute sich: »Toll. Dann wohnen wir in einem ganz kleinen Zimmer ohne Fenster.«

Während er von unserer Auswanderung schwärmte und eine Piña Colada mit Schirmchen trank, verfiel ich ins Grübeln. Ich freute mich nämlich gar nicht so doll über seine Idee. Eigentlich fand ich es unmöglich, dass Apollo sich so selbstverständlich an meiner Seite sah. Vielleicht wollte ich ja allein nach New York? Könnte doch sein. Bestimmt sogar. Ich war mir sicher, dass ich ganz allein gehen wollte.

Dieses Selbstbewusstsein war völlig neu für mich.

Ich glaube, ich war zu diesem Zeitpunkt von dem ganzen Frieden so dickgefressen, dass ich mich nicht mehr an Hunger nach Liebe erinnern konnte. Endlich, könnte man meinen.

»Ich glaube, ich muss das alleine machen«, einfach gesagt. Apollos glückliches, jugendliches, gebräuntes Gesicht klappte in sich zusammen. Er sah aus, wie ich mich sonst immer fühlte. Unruhig, ängstlich und klein.

»Warum willst du denn nicht mit mir zusammen fahren?«

»Wir müssen ja nicht IMMER zusammen sein.« Das Zitat, das eigentlich aus Apollos Mund stammte, klang aus meinem viel besser.

Mein Freund sackte noch ein Stück in sich zusammen und tat mir sofort leid.

Mir selber eine Drogensucht zu geben war eine Sache, aber so ohne Grund Apollos Selbstbewusstsein kleinzuschrumpfen war einfach gemein. Ich überlegte, es zurückzunehmen. Ich dachte sogar darüber nach, ihm die ganze Wahrheit zu sagen. Über mich. Ihn nur einmal kurz wissen zu lassen, was für Angst ich hatte, ihm nicht zu gefallen. Dass ich in Wirklichkeit ganz anders war. Ein reiches Schwein, das sich nicht die Bohne für Musik interessierte. Dass ich nur hier am Strand war, weil ich ursprünglich Sophie als Freundin behalten wollte. Dass alles ein Selbstläufer geworden war, mit Waisenhaus und Heroinsucht, aber dass ich ihn eigentlich wirklich mögen würde, wenn er mich nur mal ganz kurz lieben könnte.

Ich schaffte es nicht. Stattdessen holte ich noch mal aus. Das Gefühl, die Oberhand zu haben, war einfach zu schön.

Sein gequälter Ausdruck über meinen Umzug nach New York zeigte mir, dass ihm etwas an mir lag, dass er litt ohne mich. Davon wollte ich mehr. Dickes, sicheres emotionales Land, auf dem ich ein Steinhäuschen für schlechte Zeiten bauen könnte. Dafür würden ein paar von Apollos Tränen und ein »Bitte geh nicht« reichen.

»Fändest du das schlimm, wenn ich mit jemand anderem Sex hätte?«

Die Frage nach Treue oder Untreue war an dieser Stelle unseres Gesprächs überhaupt nicht aus der Luft gegriffen. Sie war die logische dramaturgische Konsequenz aus meinen Plänen, alleine nach New York zu gehen. Genial. Zwei Sätze bildeten eine ganze Geschichte, gemacht für Apollos Kopf.

Sie handelte von mir oder besser gesagt von der, die ich sein wollte. Eine, die alleine ganz weit wegzog, ohne Angst um ihren Freund. Besser noch, sie handelte von Luzy, die frei war. Um sexuelle Freiheit ging es mir natürlich nicht. Der Wunsch danach war nur für Apollo erfunden. Dafür, dass diese Angst um unsere Beziehung wieder in seinem Gesicht stehen würde und mich so für alle nicht gesagten »Ich liebe dich« entschädigen würde. Denn wer weiß, es bestand ja die Möglichkeit, dass er es durch meine Vorlage hier am Strand endlich gleich zum ersten Mal gestehen könnte.

Mit Angst in der Stimme könnte er es zugeben, was aus der Liebeserklärung eine Art emotionalen Doppelwhopper machen würde.

Seine Reaktion ließ nicht lange auf sich warten. Leider war sie anders als gedacht.

Mit der Frage hatte ich den Bogen überspannt. Mehr noch, ich hatte mir ins eigene Fleisch geschnitten. Doll.

»Willst du denn 'ne offene Beziehung?«, hörte ich Apollo ruhig fragen.

Darauf gab es keine gute Antwort. Nein ging nicht, uncool. Ja auch nicht, denn das wäre für ihn die Einladung zur Untreue. Ich hätte vielleicht einfach nix sagen sollen.

»Willst du denn?«, unsicher geflüstert. Die Motten fingen langsam an, den Friedensschleim von ihren Flügeln zu schütteln und sich startklar zu machen.

Apollo überlegte, so dass ich genug Zeit hatte zu vergessen, dass ich das ganze Polygamie-Gespräch angezettelt hatte. Kurzzeiterinnerung gelöscht.

Hätte man mir eine Aufzeichnung von der selbstbewussten Luzy der letzten halben Stunde gezeigt, wäre ich sicher gewesen, dieser Frau niemals in meinem Leben begegnet zu sein.

Auch der Traum von New York war nun von meiner Angst verschluckt worden. Plötzliche Panik vor Apollos Antwort auf meine Frage, die nicht mehr als meine Frage zu identifizieren war, flatterte den Hals hoch.

»Klar, können wir ja mal versuchen. Was Offenes. Ich bin eh nicht für diesen ganzen altmodischen Beziehungskram.«

Sein Gesicht war supercool. Jede Weichheit, alle Furcht vor meiner Auswanderung war daraus verschwunden. Mit einem Mal war ich mir auch nicht mehr sicher, ob es diesen Ausdruck überhaupt gegeben hatte.

Es war ein bisschen so, als hätten wir Freunden die Dias unseres Urlaubs vorgeführt und bei der Hälfte festgestellt, dass sie im Labor offensichtlich verwechselt worden waren.

»Oh tut mir leid, noch mal von vorne. Hier sind die richtigen.« Diese Bilder zeigten die letzten Wochen in einem anderen Licht.

Das zärtliche Eincremen wurde zu der Verrenkung eines einsamen Schlangenmenschen. Ich alleine am Pool, wie ich versuche, zwischen meine Schulterblätter zu kommen, während er im Schatten einer Pinie weiß bleibt und Musik hört. Das Gespräch über unsere gemeinsame Liebe zu Melonen wurde zu einem Vortrag von ihm über die Spießigkeit von Hotelanlagen. Sogar der Beginn dieses romantischen Abends am Strand war in Wirklichkeit aus einem Kompromiss heraus entstanden.

»Lass uns doch an den Strand gehen.«

»Och nö, ich würde eigentlich lieber im Bella Beach kickern.«

»Komm, nur ganz kurz, die Bar hat doch noch nicht auf.«

»Puhhh ...«

Von jetzt auf gleich wusste ich nicht mehr, welchen Urlaub ich gemacht hatte, als Apollo aufstand, um spazieren zu gehen.

»Ich geh schon mal vor ins Bella Beach. Wir müssen ja nicht IMMER zusammen sein.«

Ich konnte zu seinem Bedürfnis nach Einsamkeit nichts sagen, denn ich war alleine nach New York gefahren. Ohne ihn. Ich hatte ihn sogar ausgeladen und mit hundert Amerikanern betrogen, denn ich war die Erfinderin der Polygamie.

Ich saß bis 3 Uhr früh am Strand und malte mir mit dem

Farbkasten der Schrecklichkeiten aus, wie unsere offene Beziehung in Zukunft aussehen würde. Dann lief ich ihm hinterher. Apollo wollte nicht mit mir ins Hotel, sondern weiterflippern. Flippern bis zum Morgengrauen. Weil ich es mit dem Mottengeschwader im Bauch niemals allein zurückgeschafft hätte, tat ich etwas, in dem ich sehr gut werden würde. Ich setzte mich auf einen Barhocker und fing an, Apollo zu bewachen.

Einfach dasitzen, glotzen, warten und eine sehr gut gelaunte Freundin mimen. Angstgrinsen ist eine Fratze, die über die Jahre deutliche Spuren in mein Gesicht gefurcht hat. Dabei spürte ich meinen eingeschlafenen Arm wieder ganz deutlich, mehr noch, er tat richtig weh. Es war meine Schuld. Ich hatte angezettelt, dass er bald mit einer anderen schlafen würde. Womöglich mit einer, die besser blasen konnte als ich.

Die Frage war nicht ob, sondern wann sie kommen würde.

Sie kam relativ schnell und in Gestalt des Teufels.

LUZY Als ich aufwache, bin ich erholt und habe den sehr starken Wunsch, die missliche Lage meiner Nichtbeziehung mit Jonas zu verändern. Die Lösung halte ich seit Stunden in Form eines Schlüssels in der Hand. Tim blubbert neben mir auf der Couch im Schlaf vor sich hin und bekommt nicht mit, dass ich die Wohnung verlasse.

Ich steige ins Auto und fahre die 13,05-Minuten-Strecke in zwölf. Aber nicht, weil ich mich beeile, sondern weil es 3 Uhr nachts ist und der Berliner Verkehr schläft.

Ich suche mir in aller Ruhe einen Parkplatz. Natürlich hat mir Jonas seinen Hausschlüssel nicht so richtig gegeben. Also nicht so: »Hier ist mein Schlüssel, ich will, dass du ihn hast, denn du bist jederzeit willkommen, meine Tür steht dir offen, Tag und Nacht, immer ...«

Ich hab ihn, weil ich das Ladekabel für ihn geholt hab. Ohne dieses Ladekabel hätte er nämlich nicht bei mir geschlafen, sondern wäre nach Hause gegangen. Was ich abwenden konnte, indem ich das Kabel holte, um ihn bei mir zu behalten. »Ich kann hier nicht schlafen, ich hab das Ladekabel für den Rechner zu Hause vergessen.«

»Ja, aber du kannst ja meins benutzen!«

»Ja, aber morgen hab ich ein paar Termine, und ohne Ladekabel kackt der Rechner ab.«

»Ja, aber du kannst meins doch mitnehmen!«

»Aber dann hast du keins, wer weiß, wann ich das nächste Mal bei dir bin. Du brauchst dein Kabel doch auch.« Warum weiß er nicht, wann er das nächste Mal wieder bei mir ist? »Ich glaub, ich geh jetzt besser nach Hause!«

Er hätte mich auch einfach mit nach Hause nehmen können, dann wären er und ich und das Kabel zusammen und alle wären froh. Aber daran denkt Jonas nicht. Seine Angst ist, ohne Strom zu sein, meine Sorge ist, dass wenn er jetzt geht, er nie mehr wiederkommt. Denn: »Wer weiß, wann ich das nächste Mal wieder hier bin.«

»Gib mir deinen Schlüssel, ich hole dir das Kabel!«

Dann folgte ein langes Hin und Her, wie vernünftig oder unvernünftig das Kabelholen ist. Schließlich musste er aufgeben, weil er einfach faul ist und es draußen angefangen hatte zu regnen. Mir macht das nichts. Ich kann nicht nass werden, denn ich bin so schnell, dass die Tropfen mich nicht treffen können. Sachen in Ruhe zu erledigen geht grundsätzlich nicht, denn ich schaffe nur einen gewissen Zeitraum ohne Kontakt zu meiner Bezugsperson.

Also gab Jonas mir seinen Schlüssel. Nachdem ich sichergestellt hatte, dass mein Freund genug Fernbedienungen und Nahrungsmittel zur Verfügung hatte, um nicht abhauen zu wollen, machte ich mich auf den Weg. Zur Sicherheit versteckte ich noch seine Schuhe. Die ganzen 28 Minuten, die mich die Kabelaktion kostete, dachte ich darüber nach, warum Jonas nicht weiß, wann er das nächste Mal wieder bei mir sein würde.

Also beschloss ich, seinen Schlüssel einfach zu behalten. Dann wäre das nächste Mal, dass wir zusammen sein würden, morgen Abend. Vor seiner eigenen verschlossenen Haustür würde er feststellen, dass ihm der Schlüssel fehlt. Weil das spätabends sein wird und ich mir extra die Mühe gemacht haben würde, die 13,05-Minuten-Strecke zu ihm zu fahren, würde ich bleiben dürfen.

Die Erleichterung, eine Verabredung wie die Palmeninsel in Dubai aus dem Nichts heraus erschaffen zu haben, mischte sich mit Wut auf mich selbst, mich auf diese Art und Weise Jonas wie Falschgeld unterzujubeln.

Eigentlich hatte ich überhaupt keine Lust, mich zu verabreden. Würde Jonas morgen mit seinem Kabel und seinem Schlüssel in die Welt gehen und nie mehr wiederkommen, wäre das eine echte Erleichterung. Das meine ich gar nicht trotzig. Natürlich ist es viel schöner, alleine zu sein, als wenn man in Anwesenheit des anderen ein Zirkusprogramm abziehen muss, um sich von seiner besten Seite zu zeigen. Ich könnte mich wunderbar mit mir selbst beschäftigen, indem ich einfach nichts mache. Dann stünde ich abgestellt in der Ecke, und die drei Balken meiner Akkulampe würden langsam grün werden. Von mir aus müsste ich Jonas gar nicht wiedersehen. Ich glaube, ich würde ihn nicht mal vermissen.

Es geht nur darum, dass er mich wiedersehen müssen will, damit ich was wert bin.

Auch wenn ich weiß, dass das völlig schwachsinnig, zutiefst negativ und bekloppt ist, so ist es doch leider die Wahrheit. Die Angst davor, jemand zu sein, den man nicht wiedersehen will, ist so groß, dass ich Schlüssel klaue und Schuhe verstecke.

Mein Plan ist damals nicht aufgegangen. Als Jonas nachts vor der verschlossenen Haustür stand, klingelte er einfach bei seinem Nachbarn, der zwar nicht seine Freundin war, aber trotzdem einen eigenen Schlüssel für die Wohnung hatte.

»Ich wollte dich nicht wecken«, erklärte er mir, die ich nicht eine Sekunde geschlafen hatte, am nächsten Morgen.

»Und soll ich dir deinen Schlüssel jetzt bringen?«

»Den nehm ich mir einfach mit, wenn wir uns das nächste Mal sehen!«

»Aha.« Und wann wird das sein?

»Tschüs.«

Heute Nacht ist es in Jonas' Wohnung dunkel. Als ich vor meinem schlafenden Exfreund, der gleich wieder mein Freund sein wird, stehe, komme ich mir vor wie eine komplett Geisteskranke. Schnell verlasse ich seine Wohnung, schließe leise die Tür und setze mich ins Treppenhaus auf meine Stufe.

Hier auf der 32 hab ich in den letzten fünf Jahren oft gesessen. Immer dann, wenn es mir gereicht hat. »Mir reicht's«, hab ich dann gesagt und bin gegangen.

Aus der Wohnung raus, sechzehn Stufen runter in Richtung Ausgang. Auf der 32sten hab ich mich hingesetzt und gewartet, dass er mich holen kommt. Dann bin ich wieder hochgegangen und hab das eingesammelt, das ich vorher extra vergessen habe, um wieder in die Wohnung zurückkehren zu können, falls er mich beim Rausgehen nicht festhält. Es ist nicht leicht, zu gehen und wiederzukommen, ohne dass es nach zurückkriechen aussieht, und noch schwieriger ist es, zu bleiben, ohne dass man festgehalten wird.

Mein Gott, bin ich so anstrengend, denke ich und beschließe, es nicht mehr so schwierig zu machen.

Eigentlich ist ja alles ganz einfach.

Im Kern war es schließlich eine gute Beziehung, um die ich

kämpfen werde. »So einfach gibt man nicht auf«, »Einer muss es ja tun« und »Von ihm kann man das nicht verlangen«. Ja, warum eigentlich nicht? Wahrscheinlich, weil er einfach nichts machen würde.

Ich lege mich neben Jonas ins Bett. Erst schau ich ihn nur an. Er hat ein schönes Gesicht. Vielleicht auch nicht. Ich seh's nicht mehr. Keine Nase, keine Augen, keinen Mund, nur ein warmes Gefühl von Vertrautheit. Liebesmasse, wie es später bei Buckelnase gewesen wäre.

Ob Eltern überhaupt sehen, dass ihre Kinder älter werden? Wahrscheinlich ist man ewig der Zwerg mit Scoutranzen, der keine Mütze anziehen will. Sie sehen uns nicht als Menschen, sondern als kleine laufende Herzen.

Dagegen bemerke ich schon, dass meine Eltern sich äußerlich verändern. Besonders mein Vater war über die Jahre wie ein Luftballon zusammengeschnurrt. Bevor er magersüchtig wurde, stopfte er sich je nach Lebensmittelskandal mit BSE-Rind oder Vogelgrippehühnchen voll. Trotzdem blieb er kerngesund.

Wider Erwarten war es meine Mutter, die plötzlich was hatte. Sie teilte ihre platinblonden langen Haare, um mir etwas zu zeigen, das auf ihrer Kopfhaut gewachsen war.

»Meinst du, ich sollte das mal untersuchen lassen?«

Wenn man so was an seinem Kopf wachsen hatte, stellte sich die Frage nach einer Untersuchung überhaupt nicht. Ich hatte so was noch nie gesehen. Es sah aus wie eine Mischung aus Blumenkohl und dieser braunen Algenart, die an Felsen wachsen und immer so im Wasser hin und her wehen. Wenn man so was am Kopf hatte, musste man auf jeden Fall sehr, sehr bald sterben. Mein Vater wäre vor Neid erblasst. Ich habe so doll angefangen zu weinen, dass ich ein Beruhigungsmittel aus der Schachtel mit der tanzenden Ballerina nehmen musste.

Ich war nicht traurig, sondern wahnsinnig wütend, dass

meine Mutter damit nicht zum Arzt gegangen war. »Ich hatte Angst, damit zum Arzt zu gehen.« Klar, so eine Sache am Kopf macht Angst. Aber dieses riesige Ding musste irgendwann ja auch mal klein gewesen sein. Klitzeklein und putzig. Zu diesem Zeitpunkt hätte man es untersuchen lassen können. Ich hab meiner Mutter gesagt, dass ich nie wieder mit ihr reden würde, wenn sie den Blumenkohl nicht sofort zum Arzt trägt. Also ging sie.

Es war eine Alterswarze. Völlig ungefährlich, aber sehr hässlich. Sehr, sehr hässlich. Trotzdem ließ sie das neue Teil von sich nicht abschneiden, denn man hätte dafür die Haare um das Ding wegrasieren müssen. Ich verstehe das. Lieber eine Schrecklichkeit, die irgendwo unter den Haaren verborgen ist, als eine Glatze. Es ist das Peter-Museum-Prinzip.

Jonas war in den letzten Stunden offenbar auch beim Arzt gewesen, sein Arm ist verbunden. Aber nicht so schön in Gips, sondern in irgendeinem doofen wasserabweisenden Material, das man nicht bemalen oder mit Glitzersteinchen bekleben kann. Aber Einschränkungen machen kreativ.

Ich werde mir eine Dekoration für seinen Gips ausdenken, die so schön ist, dass er ab jetzt für immer einen gebrochenen Arm haben möchte.

Ich fange an, Jonas zu streicheln, ganz sanft, bis er schließlich aufwacht und mich anguckt. Entsetzt anguckt.

In einer Stadt wie Berlin ist es natürlich unwahrscheinlich, dass man zweimal von denselben Polizisten verhaftet wird, dennoch bin ich erleichtert, dass es nicht schon wieder Buckelnase und Frühlingsfrische sind, die mich von Jonas abholen.

Es sind ein paar ganz neue, frische Beamte, die zwar in ihrem Computer gelesen haben, was ich für eine bin, aber es nicht live miterlebt haben.

Ich werde nicht wie erwartet ins Gefängnis gebracht, sondern einfach wieder nach Hause. Wahrscheinlich sind die Gefängnisse schon überfüllt mit Frauen, die noch verrückter sind als ich. Ich bin nicht die Schlimmste. Es gibt noch Mörderinnen. Aus Leidenschaft. Gift. Frauen machen das mit Gift. Weil sie klug sind. Man muss nicht offen in eine Auseinandersetzung gehen, wenn man jemanden auch heimlich und ohne Dreck kaltmachen kann. Wenn ich Jonas heute Nacht getötet hätte, wären wir noch zusammen.

Die Trennung war spontan, da bin ich mir sicher, denn sonst hätte ich ja schon einen neuen Freund. Offiziell kann also noch niemand wissen, dass wir kein Paar mehr sind. Für alle anderen sind wir noch zusammen. Die Außenwahrnehmung ist das, was zählt.

Gut, bei Facebook waren wir auch nie »in einer Beziehung«. Zu viel Commitment.

Wie Frauen es als Bildschirmhintergrund auf die Mobiltelefone und Computer ihrer Freunde schaffen, ist mir ein Rätsel. Machen die Männer das aus eigenem Antrieb, oder richten ihre Freundinnen das für sie ein? Natürlich fände ich das nett, wenn jemand mal so zu mir stehen würde, dass er unser Glück über das Internet in Form von Fotos und Posts öffentlich macht. Aber das kommt mir mittlerweile so unrealistisch vor, dass ich es mir nicht mal mehr vorstelle.

Einmal hatte Jonas ein Profilbild, auf dem meine Schulter im Anschnitt zu sehen war.

»Was für ein schönes Foto von uns«, hab ich mich gefreut.

»Ist das nicht Christophs Arm?«

»Nein, das war im Prinzenbad letzten Sonntag, und das ist doch ganz deutlich eine Frauenschulter!« Natürlich war das meine Schulter, ich erkenne doch meinen Bikiniträger. Aber so sicher war ich mir plötzlich auch nicht mehr.

Vielleicht war das doch der Arm einer anderen, die denselben Bikini hatte. Während ich noch darüber nachdachte, tauschte er das Profilbild von sich und dem Arm gegen ein Foto von Bud Spencer.

»Tauschst du das jetzt etwa aus, weil ich da mit drauf bin?« Egal ob das jetzt mein Arm oder der einer anderen ist, zu einer könnte er doch wenigstens stehen.

»Ich find das einfach nicht gut, sich im Internet so nackig zu machen. Was ich privat mit Frauen mache, geht niemanden was an.« Wer sind »Frauen«? Dass die Veräußerung von Liebe in der Öffentlichkeit eine lange Tradition hat, ist ihm völlig egal. »Luzy, ich hab dir deinen Maibaum hinterm Haus versteckt, muss ja nicht jeder mitbekommen, dass ich dich gut finde.«

Wenn Jonas tot wäre, könnte ich eine Rede halten und post mortem die Beziehung kreieren, die ich mir gewünscht hätte. Ich würde sein Grab pflegen. Gießen, jäten oder besser noch: gar nichts mehr machen. Ich könnte irgendwo sein, nur für mich, und müsste nichts für ihn tun, denn so tot könnte er mich nie verlassen. Ach, wäre er doch tot.

Ich bin krank im Kopf. Ich weiß es selber, ich bin wütend auf mich. Wie kann man so sein. Man darf niemandem den Tod wünschen, das weiß jeder. Klar, ich würde ihn nicht umbringen, aber schon der Wunsch, dass er tot wäre, ist einfach nicht richtig.

Ich muss den Schlüssel zu Jonas' Wohnung den Polizisten geben. Mir wird eine Anzeige ausgehändigt. »Rechnen Sie mit einer Vorladung.« Tim wird geweckt und ich bei meinem Vogelpapa abgegeben.

Ich glaube, mein Mitbewohner ist jetzt endlich auch entsetzt. Gott sei Dank bleiben die Polizisten nicht, so kann ich die Ereignisse ein bisschen verdrehen, um die zweite Verhaftung in der heutigen Nacht weniger unheimlich zu machen.

Die Geschichte geht jetzt so: Jonas hat mich angerufen, um

mit mir zu reden. Ich bin hingefahren, und dann ist die Situation eben eskaliert. Das passiert, das ist so, das ist okay.

Tim findet es auch okay. Er glaubt mir, ich glaube mir. Mehr noch, ich bin mir sicher, dass es genau so war.

Muss ich auch, denn so wie ich mich benommen habe, darf ich nicht sein.

Es ist 7 Uhr früh. Von unten blökt *Another day in paradise*. Wie passend.

Ich lege mich zu Tim ins Bett unter den Flügel. Kurz bevor ich einschlafe, küsse ich ein bisschen seinen Hals.

Das knüpft ein kleines festes Band zu dem Menschen, der nun gerade zufällig da ist und der mir vorübergehend eine Daseinsberechtigung geben muss, damit ich nicht auseinanderfalle.

APOLLO

Die Frau, die besser blasen konnte als ich, war Satan und kam in unser Leben, nachdem Apollo übers Wochenende auf ein Festival gefahren war.

Das war für mich schon schlimm genug, denn obwohl es seit unserer Reise und der Verabredung zur offenen Beziehung zum ersten Mal offiziell schlecht lief, waren wir nie ohne den anderen. Eigentlich war Apollo nicht ohne mich, weil er, der Schatz, von mir, Gollum, ständig bewacht werden musste.

Das Wochenende vom Festival rückte näher. Schon zwei Wochen vorher hörte ich vor Angst auf zu essen. Es war Panik vorm Kontrollverlust. Ohne meine Regie und meine Observation konnte alles passieren.

Um wenigstens ein bisschen die Übersicht zu behalten, studierte ich das Festivalprogramm, schlug Apollo Bands vor, über die ich mich eingelesen hatte, beriet ihn bei der Auswahl seines EINEN T-Shirts, das über die drei Tage reichen musste. Ich besorgte Hasch und Bier als Proviant. Nicht aus Nettigkeit, ich wollte dabei sein, wenn schon nicht in echt, dann im Geiste. Ich stellte mir vor, wie die Jungs zusammen das Bierpaket im Zug öffnen und Kalle sagt, was für eine tolle Frau Luzy wäre. Dann würden alle auf mich anstoßen und traurig sein, dass ich nicht dabei war.

»Warum ist Luzy nicht mitgekommen, ihr seid doch sonst unzertrennlich?«

»Na ja, ich dachte, Frauen sind tabu.«

»Ja, aber doch nicht Luzy, die ist so supercool und witzig.«

»O. k., wenn ihr wollt, ruf ich sie an, dann kann sie ja schnell nachkommen. Mir ist es auch viel lieber, wenn sie bei mir ist.« Gefolgt von zustimmendem Raunen. Drei Minuten Aufenthalt in Halle. Apollo würde aus dem Zug springen und zu einer Telefonzelle sprinten: »Luzy, komm nach, wir vermissen dich!« Dampfender Zug im Hintergrund, johlende Freunde aus dem Fenster: »Luzy! Luzy! Luzy!«

All das könnte passieren, wenn der Proviant sie doll genug an mich erinnerte, also gab ich bei meinen Vorbereitungen mein Bestes. Ich beschriftete sogar die Bierdosen einzeln mit Namen und malte die Gesichter der Jungs drauf.

Es erschien mir trotzdem nicht genug. Kekse kamen dazu, selbstgebackene, in Form von Totenköpfen und Pistolen, denn es sollte nicht zu spießig wirken. Aber wer isst schon gern Süßes, wenn man auf ein Heavy-Metal-Festival fährt. Die Kekse konnten nur ein Nachtisch sein in einem noch zu arrangierenden Picknickkorb, der an salziger Männlichkeit nicht zu überbieten war.

Vor allem wurde das Fresspaket aber so groß und so schwer, dass Apollo es am Ende nicht mitnehmen wollte. Ich war ein Schatten meiner selbst, und obwohl ich versuchte, supercool und easy zu sein, sah ich aus wie ausgespuckt. Mein Körper machte Apollo Vorwürfe, ohne dass ich es eigentlich wollte.

Als er weg war, heulte ich erst mal ungeniert los.

Handys hatten wir noch nicht. Er war weg. Keine Verbindung. Wir hatten verabredet, dass er mich am Samstag um 18 Uhr anrufen sollte.

Also setzte ich mich Freitagmittag vor den Apparat, um am nächsten Tag um 18 Uhr die richtigen, coolen Begrüßungsworte parat zu haben.

»Hey NAAAAAA!«

Es war 19 Uhr 17, als der Anruf aus der Telefonzelle kam. Apollo war gutgelaunt. Glücklich. Besoffen. Ohne mich. Im Hintergrund grölte Kalle.

Leider micht meinen Namen, sondern den von einem Alex. Meine Jungs hatten ein paar »coole Vögel« kennengelernt, die »total krass drauf« waren. Einer, dieser Alex, hatte schon mal einen Schwan gegessen.

»Tschüs, Luzy, ich muss los!« Aufgelegt.

Nach dem Gespräch konnte ich nicht zu Hause bleiben.

Ich musste etwas Ebenbürtiges erleben. Ich ging raus und nahm den Picknickkorb mit.

Natürlich hätte ich auch über den Verlauf meines Wochenendes lügen können, aber Zeugen taten einer Geschichte über eine wilde Partynacht immer gut. Mit ein bisschen Glück fand ich eine Veranstaltung, auf der jemand aus dem Fenster fiel, das würde Apollos Festivalwochenende und den Schwan essenden Alex in jedem Fall toppen. Er würde sich ärgern, nicht dabei gewesen zu sein.

Leider gab es nur die Party meines Klassenkameraden Niels, den ich nicht richtig kannte, aber trotzdem spießig fand, und bei dem bestimmt niemand aus dem Fenster fiel.

Ich trank. »Heftig« fanden einige es, dass Apollo auf dem Festival war. Damals war das mit den Festivals nicht so wie heute, wo man vom Feiern wie vom Tennisspielen spricht und

wo man unter jeder Diskokugel, die von einem Baum über e-
nem Acker hängt, abtanzt bis zum Morgengrauen. Ein Festival
war noch etwas Besonderes.

»Da ist es sicher wie damals in Woodstock. Sex, Drugs and
Rock 'n' Roll. Wahrscheinlich kommt der gar nicht wieder.«
Ich beobachtete, wie Sophie und Milan gemeinsam die Party
verließen. Von außen sah das so leicht aus. »Wollen wir gehen?« »Ja, oder? Ist schon spät.« »Cool, los geht's!« Gemeinsames Aufbrechen ist für mich wie eine Operation am offenen
Herzen. Es kann so vieles schiefgehen, und nach Hause vor-
gehen ist wie weggehen und damit nicht in meinem Reper-
toire. Um nicht die nervige Alte zu sein, die keinen Bock mehr
hat und nach Hause will, habe ich mir angewöhnt, so richtig
viel Spaß zu haben, bis der andere nicht mehr kann und um-
fällt.

»Gut, aber dir ist doch egal, wenn der mit 'ner anderen
knutscht. Ihr seid doch gar nicht richtig zusammen oder?«,
fragte irgendwer, der mir damit solche Angst machte, dass ihm
von diesem Moment an der Name aberkannt wurde.

»Wir haben eine offene Beziehung. Das ist trotzdem eine
Beziehung«, versuchte ich mich selbst zu beruhigen.

»Aber was ist denn das Exklusive daran, versteh ich nicht.«

Wir lieben uns, dachte ich. Aber es stimmte nicht, denn
Apollo kannte mich nach hundert Jahren für Liebe immer noch
nicht genug.

Deshalb hatte ich auch kein schlechtes Gewissen, als ich
Peters Schwanz in die Hand nahm.

Es war nicht direkt von mir ausgegangen, und schließlich
hatte Apollo mich, zumindest in meinem Kopf, schon zwanzig
Mal betrogen. Im Schlamm. Mit Heerscharen von Frauen mit
Zöpfen und Blumen in den Haaren.

Peter war ein Ausgleich, eine Vorsichtsmaßnahme für den
Fall der Fälle, und er war der Vater von Niels.

Peter war anders als Apollo, logisch, er war ja auch locker drei-
ßig Jahre älter als wir. Aufgeräumt und aufmerksam, mit
Kaschmirpullover und Aftershave auf dem gründlich rasierten
Gesicht. Ich fand ihn erst mal vor allem sehr, sehr alt.

»Sind Sie nicht zu alt zum Kiffen?«, fragte ich ihn, als er mir
den Joint aus der Hand nahm.

»Deswegen nehme ich auch lieber Kokain, das ist erwachsener.« Erklärte mir Peter. »Magst du probieren? Das müssen wir
aber heimlich machen, Niels soll das nicht wissen.«

»Ist das Ihr Erziehungsansatz?« Peter überlegte. »Ich darf zu
Hause nämlich alles.«, brabbelte ich schnell hinterher.

»Und gefällt dir das?«

»Nein.«

»Aber bestimmt wollen deine Eltern dir einfach Freiheit geben.«

»Freiheit macht mich einsam.« Lässig dahingesagt, weil man
jung und dumm war. Der Alte lächelte, weil er mehr wusste.

Wir saßen in der Küche am Fenster und rauchten. Peter
hörte mir zu.

Er wusste sofort, dass mit mir was nicht stimmte. Dazu
musste man allerdings auch keine besondere Leuchte sein,
denn ich war eine schwarzhaarige, zermürbte, ausgemergelte
Pennerin, die soff.

Er tröstete mich. Ich erzählte von meiner offenen Beziehung. Meiner schrecklichen Beziehung, wie Peter fand. Apollo
war ein Arschloch, der mich nicht verdient hatte.

Hatte er auch nicht. Zumindest der Apollo, den ich Peter
präsentierte. Mein Freund wurde einfach noch ein bisschen
abweisender und düsterer, als er es in Wirklichkeit war. Ich gab
Apollo auch meine Heroinsucht. Denn die passte ganz gut ins
Bild, fand ich.

»Warum lässt du das mit dir machen?«, wollte Peter wissen.

»Du bist doch so eine Süße.«

Süß hatte mich noch niemand gefunden. Gut, er meinte nicht zuckersüß, so wie Kätzchen sind, sondern sexysüß. Eigentlich hatte er die ganze Zeit schon mit mir geflirtet, stellte ich überrascht fest. Kurz war ich eingeschüchtert von seinem faltigen, nackten Gesicht, seinen haarigen Händen und seinem weichen, sandfarbenen Pullover. Klar, ich hatte Sex, ich bekam meine Tage, war volljährig, mit Führerschein. Doch dass ich für einen erwachsenen Mann interessant sein konnte, wäre mir im Traum nicht eingefallen.

Ich war ein Kind, alle über dreißig waren Erwachsene, die nach komplett anderen Regeln leben mussten als wir. Leute, die Äpfel mit Griebs aßen, Taschentücher dabeihatten, beim Schlafen schwitzten und nur heimlich koksten, damit ihre Kinder es nicht mitbekamen. Leute über dreißig waren wie Außerirdische oder Tiere. Obwohl sie wie wir Geschlechtsteile hatte, sah ich sie nicht als mögliche Sexualpartner.

Peter war jung geblieben, trotzdem trug er seine Wayfarer-Sonnenbrille nicht, weil er dem Trend voraus war, sondern weil sie in seiner Jugend schon mal in gewesen war. Er roch stumpf, weil er sich, wie ich später rausfand, die Achseln pudert statt mit Deo einzusprühen. Peter war Filmproduzent, wollte aber Filmemacher genannt werden, denn: »Ich hasse es, in eine Schublade gesteckt zu werden.«

Er war offensichtlich so cool, dass er Niels bei seiner Party nicht störte. Trotzdem, er war fünfzig, ich zwanzig. Ich fand es absurd, mir vorzustellen, dass wir miteinander »Verkehr« haben könnten.

Der Weg zu diesem undenkbaren Gedanken wurde bereitet, als Peter »So eine tolle Frau wie dich würde ich niemals alleine lassen. Auf dich muss man aufpassen!« sagte. Zwei tolle Sätze aus der Flirtkonserve. In welchem Jahrzehnt auch immer, wenn man sie öffnet, kommen diese Floskeln heraus wie gerade frisch gepflückt.

Auch für mich war der Gedanke neu. Ein Mann, der sich um mich kümmern wollte. Ich, der Wächter der Welt, könnte endlich selber eine Bewachte werden. Eine, die flippert, während der andere aufpasst. Schön. Peters Freundin Marie fand offensichtlich auch, dass ich erwachsen genug war, um Sexualpartnerin für ihren Freund sein zu können. Sie kam in die Küche, um sich einen Weißwein nachzuschenken. Auch sie war alt. Nicht so alt wie er, aber alt. Blöd fand ich sie auch. Sie stellte sich zu uns ans Fenster, fummelte an Peter herum, streckte ihre Hüfte raus und redete über mich in der dritten Person. Marie wollte wissen, ob SIE Niels' Freundin wäre. SIE wäre so cool, da könnte Niels doch noch was von IHR lernen.

Marie fand mich auf keinen Fall cool. Sie hatte blonde Strähnchen, eine Bluse an und verließ uns schließlich, um ein bisschen zu »dancen«. Ich glaube, Peter war froh, als sie verschwand. Er erklärte mir, dass es zwischen ihnen beiden nicht besonders gut lief. Marie war krankhaft eifersüchtig, bisweilen hysterisch, und außerdem trank sie zu viel. Nachdem Peter mir das gestanden hatte, wirkte er betont niedergeschlagen. Außerdem war ihm schwindelig. Er kam mir vor, als wollte er von mir gerettet werden. Auf einmal waren wir gar nicht mehr so unterschiedlich, wir waren beide in blöden Beziehungen mit doofen Menschen.

»Vielleicht hast du einfach nur zu viel gekifft und zu wenig gekokst. Schuster, bleib bei deinen Leisten.« Erklärte ich ihm. Peter lachte.

Er tat mir leid. Außerdem fand ich es natürlich und nur höflich, die Zuneigung und Zeit, die er in den letzten zwei Stunden in mich investiert hatte, zu belohnen. Im Wohnzimmer lief *No limits*. Hier würde kein Tisch mehr brennen, keine Orgie abgehen, und bestimmt würde niemand aus dem Fenster fallen.

Selbst wenn: Peters und Niels' Zuhause war ein wie Bauhaus anmutender Bungalow. Man fiel also nicht tief genug, um besser als Woodstock oder ein aufgegessener Schwan zu sein.

Ich wollte nach Hause, schwankte aber so sehr, dass der vollgekokste Peter darauf bestand, mich zu fahren. Im Auto machte er die Sitzheizung an und ergriff meine Hand. Er war aufgeregt, das war deutlich zu spüren, denn er zitterte leicht. Natürlich hätte es auch einfach das Alter sein können, aber die Vorstellung, dass ein erwachsener Mann vor mir Angst hatte, machte mich stark. Stärker, als ich mich in den letzten Monaten gefühlt hatte. Also beugte ich mich vor und küsste ihn. Er nahm meinen Kopf in seine Hände, wie im Film, und drückte mein Gesicht noch näher an seins. Seine Zunge machte irgendwas, das wie ein altmodischer Volkstanz war: viel zu ambitioniert und nicht mehr zeitgemäß. Aber ich merkte es nicht so sehr, denn sein glattes Gesicht war so neu für mich, dass es all meine Aufmerksamkeit hatte.

Apollo hatte trotz aller Bemühungen nur dieses eine Barthaar generieren können. Peter hingegen kämpfte mit allen Mitteln gegen seine männliche Behaarung, denn ich merkte, wie mir ein schlecht rasierter Fleck über der Oberlippe langsam meine Kinderhaut aus dem Gesicht schmirgelte. Was nachwächst, würde fest und erwachsen sein, hoffte ich, denn ich wollte auf keinen Fall länger jung sein. Ich hatte genug von der Berg-und-Tal-Fahrt. Ich wollte nur noch ankommen, irgendwo, Ruhe haben von mir, am besten gleich in Rente gehen und in einem Rollstuhl neben meinem sehr alten Mann auf eine Terrasse übers Meer gefahren werden.

So kam der Peterschwanz in meine Hand und seine Telefonnummer auf meinen Arm. Peter hatte ein Handy, also tippte er meine Nummer einfach ein. Ich wollte ihn eigentlich gar nicht anrufen.

Aber es stellte sich heraus, dass der Schwan essende Alex eine Alex war. Alexandra. Auch sie war älter als wir. Nicht dreißig Jahre wie Peter, aber alt genug, um eigenständiger und damit cooler zu sein als ich. Mit einem alten Volvokombi, eigener Wohnung und feuerroten Haaren kam sie aus einer für mich unerreichbaren Dimension. Alex war Satanistin und die Sängerin einer Jungsband, der ein Gitarrist fehlte. Sie hatte den Schwan auf einer Bootstour mit einem Ruder totgeschlagen, weil sie mal wissen wollte, wie der schmeckt. Nicht so gut, hatte sich dann rausgestellt.

Als sie mir vorgestellt wurde, sagte sie: »Du bist Apollos Freundin? Krass! Hey, Leute, kommt mal her, das ist Apollos Freundin, krass, oder?« Ich wurde gemustert und bestaunt. »Krass«, fanden alle.

Ich war ziemlich verunsichert. »Du, die Alex findet es krass, dass ich deine Freundin bin.« Ich versuchte, den ängstlichen Unterton rauszuhalten, aber es ging nicht.

»Aha.« Offensichtlich hatte Apollo zu »krass« keine Meinung. Aber ich wusste auch so, was es hieß. Es bedeutete nicht krasshübsch oder krasshässlich.

Alex fand es krass, dass Apollo überhaupt eine Freundin hatte. Offensichtlich hatte er nichts von mir erzählt und hatte sich auch nicht benommen, als wäre er mit jemandem zusammen. Warum auch, seit der Nacht am türkischen Strand war er in der von mir selbst heraufbeschworenen offenen Beziehung.

Mit Alex bekam Apollo seine Band und viel Probenzeit. Er war zwar ein Naturtalent, aber natürlich: »Ick muss mir erst mal deren Sound raufschaffen.«

Ich würde nicht sagen, dass ich klassisch eifersüchtig bin. Mir ist es grundsätzlich inhaltlich gar nicht so wichtig, dass mein Freund nur mit mir schläft. Die Möglichkeit, dass er bei der Gelegenheit des Betrugs jemand findet, den er lieber hat als mich, finde ich auch nicht so schlimm.

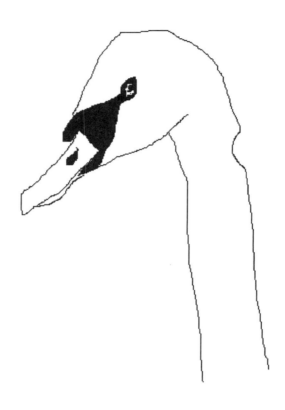

Furchtbar an dem Ganzen ist, dass wenn er jemand anderen finden würde, den er lieber hätte als mich, ich offensichtlich nicht gut genug für ihn war. Das bedeutet, dass irgendwas an mir fehlt, falsch oder sehr wahrscheinlich zu viel ist. Diese Sorge war damals wie heute kein bisschen nach außen gerichtet. Ich machte Apollo keine Szene, durchsuchte auch nicht seine Hosentaschen, und ich versuchte mir nichts anmerken zu lassen. Leider fing mein Selbstbewusstsein von selbst an zu schrumpfen, bis ich irgendwann fast nicht mehr da war. Mini-Ich wurstelte irgendwo in Fußhöhe herum.

Ich konnte nichts dafür, ich wollte es nicht. Natürlich war mir klar, dass jemand, der sonst immer auffällig war, am meisten auffällt, wenn er nicht mehr da ist.

Aber es half nichts. Ich war klein und piepsig.

Apollo wollte mich nicht mehr dabeihaben und versuchte mich abzuschütteln.

Um nicht aufzufallen und nicht zu stören, wurde ich noch stiller und klammerte mich ganz doll fest. Ich saß hinten im Zimmer, wie auf einem Hochsitz, während Apollo und Alex am Schreibtisch Musik hörten, und versuchte unsichtbar zu sein. Das musste ich, denn meine Observation der Situation durfte als solche nicht zu spüren sein. Aber wenn man als Dritte in der Ecke sitzt und ungeniert glotzt, ist es schwer, nicht bemerkt zu werden.

Ich litt und war mir sicher, dass dieses Leiden der einzige Grund war, warum sich Apollo nicht trennte. Er hatte zu viel Angst. Vor mir. Vor meiner Reaktion. Zu Recht. Ich war ein eifersüchtiges, exheroinsüchtiges Heimkind ohne Freunde, ich war eine so unselbständige Freundin, dass sie es bisher nicht geschafft hatte, sich ihren Traum, den sie für jemand anders erfunden hatte, zu erfüllen und nach New York zu gehen. Aber mir war jeder Grund recht, wenn er nur dafür sorgte, dass Apollo nicht Schluss machte.

Ich ärgerte mich über mich. Ich hatte gelogen, weil ich angenommen hatte, dass ich so attraktiv und aufregend für Apollo sein würde. Doch jetzt war ich wahrscheinlich wegen meiner ganzen dramatischen Horrorgeschichten zu einer Last für ihn geworden.

Luft machen konnte ich mir, wenn ich mit Peter zusammen war. Wir trafen uns zum erwachsenen Kaffeetrinken und weniger erwachsenen Knutschen auf Parkbänken. Peter fand Apollos Benehmen mir gegenüber unmöglich. Am liebsten wollte er ihn verprügeln.»Was erlaubt sich dieses Milchgesicht eigentlich? Du bist so eine tolle Frau, das kapiert der Knirps einfach noch nicht.«

Ich fand Peter lieb. Überhaupt war ich gerne mit ihm zusammen, also als er mir noch egal war. Viel lieber als mit Apollo, denn ich musste keinen Zirkus veranstalten, um ihm zu gefallen, nicht lügen, keine Angst haben, kein Wachhund sein, nicht mal blasen.

Ich tat es trotzdem, als Belohnung und auch, weil die Begeisterung für meine Fähigkeiten mein Selbstbewusstsein wachsen ließ. Für Peter war ich was Besonderes: jung und rührend und verboten.

Wenn die öde Marie nicht da war, kletterte ich nachts durch sein Schlafzimmerfenster ins Haus. Ich hätte auch durch die Tür gehen können, denn Niels war unter der Woche bei seiner Mutter. Aber durchs Fenster war schöner.

Ich saß auf dem Küchenblock. Der nackte alte Peter gab mir teuren Wein zu trinken, spielte mir blöde Musik vor und fand mich unglaublich schön.

Peter war kein leeres Papier, er war ein ganzes Buch.

Er war kein preußisches Arbeiterkind wie Apollo, sondern Bajuware. Peter war in den fünfziger Jahren aufgewachsen. In den Fünfzigern. 5.0. Sein Vater war im Krieg gefallen. Daraufhin hatte seine Mutter sich den erstbesten Ami geangelt, um mit ihm und Peter in die USA auswandern zu können. Seine Schwester wurde bei der Oma in Ingolstadt zurückgelassen. Zwei deutsche Kinder konnte man dem Amerikaner nicht zumuten.

Peter erzählte gern. Anders als ich fand er es toll, dass ich jung und unbedarft war. Er liebte es, wenn er mir was erklären oder zeigen konnte, und er wollte, dass man ihm folgte, wenn er loslief. Mir tat es gut, mich führen zu lassen.

Ich brauchte jedes Quäntchen Egoboost, das ich kriegen konnte, um die Beziehung mit Apollo zu ertragen, die ich, aus mir damals unerklärlichen Gründen, nicht beenden konnte. Ich nahm mir vor, Schluss zu machen, ich wollte es wirklich, aber es ging einfach nicht. Ich bin die Christiane F. der Beziehungen. Ich komme nicht los. Damals war die einzige Erklärung für das stoische An-ihn-Halten: Liebe. Ich liebte Apollo offensichtlich so sehr, dass ich nicht gehen wollte, auch wenn alles richtig scheiße lief.

Dabei war es glasklar, dass er sich nur noch für Alex interessierte.

Eigentlich war ich zu der Séance gar nicht eingeladen. Die Band – also Alex und Apollo, Kalle und irgendein weißhaariger Mann, der aus Prinzip nicht mehr sprach – wollte auf den Friedhof gehen, um einen Hasen zu opfern.

War mir egal, sollte der Hase doch sterben. Was mich wirklich an der Sache erschreckte, war Apollos Satz: »Ich möchte wirklich gerne ohne dich dahin gehen.« Er sagte es nicht nebenbei, und es war auch keine Männerveranstaltung. Er wollte mich einfach nicht dabeihaben.

Als Apollo mir das ziemlich bestimmt erklärte, brach es aus mir heraus. Ich konnte nicht mehr leicht und verständnisvoll sein. Ich weinte nicht. Ich heulte. Alarmanlagenmäßig.

Ich wurde völlig hysterisch. Ich wollte mit, ich musste mitkommen. Ich flehte und bettelte.

»Bitte geh nicht! Lass mich nicht allein!«

Dass ich mich selbst erniedrigte, war mir völlig egal. Mein Selbstwertgefühl war nicht nur verschwunden, es hatte sich nach innen gestülpt und war zu einem dicken schwarzen Loch aus Angst, Schuld und schlechtem Gewissen geworden.

Während ein Teil von mir in mich reingerutscht war, schnellte ein anderer kurz darauf wie eine dicke Zunge aus mir raus. Ich konnte mich nicht mehr zurückhalten. Ich hasste Apollo. Für das ganze Theater. Für all die Kraft und Zeit, die ich an ihn verloren hatte. Und dafür, was er aus mir machte. Hätte er mich einfach geliebt, wie ich war, hätte ich nicht lügen müssen. Hätte er mich nicht betrogen, hätte ich nicht mit einem Mann schlafen müssen, der locker mein Vater hätte sein können.

Ich schrie und flippte aus vor Wut. Meine Seele hetzte zwischen Luftschutzbunker und Schießstand hin und her. Ich wollte, dass es endlich aufhörte, dieses ganze verquere Zeug.

»Liebst du mich?« Ich wollte es endlich wissen.

Als ich Apollo zum zehnten Mal fragte, sagte er schließlich: »Nein.«

In fünf Jahren hatte er mir nicht einmal gesagt, dass er mich liebte, bis er sagte, dass er mich nicht mehr liebte, eigentlich nicht mal das, sondern einfach nur: »Nein.«

Er nahm mich trotzdem auf den Friedhof mit.

Ich war in einem Zustand, in dem man mich nicht alleine lassen konnte. Bini war zwischendurch ins Zimmer gekommen, um zu gucken, was bei uns los war. Weil sie sich nicht raushalten konnte, fing sie auch an zu weinen.

»Kinder, jetzt vertragt euch doch wieder. Was ist denn nur passiert?« Apollo packte mich und zog mich an seiner Mutter vorbei aus der Wohnung.

Mir war es völlig egal, dass Apollo mich nicht freiwillig mitnahm. Ich musste dabei sein, um wie ein Schießhund richtig aufzupassen. Wenn ich dabei war, konnte er nichts mit Alex anfangen, das verbot die Moral. Und die war die einzige wackelige Stütze, die ich hatte. Alles andere war nicht mehr da, denn Apollo liebte mich nicht. Ohne seine Liebe war ich niemand, nichts wert und allein.

Ich hatte mich so sehr auf Apollo konzentriert, dass ich nichts außer ihm hatte: keine Interessen, keine Sophie, keine eigene Persönlichkeit. Ich hatte mich für ihn neu erfunden und hatte keine Ahnung mehr, wer ich eigentlich gewesen war.

Mein Überlebenswille brachte mich dazu, mich auf dem Weg über den dunklen Friedhof zusammenzureißen.

Niemand sollte sehen, wie es mir ging. Ich musste schnell wieder cool werden, charmant, stark. So stark, dass die letzten zwei Stunden aus Apollos Erinnerung verschwanden und er mich wieder wie vorher nicht nicht-lieben konnte.

»Finde ich voll interessant, so eine Séance. Wollte ich immer schon mal machen, sollen wir noch Kerzen oder irgendwas einkaufen?« Schnell herausgebrabbelt, denn ich versuchte mich so alltäglich wie möglich zu benehmen.

Apollo antwortete nicht. Er ging vier Meter vor mir her, zwischendurch blieb er ruckartig stehen, damit ich aufholen konnte. Dabei seufzte er dieses Männerseufzen.

Diesen hinterlistigen langen Ton, dessen gemeine Absicht nachher nicht nachzuweisen ist, weil er kein Wort ergibt. Es ist kein Tritt und kein laut ausgesprochenes »Luzy, fick dich!«, sondern ein perfides Ausatmen. »Ich hab nur geatmet.« Ja, was soll man da sagen? Hör auf damit?

Ich hasste Apollo, was mir scheißegal war, und es erschien mir überhaupt nicht unlogisch, trotzdem mit ihm zusammen sein zu wollen.

»Hallo, wie schön! Geil gruselig hier!«, sagte ich freundlich zu der Gruppe, die schon vor einem Grab wartete. Damit war ich ziemlich eindeutig das Gruseligste vor Ort. Alex schaute mich mitleidig an.

Der Hase war weiß wie Schnee und sollte auf dem Grab eines toten Nazis mit einem Kehlenschnitt geopfert werden. Die Frage nach dem Sinn davon stellte ich mir nicht. Ich hab Alex das Messer aus der Hand genommen, das Tier gepackt und ihm einfach den Hals durchgeschnitten. Als mir das warme Blut über die Hände lief, fing ich an zu schreien. Bis die Polizei kam.

LUZY   Ich war noch nie allein. Seit Apollo war da immer ein Mann, mit dem ich zusammen war. Wenn andere 1999 sagen, um einen Zeitraum zu bestimmen, sage ich »Apollo, kurz vor Peter«.

Vor Apollo war nix. Wie bei der Erschaffung der Welt. Am Anfang war nur Licht, und das hieß Sophie.

Es gab nie eine Beziehungspause, denn ich hab die Zeit mit den Männern überlappen lassen. Feine, weiche Übergänge geschaffen, wie ein DJ. Das war allerdings leicht, denn meine Männer ähnelten sich in Stimmung, Klang und Rhythmus. Trotz eines dreißigjährigen Altersunterschieds waren sie im Herzen alle gleich. Unterm Strich heißt das: Mit allen war es eigentlich schrecklich.

Es gibt nur eine Elementgruppe, die noch weniger Beziehungen zu anderen eingehen will als meine Männer, und das sind Edelgase. Achtzehn verschiedene Gase gibt es, die allein sein wollen, weil sie entweder voll mit Elektronen oder komplett leer sind.

Witzigerweise gehört zu ihnen auch Krypton. Das ist auch der Grund, warum ich das mit den Edelgasen weiß, denn im

Chemieunterricht saß ich direkt am rechten Rand des Periodensystems der Elemente neben Kr.

Die Edelgase heißen die Gruppe Achtzehn und haben auf Grund ihrer Unverbindlichkeit viel mit meinen Freunden gemeinsam. Die Achtzehner sind: uncommittbare Männer, depressive Eigenbrötler mit unerfüllten Wünschen und einem komischen Verhältnis zu ihren noch seltsameren Müttern – sogar Peter hatte um 1820 mal eine Mutter gehabt –, es sind Männer, die kein Bettgestell haben, weil sie »beweglich« bleiben wollen und einen Sport daraus machen, nur mit Handgepäck zu reisen. Jonas hatte es mal nur mit einer DM-Tüte geschafft. Es sind Männer mit kreativen Berufen oder besser gesagt mit dem Wunsch nach einem kreativen Beruf. Oder noch besser gesagt, mit der Vorstellung, durch einen kreativen Beruf berühmt zu werden, Applaus von ihren abwesenden Vätern zu ernten und mit ganz vielen Models und zeitgenössischen Rockstarkünstlern in einer Villa in Frankreich zu leben. Achtzehner sind welche, die Machos sein wollen, aber so verklemmt sind, dass sie mit Badehose in die Sauna gehen.

Deutsche Männer. Keine Südländer oder Asiaten, nix Exotisches. Preußen, Bajuwaren, Norddeutsche.

Ich bin ein Opfer, denn ich will unbedingt diese unnatürliche Verbindung, die nur unter künstlichen, extremen Bedingungen im Reagenzglas möglich ist.

Warum das so ist, weiß ich nicht. Eigentlich will ich natürlich nicht, dass es mir schlechtgeht. Es macht mich unheimlich traurig, dass ich so unselbständig und abhängig bin, aber die Alternative ist unaussprechlich. Ein Leben ohne Freund führt zu Voldemort im Herzen. Ich muss mich absichern. Deswegen habe ich immer schon den Nächsten im Auge, wenn eine Beziehung zu zerbrechen droht. Apollo, Peter, Jonas. Fünfzehn Jahre. Von einem zum anderen wie ein Affe im Dschungel.

Dieses Mal ist es anders. Den Sprung auf die sichere Seite kann es nicht geben, denn ich habe mir keinen neuen Mann vorher ausgesucht. Weil ich die Trennung von Jonas nicht kommen gesehen hab, bin ich nicht vorbereitet. Also klar, es lief kacke. Aber die Lawine schien noch so weit weg, dass ich fröhlich einen Schneemann baute, als sie mich traf.

Ich habe keine Angst, als Tim mich in der kommenden Woche einsperrt. Es war nicht seine Idee. Ich wollte es, denn ich habe während meiner Trennungen eine Erfahrung gemacht, die mir jetzt helfen wird: Auch im größten Liebeskummer gibt es lichte Momente! Eine kurze Pause vom Schmerz, in der man auf einmal die ganze Sache klar vor sich sieht. Man weiß, was zu tun ist. Taucht kurz auf, um Luft zu schnappen, bevor das schwarze, eklige, kalte, gruselige Meer einen wieder verschluckt. Diesen Zeitpunkt ohne Trennungsschreck muss man ausnutzen, um schlaue, mutige Entscheidungen zu treffen.

»Hiermit erlaube ich Tim Hausach, mich für die nächsten zwei Wochen gefangen zu halten, mir mein Telefon, meinen Autoschlüssel und das Internet wegzunehmen, damit ich mir selbst keinen Schaden zufügen kann.«

Ich hab das als Videobotschaft in mein Handy gesprochen, das ich meinem Mitbewohner danach schnell in die Hand drücke.

Die Zeit heilt alle Wunden. In zwei Wochen würde es mir immer noch superscheiße gehen, aber dann hätte ich schon zwei Wochen weitergelebt, ohne noch mehr anzurichten. Die geschaffte Zeit ist ein kleiner Funke Hoffnung, der ausreichen wird, um dann uneingesperrt die nächsten zwei Wochen rumzukriegen ... So lange, bis ich wieder mit Jonas zusammen sein werde. Nur so bin ich fürs Erste sicher.

Der lichte Moment verstreicht, aber da ist Tim schon mit

dem Telefon, dem Schlüssel und dem Internet aus unserer Wohnung verschwunden und verriegelt von außen die Tür.

Ich bleibe zurück, hysterisch auf der Suche nach meinem Telefon, um noch mal die letzten fünf Jahre SMS-Korrespondenz mit Jonas nachzuvollziehen, um den Fehler in meinem System zu finden.

Wenn Phil Collins und der Hund nicht wären, könnte ich nicht mal sagen, ob es Tag oder Nacht ist. Aber nach einigen Tagen kann ich eine Regelmäßigkeit erkennen. Tag ist Hund, Nacht ist Phil.

Ich muss nicht zur Arbeit, denn ich hab keine. Es ist genug Geld da. Ich leide an meinem Reichtum und der Seuche, zu viel Zeit zu haben, die gefüllt werden muss. Ich bin fett und lustlos gefüttert, ohne Hunger aufs Leben zu haben, und schäme mich für diesen perversen Zustand.

In Wahrheit geben mir meine Eltern natürlich kein Geld, sie haben nur die Wohnung gekauft, bezahlen das Telefon, die Versicherung fürs Auto, die Krankenkasse und das Taschengeld, das für Essen, Reisen, Kleider und Bildungsausflüge reichen muss. Für alles andere muss ich selbst aufkommen. Für den Notfall habe ich einen Fonds und Gold im Schließfach.

Ich hatte lange überlegt, was ich nach der Schule machen sollte, aber mir fielen nur Berufe ein, die mit Apollo im Zusammenhang standen. Bodyguard, Roadie, Sexsklave.

»Was soll ich denn nur aus meinem Leben machen?«, fragte ich meinen Vater, als ich ihm mein Abizeugnis zum Angucken brachte und er mir der Form halber die Goldbarren aushändigte. »Ich muss doch eine Aufgabe haben, sonst macht das doch alles keinen Sinn.«

»Aha.« Pause. »Ich sage dir aus Erfahrung, dass es so und so alles keinen Sinn macht. Am Ende ist sowieso nur Schluss.«

»Aha«, finde ich.

»Wie soll ich dir Hoffnung machen, wenn da keine ist?« Ich könnte mir die Ohren zuhalten, aber alles, was mein Vater sagt, steht auch in seinen Augen.
»Und die Gesellschaft? Muss ich nicht auch was leisten?«
»Das kannst du auch, ohne dich in dieser dämlichen Mühle mitzudrehen.«
»Warum machst du da mit?«
»Weil ich ein Kind habe.«
»Bin ich schuld?«
»Ja, aber jetzt ist es zu spät, denn du bist ja da. Erhalte dich, Luzy, das ist deine Arbeit.« Spricht's und lässt mich ratlos in der Welt zurück.

Tim macht mir Tee mit Hasch drin, und nachts lässt er mich seinen Hals küssen. Wenn der Gefängnisdirektor da ist, kümmert er sich um mich. Erstaunlicherweise will er Sex, das merke ich deutlich unter der Decke. Der geschlechtslose Mitbewohner hat auf einmal eine Erektion, die ich nicht anfasse. Denn ein steifes Glied ist nicht vorhanden, wenn man es ignoriert.

Tagsüber, wenn Tim weg ist, bin ich wie vor den Fernseher genagelt. Es erleichtert mich ungemein, mein tristes Dasein als Wärme produzierender Organismus durch die Matrix inhaltlich aufzuwerten.

Wenn ich mich geschickt anstelle und clever umschalte, komme ich auf insgesamt sechs Stunden Tiersendungen, die ich pausenlos gucken kann.

Von den endlosen meditativen Unterwasserdokumentationen auf Arte, deren Aufnahmen so schön sind, dass ich an der Echtheit zweifle, schalte ich in den Zoo, wo nette Tierpfleger bei ihrer aufopfernden Arbeit begleitet werden und ein komischer Synchronsprecher den Tieren eine eigene Stimme gibt. Auf einem der dritten Programme kommt dann der friesische Knochenbrecher, dem auf eine merkwürdig sexuelle Art Pferde, Katzen und Hunde so vorgeführt werden, dass er am Gang erkennen kann, wo ein Gelenk wieder eingerenkt werden muss. Dann packt er zu, es wird gestöhnt und dann »... kann der Jonny wieder auf'm vollen Huf laufen«.

Am liebsten mag ich die Sendungen, wo Spezialisten Problemtiere und ihre Besitzer zu Hause besuchen, um die Ursache für das Fehlverhalten herauszufinden. Es gibt eine Frau, die Papageien hilft, eine für schwierige Katzen und eine Hundetrainerin, die zwölf Jahre unter Wölfen in Sibirien gelebt hat. Sie heißt Barbara Ottinger und sieht selber ein bisschen aus wie ein Wolf. Sie hat störrisches graues Haar und einen leichten Bartschatten. Ihr gelingt alles, dann sind Tiere und Menschen dankbar. Oft muss ich weinen, denn es geht viel um Missverständnisse.

Jeden Tag wünsche ich mir, dass Barbara einen Hund mit meinen Problemen behandeln wird, denn ich bin mir sicher, Frau Ott kennt den Weg aus meinem Verhaltensmuster.

Ich hoffe so lange, bis die Vorladung kommt.

Körperverletzung. Ich freue mich, denn der bevorstehende Gerichtstermin verspricht ein Wiedersehen mit Jonas.

Der Kummer der letzten Wochen hat meinen Körper heruntergewirtschaftet. Auch das versetzt mich in Entzücken, denn mein verkrumpeltes Gesicht, die verklebten Haare und die verlorenen Kilos sprechen für sich. Ich bin so bemitleidenswert, dass ich sofort schon wieder ein bisschen weinen muss.

»Was hab ich nur aus dir gemacht?«, könnte Jonas fragen, oder einfach: »Puh, na komm schon, dann gehen wir eben nach Hause.« Und dann seufzt er noch mal dieses schreckliche Männerseufzen, das alles heißt, ohne was Richtiges zu sagen.

Mein Trauerkostüm ist ein dickes Seil, das ihn festbindet, ein schwerer Sack an Schuld, den er tragen muss, denn er hat mich zu dem gemacht, was ich bin. Nichts passiert freiwillig.

Ich ärgere mich über meinen berechnenden, unmoralischer. Plan, mich nicht zu waschen, denn ich weiß natürlich, dass die Last, die ich durch meinen Zustand auf ihn lade, das Gegenteil bewirken wird. Schlechtes Gewissen belastet sehr. Ich weiß das, denn ich habe einen Vater, der das schon lange so betreibt. Jonas hat sich von mir freigeschüttelt wie Apollo, wie Peter. Völlig zu Recht, finde ich. Wer außer meiner Mutter will schon so einen Trauerkloß? Ich ekele mich selber an. Es ist völlig richtig, mich in dieser Verfassung nicht zu lieben. Ich bin selber schuld.

Also verwerfe ich meinen Plan, Jonas weiterhin mit meiner Mitleidsnummer zu manipulieren, ohne zu merken, dass ich damit automatisch wieder von vorne anfange.

Ich werde mich zusammenreißen. Ich werde normal auftreten. Ich werde mich waschen, anziehen, pünktlich erscheinen und meine Sicht des Vorfalls schildern. Er wird merken, wie wunderbar leicht und eigenständig ich bin.

Also lasse ich ein Bad ein, kämme Haarkur in die Strubbel und wasche mir die klebrige Grütze aus den Augenwinkeln.

Im Spiegel sehe ich okay aus, und ich bin mir nicht sicher, ob ich mit der Waschung nicht doch das Falsche gemacht habe. Mir geht es nicht gut, warum sollte ich so tun, als wäre es anders?

Warum sollte ich lügen und Jonas damit die Chance nehmen, meine wahren Gefühle für ihn zu sehen? Wenn ich ihn hinters Licht führe, muss ich mich nachher nicht wundern, wenn er gar nicht weiß, wie sehr ich ihn vermisse.

Wenn er mein gesundes, frisches, glückliches Ich sieht, er selbst aber traurig und unglücklich ist, muss er denken, dass mir die Trennung völlig egal ist und ich über ihn hinweg bin. Dann wird er sich zusammenreißen, damit ich, die vermeintlich Glückliche, sein Unglück nicht sehe. So verpassen wir uns. Obwohl es uns gleich geht, obwohl wir beide zusammen sein wollen, erkennen wir uns nicht. Es könnte ein großes Missverständnis entstehen, das sich ohne Barbara Ottinger nicht klären lässt.

»Luzy, du solltest vielleicht wissen, dass Männer von sich aus gar nicht so viel an uns denken«, erklärt mir meine Mutter am Telefon. »Jonas denkt genau dann an dich, wenn er dich wieder vor Augen hat. Deswegen stellen Frauen ihren Männern Bilder von sich auf den Schreibtisch. Und deswegen gibt es Pornos. Denen fehlt es an Fantasie.«

Es ist eh zu spät. Ich bin sauber. So ist nicht mehr zu erkennen, wie unglücklich ich wirklich bin. Klar, ich sehe immer noch klein, müde und verlassen aus, aber ich bin sauber und damit nicht mehr ganz so überzeugend, wie ich es hätte sein können, wenn ich noch die Grütze in den Augen und das Vogelnest auf dem Kopf gehabt hätte.

Eine Vakuumpumpe ist für alles Mögliche gut. Meine ist elektrisch, und ich benutze sie gegen Cellulite.

Auf Knopfdruck entsteht Unterdruck. Die Haut wird angesaugt und das Gewebe darunter durchblutet. Es plustert sich auf und sieht danach wieder jung und frisch aus. Wenn man zu lange auf einer Stelle saugt, dann gibt's einen blauen Fleck am Po. Ich saug mir ins Gesicht. Das tut nicht weh. Eine kleine Verletzung wird gut aussehen.

Nur zu mir kann ich ehrlich sein. Ich kann so nicht weitermachen. Seit fünfzehn Jahren spiele ich Theater, ein Epos. Ich erfinde Geschichten. Ich arbeite, wie jetzt, mit Effekt-Make-up und Kostümen, ich lüge, übertreibe und untertreibe.

Es ist eine Show, ein Zirkus, ein »Ein-Frau-Stück« für einen Mann. Es wirkt zu bemüht und unauthentisch. Und ich glaube, dass die Männer merken, dass die Fürsorge, das Interesse und Liebe nur gespielt sind. Aufgeführt von jemandem, der in Wirklichkeit ganz anders wäre, wenn er könnte.

Leider weiß ich schon lange nicht mehr, wer ich bin und was ich will.

Ich mochte mal Pferde. Ich war sehr an ihnen interessiert. Als ich klein war, wollte ich ein großes braunes Pferd heiraten. »Du heiratest mich!«, fand meine Mutter, und mal wieder keuchte Freud in seinem Grab.

Ich habe alles nach Hause geschleppt, was Fell oder Schuppen hatte, und die reichen Schweine ließen mich alles behalten. Weil meine sehr alt wurden, war ich mir sicher, ein Händchen für Tiere zu haben.

»Ich konnte es dir einfach nicht sagen, als die Susi das erste Mal gestorben ist. Das hättest du nicht verkraftet. Dafür warst du noch viel zu klein.« Irgendwann gestand mir meine Mutter ihren Trick. Vielleicht hatte sie einen im Tee oder auch einfach die Schnauze voll vom Lügen. Susi war insgesamt drei Mal gestorben, bevor ich das erste Mal über ihren Tod informiert wurde. Ich hätte es merken können, denn kein Meerschweinchen wird fünfzehn Jahre alt und wechselt drei Mal komplett seine Fellfarbe. Meine Mutter hatte das weiße Meerschweinchen, das bereits in der zweiten Nacht bei uns krepiert war, weil es meine Filzstifte gefressen hatte, gegen ein braunes ausgetauscht.

»Das ist wie bei Leguanen. Meerschweinchen verfärben sich, wenn sie sich wohl fühlen.« Erklärte mir meine Mutter damals. Wenn man nicht mal mitbekommt, dass Lebewesen sterben können, lernt man natürlich auch nicht, sich von ihnen zu trennen. Das weiß jeder, das ist Küchenpsychologie.

Und im Vergleich mit der Katzengeschichte scheinen die unsterblichen Zombiemeerschweinchen noch normal. Wir haben nie wirklich eine Katze gehabt. Dafür hatten wir Katzenspielzeug, eine Katzentür und eine Futterschale, die ich jeden Morgen gewissenhaft füllte. »Landstreicher ist eben ein Landstreicher.« Meine Mutter war nicht besonders kreativ, was die Namensgebung der imaginären Katze anging, aber dafür gut darin, diese für mich lebendig werden zu lassen. »Luzy! Luzy, guck mal, Landstreicher sitzt auf dem Mäuerchen ... Oh schade, jetzt ist sie schon weg.«

Dass wir keine Katze hatten, merkte ich erst, als ich beatmet werden musste. Sophie hatte eine kleine Babykatze bekommen, die sie Jason Priestley nannte. Meine allergische Reaktion war so stark, dass ihr Vater Klaus einen Krankenwagen rufen musste. Danach stand fest, dass es Landstreicher nie gegeben hatte, denn ich hätte das nicht überlebt.

Der Moment, in dem man versteht, dass die Eltern keine Götter, sondern nur Kreaturen sind, stellt sich ein, wenn man sie das erste Mal beim Lügen ertappt.

Kurz weiß ich wieder, wer ich bin. Ein Tierfreund. Der war ich wirklich. Bevor ich den Hasen umbrachte. Nun hab ich Blut an den Händen, das jeder Hund, dem ich den Kopf streicheln will, riechen kann. Den Hund des Meisters habe ich noch nie gesehen. Er muss klein und alt sein, denn seine Stimme ist fiepsig und heiser.

Während ich mein Kostüm für die Verhandlung zusammensuche, wechselt meine Stimmung erneut die Farbe. Ich hasse Jonas. Lange schon. Das ist auch eine Wirklichkeit. Ich kann ihn nicht leiden, weil er mich leiden lässt.

Ich finde ihn peinlich, und er weiß es. Er ist unfähig, sein Leben in den Griff zu bekommen. Er will Fotograf sein und fotografiert nicht. Wenn er es macht, lässt er seine Fotos bei DM entwickeln. Er findet die Qualität »interessant«. »Schau mal, wie interessant! Die Maschinen bei denen scheinen nicht richtig eingestellt zu sein, die Bilder haben alle überhaupt keinen Kontrast!« Übelnehmen kann man es ihm nicht. Wir sind noch analoge Menschen. Nicht gleichzeitig, sondern hintereinander, nicht on demand, sondern mit Ansagerin im Fernsehen und rauschendem Bildschirm ab 1 Uhr morgens.

Vielleicht liegt da das Problem.

Ich lebe mein Leben nach einer stringenten Dramaturgie und erwarte, dass nach dem Höhepunkt einfach nur der Vorhang fällt. Dass ich über eine Ziellinie komme, hinter der ich mich endlich hinsetzen kann, um ein Schluck Wasser zu trinken. Aber sie kommt nicht.

Es geht immer weiter. Nach dem ersten Kuss, dem ersten Sex, dem großen Streit, der Party, selbst nach der Trennung. Schließlich wird ein Kinofilm draus, dessen erster Teil in Wirklichkeit der letzte ist.

Es gibt kein Ende, hinter dem Schlussstrich folgen immer Punkte ...

PETER Nach der Séance und der darauffolgenden Verhaftung auf dem Friedhof war die Beziehung mit Apollo vorbei. Sofort. Er ging nicht mehr ans Telefon und ließ sich an der Tür von Bini verleugnen.

»Der Junge ist schon wieder nicht da! Tut mir leid, Luzy!«, erklärte sie mir, während Apollo hinter ihr durch den Flur lief. Trotz der tausend Rühreier, die wir über die Jahre zusammen gegessen hatten, schien sie froh zu sein, dass ihr Sohn von mir befreit war. Blut ist eben dicker als Wasser.

Es war kurz schlimm, aber mein altes Kissen Peter fing mich auf. Heute weiß ich, dass ich es schon vorher geklopft und aufgeschüttelt hatte, damit ich sicher fallen würde. Aber weich war es nicht.

Eigentlich waren es mehr die widrigen Umstände unserer Beziehung als Peters Fürsorglichkeit, die mir über Apollo hinweghalfen. Ich hatte gar keine Zeit, um die Trennung von Apollo zu betrauern, denn zwischen mir und Peter war es von Anfang an ultrakompliziert. Der Stress ging fast sofort los, so dass der größte Teil von den Peterjahren eigentlich nur Peter-Aftermath war.

Fiese Motten, die ich immer noch für Schmetterlinge hielt und die mich glauben ließen, frisch in einen alten Mann verliebt zu sein, taumelten in meinem Bauch herum. Vielleicht hatten sich auch nur alte Gefühle für Apollo mit rüber in meine neue Beziehung geschmuggelt. Restängste, blinde Passagiere wie Meerschweinchen, die vor Hunderten von Jahren heimlich in spanischen Segelbooten von Südamerika nach Europa gereist waren, um uns hier aus ihren Plastikhäuschen so lange anzuglotzen, bis man sie als feste Bestandteile deutscher Kinderzimmer eingeordnet hatte.

Dabei sind Meerschweinchen genauso wenig normal wie Angst. Beides war eigentlich mal exotisch.

»Ich liebe dich!«

Worauf ich bei Apollo so lange gewartet hatte, kam bei Peter schnell und wie aus der Pistole geschossen.

»Du bist meine geliebte Luzy!«

Klar, denn eine Freundin hatte er ja schon. Die öde Marie von Niels' Party, die mit der Bluse. Sie waren seit Jahren zusammen. Er konnte sie nicht verlassen, denn Marie hatte ja dieses Alkoholproblem. Was sich für andere wie ein Klischee anhört, war für mich keins, weil ich als Teil davon natürlich lieber eine Ausnahme sein wollte.

»Wir leben nicht zusammen, wir bumsen nicht mal miteinander. Ich finde Marie nicht heiß, das ist lange vorbei. Aber Marie braucht mich, als Freund.«

Ich glaubte ihm, und was bedeutet es schon, jemandes Freundin zu sein, wenn man die geliebte Geliebte sein kann.

Peter war auch der Vater meines ehemaligen Schulkameraden Niels, der natürlich nichts von uns mitbekommen durfte. Peter war dreißig Jahre älter, voll berufstätig und ständig unterwegs. Es gab hunderttausend Gründe, die gegen uns sprachen, alles war total verboten, aufregend und deswegen so doll.

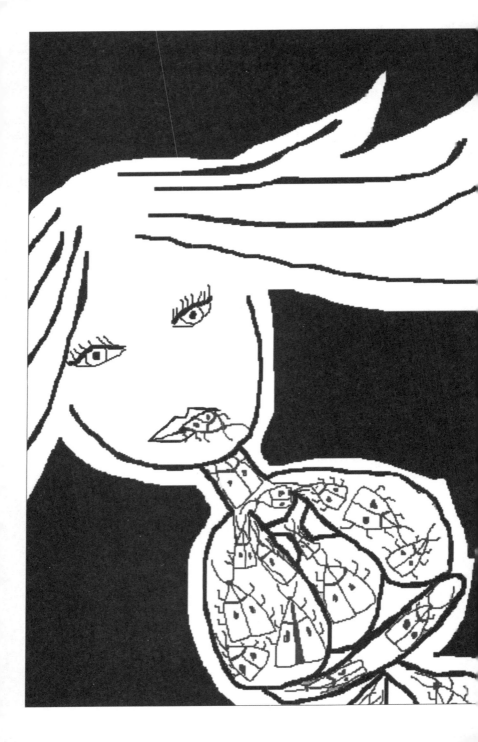

Es gab keinen Alltag. Peter fand alles, was nicht »super special« war, total langweilig, altbacken und spießig. Deswegen war jedes Treffen ein Abenteuer, ein Fest oder eine Orgie. Man konnte nicht einfach mal in Ruhe Fernseh gucken.
»Komm, wir fahren an die Ostsee frühstücken!«
»Aber das sind zweieinhalb Stunden Fahrt?«
»Sei nicht so spießig, ist doch witzig und super romantisch, ich kenn da eine Bude, die machen die besten Fischbrötchen.«
Nur im Film ist es romantisch, so zu frühstücken. In Wirklichkeit bedeutet es, lange Hunger zu haben, Stau und sich von dem anderen 50 Cent fürs Urinieren zu leihen. Retrospektiv ist Fischbrötchen im Regen mit dem Mann, den man liebt, zu essen schön, im eigentlichen Moment nur kalt und fischig.

Peter wollte mich immer dabeihaben, allerdings ohne mich mit jemandem teilen zu müssen, wie er mir erklärte. »Was sollst du zwischen diesen ganzen langweiligen Rentnern?«

In der Öffentlichkeit war ich deswegen nur eine Komparsin, die für Peter zur Hauptfigur wurde, wenn wir unter uns waren. Es war genau umgekehrt zu Apollo, aber im Kern genau dasselbe.

Nichts war sicher, und ich musste mich strecken, um was abzubekommen von ihm und seiner Zeit, denn: »Zeit ist das Kostbarste, was ich habe!«

Mir reichte es völlig, wie es war, ich drängelte nicht, sondern nahm dankbar die Minuten, die abfielen. Ich zog zu Hause aus, um eine Wohnung zu haben, in der wir uns jederzeit treffen konnten, und war von da an immer auf Abruf. Ich wollte auf keinen Fall ein Zeitfenster verpassen, durch das ich Peter kurz zuwinken konnte. Mittagspausen, kurze Treffen auf der Tankstelle, gemeinsames Warten beim Arzt. Ich kam überall mit, um ihn zu sehen.

Mir wäre nicht im Traum eingefallen, ihm abzusagen und so wertvolle Zeit zu verschwenden. In der ganzen Stadt standen volle Einkaufswagen und unberührte Teller, die ich stehenließ um schnell zu Peter zu fahren, wenn er mich rief. Natürlich wollte ich nicht, dass er merkte, dass ich alles für ihn liegenließ. Aber ich konnte auf die Frage »Was machst du grade?« nicht ehrlich mit »Ich bin grad im Baumarkt« antworten. Eine Absage war eine verpasste Chance, vor ihm zu glänzen. Ein offenes Zeitfenster, das sich durch meine Schuld schloss, würde vielleicht nie wieder aufgehen.

Also unternahm ich lieber gleich gar nichts mehr. Überhaupt nichts. Mein eigenes Leben für jemand anderen auf hold zu stellen hatte ich zum ersten Mal gemacht, als Sophie nach Paris gefahren war.

In der Beziehung mit Apollo konservierte ich meine eigene Entwicklung, indem ich mich völlig auf ihn konzentrierte. Mit Peter wurde das zu meiner Spezialität. Warten und wachen. Das ist ein sehr aktiver Prozess.

Oberflächlich betrachtet, bin ich eine exzellente »Warterin«. Ich harre aus. Wie ein Indianer auf Beutezug. Stundenlang. Tagelang. Wochenlang. Wie diese hundert Jahre alte goldene Buddhastatue, die mal irgendwo in Indien gefunden wurde. Nachdem man sie untersucht hatte, kam heraus, dass es sich dabei gar nicht um eine Plastik, sondern um einen Mönch handelte, der beim Meditieren gestorben und post mortem vergoldet worden war.

Man hätte mich locker für tot halten und anstreichen können. Aber ich meditierte nicht.

Das Einzige an mir, was in diesem verbissenen Zustand beweglich bleibt, ist mein Geist. Wenn ich warte, bin ich aufgewühlt und voll Ungeduld. Aber auch nicht so, wie Buddha sich das vorgestellt haben muss. Ich schwinge nicht mit dem Universum in ruhigen Wellen, meine Fantasien schießen eher wie Flipperkugeln so zackig und bimmelnd, begleitet von ganz viel Lichteffekten, durch die Gegend.

Obwohl ich meistens in der Wohnung saß, war ich gedanklich und emotional bei Peter und versuchte vorauszusehen, was auf mich zukam, um bereit zu sein.

Es war wie eine Rechnung, die sich aus den Bruchstücken ergab, die ich beobachtete, und aus den Fakten, die ich über Peter gesammelt hatte.

Greift er beim Verlassen der Wohnung nur seine dünne Windjacke statt des Dufflecoats, war mir schon klar, mit welcher Stimmung er abends wieder vor mir stehen würde. Denn: Dünne Windjacke plus Regen lässt ihn ein Taxi zu seinem 12-Uhr-Termin nehmen.

Aber Peter hasst Taxifahren. »Nicht jeder, der Auto fahren darf, kann auch fahren!« Die Fahrt kostet fünfzehn Euro, Peter hat jedoch nur zehn dabei, weil das Geld, mit dem er gestern Abendessen gekauft hat, im Dufflecoat steckt. »Portemonnaies sind was für Spießer.«

Weil Peter viel Geld hat, macht er sich keine Gedanken darum, ob und in welchen Taschen es steckt.

Kein Geld plus eine Taxifahrt, die er hasst, wird ihn schlecht stimmen. So dass er bei seinem 12-Uhr-Termin angeschlagen und wahrscheinlich zu spät ankommt.

Gott sei Dank ist der Termin bei seinem Lieblingsthailänder. Dieser Ort gleicht die Stimmung kurz wieder aus.

Weil Peter selten zum Essen kommt und sich doll ärgern musste, hat er Hunger. Er isst viel und scharf, deswegen muss er auch viel trinken, und weil er thailändisches Bier mag, da das »so fruchtig ist«, und er nicht viel verträgt, wird Peter schon um 13 Uhr besoffen sein. Mit ein bisschen Glück so besoffen, dass er sich um 13 Uhr 30 wie ein 22-Jähriger fühlt und Sachen wie »Bullshit!« sagt.

Er ist aber 52. Das ist ihm unterbewusst schon allein deswegen klar, weil ihm sein Rücken nach eineinhalb Stunden Thaimattensitzen weh tut.

Weil der angedudelte Peter aber nicht 52 sein will, wird er mich nach seinem Termin um 14 Uhr anrufen, um sich zum Knutschen zu treffen. Denn nur so kann er sich wieder wie zweiundzwanzig fühlen.

Also sage ich nichts, als er beim Rausgehen statt des Dufflecoats die Windjacke greift. Denn nur so bin ich ziemlich sicher, dass ich später noch zum Einsatz komme.

Irgendwann stand Peter mit einer Reisetasche vor der Tür, um bei mir einzuziehen, bis er eine eigene Wohnung für uns gefunden hätte.

Ich wurde nicht gefragt. Eigentlich war es auch egal, denn ich hätte damals wie heute eh nicht nein sagen können.

Er hatte sich von Marie getrennt, sein Bungalow war vermietet, die Sachen eingelagert. Sein Sohn Niels war alt genug, wie ich ausgezogen und brauchte deswegen kein Wochenendzimmer bei »seinem Alten« mehr.

Peter hatte genug von unserem Versteckspiel.

»Ich will meine Liebe für dich in die Welt hinausschreien! Ich möchte, dass du ganz offiziell meine Freundin bist.« Dann stellte er seine elektrische Zahnbürste in mein Badezimmer und ging ins Frischeparadies, um meinen Kühlschrank nach seinen Ansprüchen mit Crémant und Manchegokäse mit Rosmarinrand zu füllen.

Peter hatte schon vorher ein paarmal bei mir geschlafen, aber eigentlich war ich lieber bei ihm.

In meiner »Studentenwohnung« sah Peter noch älter aus, als er eigentlich war. Peter passte nicht hierher. Wir passten nicht zusammen. Wir waren wie ein Billyregal neben einem Chesterfieldsessel. Damit das nicht auffiel, machte ich zum ersten Mal überhaupt reichhaltigen Gebrauch von dem Geld meiner Eltern und richtete mir meine Wohnung so ein, dass sich ein 52-jähriger Mann wohl fühlen konnte. Das Petermuseum entstand. Vorbild war sein Bungalow, in dem jedes Teil stilsicher zu dem anderen passte, weil Peter sie über ein ganzes Leben zusammengesammelt hatte. So viel Zeit blieb mir nicht, daher half mir meine Mutter.

»Aber willst du dir nicht lieber etwas Weiblicheres aussuchen?«, versuchte sie mich zart zu überzeugen. »Peter ist das doch sicher egal, in welchem Bett er liegt, wenn er neben dir liegt!«

»Ja, aber er darf nicht sehen, wie jung ich bin, damit er nicht merkt, wie alt er ist!« Meine Mutter schien es nicht sonderlich zu stören, dass Peter so alt war wie sie.

»Wenn er mit einer Frau deines Alters zusammen sein will, dann hat er sich eh nicht sonderlich weit entwickelt!«

Natürlich war es in Wahrheit nicht Peter, der zu alt war für mich, sondern ich war zu jung für ihn. Wenn Peter gelegentlich unseren Altersunterschied bemerkte, wurde er wütend auf mich.

Mit Apollo war streiten ein Spiel, in dem ich ausprobieren konnte, wie weit ich gehen konnte. Es war ein Welpenkampf, ohne Zähne und Krallen. Mit Peter war es ernst, er liebte die Auseinandersetzung, denn er gewann immer.

»Du kommst einfach aus einer beschissenen Generation, euch fehlt es an Fantasie, weil ihr alles in den Arsch geblasen bekommt. Ein dummer Spießer bist du!«, brüllte er dann herum, verließ Türen knallend meine Wohnung und kam erst am nächsten Tag wieder. Ich blieb erstaunt wie ein dummer Hund zurück und starb fast vor Angst, weil ich weder wusste, wo er war, noch, ob er jemals wiederkommen würde. Obwohl er immer irgendwann zurückkam, konnte ich darin erst mal keine Regelmäßigkeit erkennen, denn jedes Mal war es wieder von neuem ganz schlimm.

Nach dem Streit kam die Versöhnung, die mich versöhnte, weil Peter mich mit derselben Leidenschaft festhielt, mit der er mich vorher weggestoßen hatte.

»Ich liebe dich so sehr, ich wäre am liebsten schwanger mit dir.« Ich fand die Vorstellung, in Peters Bauch zu sein, schön und keinesfalls verstörend.

Er hatte keine Angst vor großen Gefühlen. Wir konnten uns wunderbar sagen, dass und wie sehr wir uns liebten.

Er wollte, dass ich immer für ihn erreichbar war, und gab mir etwas, das dafür sorgen würde, dass meine weiblichen Eigenschaften von nun an für die dunkle Seite und damit gegen mich arbeiten würden: ein Handy. In den folgenden Jahren kam mit jeder neugewonnenen Funktion und App ein weiterer Nagel zu meinem Sarg dazu. WhatsApp kann nur dafür erfunden worden sein, Frauen wie mich langsam in den Wahnsinn zu treiben. Alles ist sichtbar: die Gelesen-Häkchen, die Onlinezeiten, es sind zu viele Informationen, die zu viele Fragen aufkommen lassen, die ich mir dann mit meiner blumigen Fantasie selber beantworte.

Peter fuhr vier Wochen beruflich nach New York. Natürlich, wohin sonst. Das Wetter dort war schön, obwohl der Wetterbericht sagte, dass es in der zweiten Woche ein wenig regnen würde.

Im Petermuseum hing eine Karte von New York. Sein Hotel hatte ich mit einer Stecknadel markiert, damit ich wusste, wo das neue Zentrum der Welt war. CNN lief 24 Stunden auf meinem Fernseher. Ich hoffte, so wenigstens ein bisschen Amerika und Peter in meinem Wohnzimmer zu haben. Er schrieb mir Liebesbriefe, schöne, tolle, liebevolle Liebesbriefe, die ich mit einer roten Schleife zusammenband. Trotz Handy war telefonieren schwierig, denn europäische Mobiltelefone gingen nur in Europa. Nach zwei Wochen kam endlich der Anruf.

Obwohl der Tag schon im Gange war, lag ich auf der Couch und schlief, denn ich lebte mit Peter in der Zeitzone EST. Der Fernseher quakte im Hintergrund, als ich den Anruf entgegennahm.

»Ich konnte es einfach nicht mehr aushalten ohne dich. Ich musste deine Stimme hören.«

»Oh, wo bist du?«

»Ich stehe Downtown im Financial District in einer Telefonzelle. Die Sonne scheint, und ich denke die ganze Zeit nur an dich.«

»Ich freu mich so, wie spät ist es denn bei dir?« Ehrlich erfreut und verliebt gesäuselt.

Natürlich wusste ich immer, wie spät es in New York war, denn seit seiner Abreise trug ich zwei Uhren am Handgelenk, die ich aber zum Schlafen abgelegt hatte. Fauxpas. Um mich zeitlich orientieren zu können, blickte ich schnell auf das Display meines Telefons. Erst hab ich gar nicht verstanden, was ich da las.

Auf dem Display stand oben rechts »11.09.2001 14:45« und darunter: »Peter zu Hause«.

Wie konnte er mich von New York über zu Hause anrufen? Gut, wir befanden uns in einer Zeit, in der man schnell mal eine technische Veränderung verpassen konnte. Während ich das hoffte, krachte in meinem Fernseher ein Flugzeug in ein sehr hohes Gebäude.

»Wieso rufst du mich von zu Hause aus an?« Neue Funktion, neue Frage.

»Nein, ich bin doch in New York.« Schnell und unsicher geantwortet. Pause. Auf dem Bildschirm fing das Gebäude an zu brennen.

»Versteh ich nicht, auf meinem Telefon steht, dass du von deinem Telefon zu Hause anrufst.« Stille auf der anderen Seite. Genug Zeit, um zu verstehen, dass es nur eine Erklärung für die Berliner Nummer geben konnte. »Wie ist das Wetter bei euch?« Ich fragte automatisch und mit maschinellem Klang, weil so schnell keine andere Emotion zur Verfügung stand. »Super. Hellblauer Himmel.« Peter war gutgelaunt. Pause. »Da ist eben ein Flugzeug ins World Trade Center geflogen ... es brennt ... jetzt kommt noch eins.« Wahrhaftig, glasklar, unmissverständlich und doch voller Unglaube geflüstert.

Dann tutete es, er hatte aufgelegt.

Ich saß eine Weile auf dem Bett, bis ich mir erlaubte, die Fakten zu verstehen.

Peter war gar nicht weg. Er war hier, in Berlin, im Bungalow, wo er eigentlich gar nicht mehr wohnte, weil er von dort ausgezogen war, um bei mir zu leben.

Bislang war ich kein besonders misstrauischer Mensch gewesen. Warum auch, ich hatte selbst alle Lügen der Welt in meiner Beziehung zu Apollo verbraucht. Ich hatte meine Gründe, oft ehrenhafte, aber ich stellte die Glaubhaftigkeit anderer nie in Frage. Als mir bewusst wurde, dass Peter mich verarscht hatte, rüstete mein Gehirn auf. Betriebssystem Distrust.

Von null auf hundert von gesundem auf ungesundes Misstrauen für immer und ewig. Alles blinkte, neue Speicher hochgefahren, Zusammenhänge hergestellt. Wann hatte Peter hier eigentlich das letzte Mal geschlafen? Also so eine ganze Nacht, von 8 Uhr abends bis 8 Uhr morgens. Ich hatte alles notiert und konnte alles innerhalb kürzester Zeit in meiner Peterakte nachlesen. Vier Wochen war es her, dass er über Nacht bei mir geblieben war. Davor vor drei Wochen, dann vor einer, davor wieder vor zwei.

Ich konnte es nicht glauben, als ich es verstand: Peter wohnte gar nicht in echt bei mir. Was hier lebte, war eine Zahnbürste, ein Manchegokäse mit Rosmarinrand und ein leerer Koffer.

Wie konnte mir das nicht aufgefallen sein? Ich brauchte weitere Beweise und wühlte in der Post herum.

Die Umschläge der Liebesbriefe waren blau. Wie bei einem amerikanischen Brief stand »air mail« darauf, aber bis auf den ersten waren die anderen alle in Berlin abgestempelt worden. Mit einem Mal war alles falsch.

Motten flogen, Schwärme, bis der Bauch voll war, dann in den Hals. Als ich den Mund aufmachte, um sie rauszulassen, kam nur ein klagendes Quietschen.

Drinnen waren alle Lichter an. Ich stand im Schlafanzug auf dem Bürgersteig vor dem Bungalow. Warm sah es aus. Belebt. Es stand nicht mehr zur Debatte zu klingeln. Das wurde mir in dem Moment klar, als ich Maries Auto neben Peters in der Einfahrt stehen sah. Frau Nissan Micra und Herr Mercedes Benz.

Ich fühlte mich winzig klein und war unfähig zu handeln.

Das Szenario, das ich mir auf dem Weg zu Peter vorgestellt hatte, war ein komplett anderes gewesen als hier vor dem Bungalow.

In meiner Fantasie war ich wütend und machte Peter eine Szene. Anschreien mit Legitimation.

»Ist der Schuldige hier im Saal?«

»Ja.«

»Zeigen Sie auf ihn!«

»Der da!«

»Die Zeugin Lopinski hat Peter Wolf identifiziert!«

Endlich raus mit der Wahrheit.

Ich war belogen und betrogen worden und würde mir deswegen endlich mit Recht Luft machen können. Niemand durfte so mit mir umgehen. »Ich mach das nicht mit. Du Schwein. Es ist vorbei. Es ist Schluss!« So dachte ich, während ich durch die Nacht zu Peter stapfte.

Vor dem Bungalow angekommen, war ich mir plötzlich gar nicht mehr so sicher, ob Peter nicht doch so mit mir umgehen durfte.

Sehr wahrscheinlich hatte ich ihm irgendwas nicht gegeben, das er brauchte, um aufrichtig zu mir zu sein. Vielleicht störte ihn etwas an mir. Was nur? Zu jung? Zu dumm? Hässlich, dick, uninteressant, uninspirierend. Alles möglich. Vielleicht hatte er auch einfach mitbekommen, wie stark ich auf ihn fixiert war. Dass mir nix anderes irgendwas bedeutete als sein Blick, seine Worte und seine Berührungen. Dass ich ehrlich gesagt mal wieder völlig besessen war.

Wenn also jemand angeschrien werden sollte, dann ich und nicht Peter, das arme Opfer der verrückten Frau. Für einen Moment erleichterte mich die Tatsache, dass ich ihn, weil er unschuldig war, weiter lieben durfte. Bis mich zwei Sekunden später die Kälte der Verantwortung, die ich für meine bisher ungeklärten Missetaten trug, aufrüttelte. Wenn er es nicht war, dann war ich es: schuld. Und weil ich es war, würde er mich verlassen.

Anstatt Sturm zu klingeln und wütend gegen die Tür zu bummern, setzte ich mich auf die Straße und weinte. Ganz leise, um nicht gehört zu werden.

Es war mir völlig egal, dass Peter wieder zu Hause wohnte, und noch egaler, dass er immer noch mit Marie zusammen war. Ich wollte ihn einfach nicht verlieren und war bereit, alles zu vergessen. Nix war passiert. Alles in Ordnung, »gehen Sie bitte weiter, hier gibt es nichts zu sehen«. Das ging aber nicht so einfach.

Das Dilemma war, dass Peter wusste, dass ich wusste, dass er mich belogen hatte. Das hatte er an meiner Reaktion am Telefon gemerkt. Nur deswegen hatte er so getan, als sei die Leitung unterbrochen. Er war nicht dumm, er wusste, dass er beim Lügen einen Fehler gemacht hatte. Schade, dass er es nicht besser hinbekommen hatte, dann wären wir nicht in dieser Scheißsituation, ärgerte ich mich. Aber auch dieses Gefühl drehte sich sofort gegen mich. Denn hätte ich seine schlechte

Lüge einfach übergangen, wären wir nicht in dieser Scheißsituation.

Nur weil er wusste, dass ich es wusste, würde ich nicht mehr so tun können, als ob ich nicht wusste, dass er mich belogen hatte. Ich musste mich dazu verhalten. Eine Reaktion zeigen. Und zwar am besten die richtige. Die einer Frau, die für ihr Recht kämpft. Man musste jetzt enttäuscht und wütend sein, selbstbewusst. Die richtigen Sätze für die Situation gab es schon, ich hatte sie auf dem Weg zu Peter im Kopf gehabt. Man musste sagen: »Ich mach das nicht mit. Du Schwein. Es ist vorbei. Es ist Schluss!«

Dann muss man aushalten, was der andere macht, oder noch besser einfach gehen, weil man wirklich meint, was man gesagt hat. Aber das erschien mir als Möglichkeit doch sehr unrealistisch.

Klar, es war möglich, dass Peter sich einfach bei mir für seine Lügengeschichten entschuldigen und mich bitten würde, ihm zu verzeihen.

Dann würde ich natürlich sofort zugreifen, alles vergeben. Alles könnte sofort wieder gut sein zwischen uns.

Aber leider gab es auch zahlreiche andere Möglichkeiten, in denen ich nicht so glimpflich davonkommen würde.

Peter könnte sich für Marie entscheiden, er könnte wütend auf mich werden, oder er könnte einfach erleichtert sein, dass die Wahrheit endlich ans Licht gekommen war.

Mit den auswendig gelernten richtigen Sätzen standen die Chancen für mich und Peter letztlich 1 zu 9.

Peter würde Farbe bekennen müssen, ob ich die Sätze sagte oder nicht. Ich konnte ihm nix abnehmen und hatte damit die Kontrolle verloren.

Ohne dass ich gesehen hatte, wie er dort hingekommen war, stand Peter plötzlich vor mir auf der Straße, hob mich vom

Boden auf, trug mich in sein Auto und fuhr mich nach Hause. Wir redeten kein Wort, verknoteten uns, weinten und schliefen miteinander.

»Es ist mir egal, was passiert ist«, versicherte ich fast glaubhaft und mit letzter Kraft, denn warum er sich in Wahrheit von Marie nicht trennen wollte, war mir wirklich egal, wichtig war nur, dass er sich offensichtlich auch nicht von mir trennen wollte. Was bedeutet es schon, wenn jemand die drei Wochen, die er in New York sein sollte, in Wirklichkeit eine Straße weiter bei seiner Freundin, die eigentlich seine Exfreundin ist, verbringt?

Wenn man nicht da ist, ist es doch auch egal, wo man ist, und wenn er sagt, dass er mich liebt, was interessiert mich diese Marie.

»Ich wollte wirklich weg von zu Hause und bei dir leben, aber Marie hat das nicht verkraftet. Sie ist zusammengebrochen und hat wieder angefangen zu trinken. Sie kann ohne mich nicht leben, hat sie gesagt. Ich hab einfach Angst, schuld zu sein, wenn sie sich umbringt.«

Sein Alter und Geschlecht halfen ihm zusätzlich, denn seine Tränen bedeuteten mehr als meine.

Ich glaubte ihm, denn mir kommt die Situation bekannt vor.

Weil Marie wie mein Vater ist, zog Peter offiziell wieder zurück in den Bungalow. Obwohl der Koffer, die Zahnbürste und der Manchegokäse mit Rosmarinrand bei mir blieben und er auch wieder öfter über Nacht neben mir schlief, war ich keine offizielle Freundin mehr, sondern nur die Geliebte, die sich aber immer weniger geliebt fühlte.

Die Aufrüstung in meinem Kopf war nicht mehr rückgängig zu machen, ab jetzt roch ich überall Verrat, Lüge, Betrug und Berechnung.

LUZY Der blaue Fleck von der Vakuumpumpe ist leider kreisrund geworden. Für diese Form der Verletzung fehlt mir eine gute Geschichte. Sie kann nicht wie geplant von einem Unfall stammen, der Jonas' gebrochenen Arm alltäglicher wirken ließe. Tropische Krankheit? Blutegelangriff? Es ist mir auch egal. Ich werde so nicht weitermachen. Ich werde aufhören zu spielen und mein wahres Gesicht zeigen, dann kann jeder selber entscheiden, ob er es schön findet oder nicht. Dass ich gemocht werde, ist relativ unwahrscheinlich, denn mir ist alles egal, selbst Pferde.

Ich hab keine Hobbys, keine Interessen, keine Meinung.

Ich bin berechnend und glaube, dass alle anderen es auch sind.

Wenn ich keinen Höhepunkt beim Sex hab, warum sollte das bei anderen Frauen auch so sein? Ich bin nicht so blöd zu glauben, dass diese Orgasmussache was Psychisches ist. Das hat man uns Frauen untergejubelt, damit wir verantwortlich sind. So nach dem Motto: Du bist einfach nicht entspannt genug. Entspann dich! Jetzt! Sexuell bin ich sogar sehr entspannt, ich erwarte ja nichts.

Wie einfach man kommt oder nicht, hängt damit zusammen, wo sich die Nerven aus dem Rückenmark bündeln, das ist bei jeder Frau anders, das kann man nachlesen. Ich komme wunderbar alleine, wenn mich keiner stört. Ich mach dann auch keine Musik an oder bade in Rosenblättern, ich reib einfach rum, bis mir die Zähne klappern, und dann bin ich fertig.

Die Zeit der Gefangenschaft ist vorbei, ich verabschiede mich von Barbara Ottinger, die gerade einen aggressiven Labrador besteigt, um ihn zu dominieren. Ich muss das Haus verlassen, um zu meiner Verhandlung zu gehen, deren Ausgang mich wahrscheinlich ins richtige Gefängnis bringen wird, wo ich in Zukunft nicht alle Tiersendungen empfangen kann.

Ich gehe allein. Einen Anwalt habe ich mir nicht genommen. Die ganze Geschichte ist mir so unangenehm, dass ich sie niemandem erzählen will. Keiner soll in meinem Namen lügen, das mache ich dann schon lieber selber.

Jonas hat einen Anwalt.

Der Verteidiger steht zwischen uns, als wir im Flur darauf warten, in den Gerichtssaal gehen zu dürfen. Direkt in die Eyeline hat sich dieser Anwalt aufgebaut, so dass ich Jonas nicht sehen kann. Ab und zu schaut ein Bein von Jonas hinter dem Anwalt raus. Jonas' Beine sind ein bisschen krumm, er ist o-beinig wie ein Cowboy. Das ist keine Fehlstellung, das hat er sich von langer Hand antrainiert.

Jonas spricht zuerst. Was er sagt, ist schlimm. Ich bin schlimm. Fotos von der Wohnung werden gezeigt. Ich finde es übertrieben, denn schließlich ist ein zusammengeklapptes IKEA-Expeditregal jetzt kein Massengrab, das freigelegt wurde. Es folgt ein Gutachten des Arztes, der Jonas behandelt hat. Doppelter Bruch des Unterarms. Jonas' Knochen mussten zusammengeschraubt werden.

Ich weiß nicht, ob das mein neues ehrliches Ich ist oder einfach der Schock, aber ich schweige lieber. Es gibt nichts zu sagen. Jonas hat mich nicht ein einziges Mal angeguckt. Ich bin nicht mehr Luzy. Ich bin jetzt Frau Lopinski. So werde ich genannt.

Ich merke, wie Jonas' Anwalt meinen kreisrunden blauen Fleck anstarrt und sich seine Meinung über mich verfestigt. Das ist die verrückte Frau Lopinski.

Ich beginne zu verstehen, dass ich so nicht weitermachen kann. Ich geh mir selber auf den Sack.

Trotzdem. Jonas' Schilderungen des Abends sind verletzend und vor allem einseitig. Wenn das Gericht meine Seite des Ganzen kennen würde, dann würde ihm meine Reaktion auf

die Trennung völlig normal erscheinen. Es war ein Befreiungs-
schlag und damit ganz klar Selbstverteidigung.

Ich hole Luft, denn ich bin dran. Ich werde sagen, wie es
wirklich für mich war, mit ihm zusammen zu sein.

»Ich konnte es einfach nicht mehr aushalten«, höre ich mich
sagen und bin stolz. Ehrlichkeit.

»Was genau konnten Sie denn nicht mehr aushalten?«, fragt
der Anwalt.

Auch der Richter scheint ehrlich interessiert. Klar, die verrückte Frau Lopinski ist jetzt dran, man will wissen, was sie zu
sagen hat.

Sicher reibt sich Jonas' Anwalt schon unter seiner Robe vor
Vorfreude auf das Spektakel die Hände.

»Ich habe einen kleinen Seelentröster bekommen, nach fünf
Jahren Beziehung. Blumen. Blumen ohne Blüten, aus dem
Internet ... Verstehen Sie das? Er hat den Strauß nicht mal selber ausgesucht, sondern nur auf einen Knopf gedrückt. Und
eigentlich war das noch nicht mal freiwillig, sondern auf Nach-
frage!«

Es geht gar nicht um die Blumen. Jonas hatte versucht, meinem Wunsch zu entsprechen, und mir Blumen zum Geburtstag schicken lassen.

Auf Grund meiner Erfahrungen, was meine Geburtstage betrifft, dachte ich eigentlich, dass ich dieses Jahr alles richtig
gemacht hatte. Denn ich hatte beschlossen, zur Sicherheit aller
wegzufahren.

Als Jonas nicht fragte, mit wem, sagte ich »mit einer Freundin«. Mit einer Freundin, von der er wusste, dass ich sie nicht
hatte. Wir wussten beide, dass meine Reisepläne nicht echt
waren. Aber ich fand, der erfundene Geburtstagstrip mit einer
erfundenen Freundin war erstens eine schöne Aussicht und
zweitens die beste Idee, um uns beide an diesem gefährlichen

Tag voreinander in Sicherheit zu bringen. Ich war mir sicher, dass auch Jonas diese Lüge zu schätzen wusste.

Ich hab Angst vor Geschenken. Ich finde es furchtbar, etwas auszupacken und dabei beobachtet zu werden. Mein enttäuschtes Gesicht tut mir in dem Moment schon leid, wenn ich ein Paket von meinem Freund in die Hand nehme. »Hey, oh, was ist da wohl drin?« Vorgetäuscht neugierig, aber unterschwellig zitternd gefragt.

Den Grusel habe ich nur bei Männergeschenken. Was eigentlich dumm ist, weil ich mehr »keine Geschenke« als »schreckliche Geschenke« von Apollo, Peter und Jonas bekommen habe. Eigentlich kann man den Achtzehnern keine Vorwürfe machen. Ich habe sie alle völlig im Unklaren über meinen Geschmack, meinen Zustand und meine Wünsche gelassen. Ich wollte sie nicht enttäuschen. Sie gaben ihr Bestes. Was einfach nicht gut genug war.

APOLLO Das erste Mal »kein Geschenk« bekam ich von Apollo. Er hatte es einfach vergessen. Ich war sehr enttäuscht, denn obwohl ich mir nichts gewünscht habe, hatte ich mir wer weiß was versprochen.

Ich kannte bisher reichhaltig bestückte Geburtstagstische ohne böse Überraschungen, weil ich von meiner Mutter einfach exakt das bekam, was ich mir vorher im Geschäft ausgesucht hatte.

Ich hatte fünf Mal Geburtstag, während ich mit Apollo zusammen war. Nur einmal dachte er daran.

Obwohl ich im Sommer Geburtstag habe, bekam ich eine Schneekugel mit einer tanzenden Diddle-Maus.

Ich hab mich erschreckt. Das Ding war nicht einfach nur hässlich, sondern inhaltsleer. Ich versuchte zu verstehen, was mir Apollo damit sagen wollte. Weil es keine Erklärung gab, fragte ich irgendwann aus Verzweiflung nach. Aber die Antwort war noch schlimmer als das Geschenk an sich.»Ich dachte, du magst die.«

Mochte ich nicht. Natürlich hatte ich nicht laut gesagt:»Ich finde Schneekugeln mit tanzenden Diddle-Mäusen drin nicht gut«, aber ich nahm einfach an, dass Apollo das wusste. Die Schneekugel war ein Zeichen dafür, dass er mich nicht kannte. Und schlimmer noch, ich hatte plötzlich auch keine Ahnung mehr, wer er war. Vielleicht mochte er ja die tanzende Maus? Ich war auf einmal mit einem Fremden zusammen.

»Freust du dich gar nicht?« Mir standen die Tränen in den Augen, Apollo schien ernsthaft enttäuscht.

»Doch, ich bin nur gerührt.« Zur Bestätigung, dass meine Freude grenzenlos war, habe ich die Schneekugel einen Tag mit mir rumgetragen. Das war mein sechzehnter Geburtstag.

Berechtigterweise gruselte ich mich schon ein halbes Jahr vor meinem siebzehnten Geburtstag vor Apollos nächstem Geschenk. Um Schlimmeres zu verhindern, versuchte ich rechtzeitig klarzumachen, was mir nicht gefiel.»Iih, guck mal, wie hässlich diese Janosch-Enten sind. Die hasse ich richtig!«

Vieles wollte ich nicht haben, aber natürlich lag es nah, dass ich wieder was eklig süßes Mäusigentiges mit Bolleraugen bekommen würde. Es wäre nicht so schlimm gewesen, wenn wir irgendeinen Bezug zu diesen Kuschelviechern gehabt hätten, aber das Plastikkleintiergesocks hatte nichts mit meiner und Apollos Beziehung zu tun.

Apollo hatte nicht eine Sekunde investiert, um sich etwas auszudenken, sondern sich an einem Regal bedient, das reich bestückt war mit vorgefertigten Liebeserklärungen, die irgendwo in China für müde, einfallslose Männer in Form gegossen wurden, um dann mich und weitere Generationen zu überleben, weil Plastik dieser Art vierhundertfünfzig Jahre braucht, um zu verrotten. Und dann bleiben immer noch die Schwebstoffe im Meer. Leider konnte ich meine Meinung zu Diddle-Mäusen nachträglich nicht mehr widerrufen, denn ich hatte die Schneekugel einfach zu stolz herumgezeigt. Zu meiner großen Erleichterung vergaß Apollo meinen siebzehnten, achtzehnten und neunzehnten Geburtstag.

Dafür bekam ich jedes Jahr zu Weihnachten unterschiedliche Diddle-Mäuse in Schneekugeln, die ich neben meinem Bett im Keller aufstellte und die dafür sorgten, dass alle möglichen Leute mir weitere schenkten, weil sie dachten, dass ich eine leidenschaftliche Sammlerin der fiesen Maus war.

PETER Von Peter war eigentlich mehr zu erwarten. Er hatte Geld, Geschmack und schmiss mit Liebesbeweisen um sich. Ich täuschte mich nicht. Er lud mich zu meinem Geburtstag ein, mit ihm nach Venedig zu fahren. Ich freute mich wahnsinnig.

Kurz vor der Reise wurde Peter krank. Grippe. Er hatte bei einem Nachtdreh zu lange im Regen gestanden. Schon damals gab es für mich nichts Schöneres, als einen kranken Freund zu haben, der ans Bett gefesselt ist und nicht wegkann. Man kann sich dann nach Herzenslust kümmern, ohne aufopfernd oder devot zu wirken.

Man sorgt sich berechtigterweise und muss die eigene manische Fixiertheit auf den Partner nicht verstecken. Geschenke, kochen, Amüsierprogramm, alles ist erlaubt, weil es unter die Kategorie Lebensrettung fällt. Nichts ist übertrieben, wenn es darum geht, jemand vor dem Tod zu retten.

Peter lag bei mir im Bett und ließ sich mit Hühnersuppe füttern. Wir schauten Filme, und ich rieb ihm seine Brust mit Wick Vaporub ein. Ich fand sogar irgendein Kleidchen, das als Krankenschwesternuniform durchging. Er fand das toll.

»Ich will einfach immer Sex mit dir«, erklärte er mir schon ganz am Anfang unserer Beziehung. Das stellte er auch überall stolz unter Beweis, indem er meine Hand in seinen Schritt drückte oder gleich an Ort und Stelle seinen steifen Penis zum Beweis präsentierte. Anfangs bezog ich seine Dauergeilheit noch auf meine verführerische Wirkung, bis ich feststellte, dass es mehr darum ging, dass er mithalten wollte. Mit jemand, der jünger und potenter war als er und den es nicht gab, auf den er aber eifersüchtig war. Weil ich jung war, verstand ich diese Angst noch nicht. Ich war frisch wie eine Blüte und weit davon entfernt, zum alten Eisen zu gehören.

Wie Peter musste also auch ich immer bereit und voll Lust sein, sonst wurde er sehr schnell ungehalten. So hatte ich eine Menge lustfreien, leidenschaftlichen Sex an ungewöhnlichen Orten.

Peter wollte auch mit mir schlafen, als er 41 Grad Fieber hatte. Besonders attraktiv war der rotzige, röchelnde Typ nicht, vor allem hatte ich aber einfach Angst, ihn zu töten. Also zog ich mich aus der Affäre. Das ging nur, weil ich nicht ich, sondern die Krankenschwester war, die zwar cockteasermäßig rumwackelte, aber natürlich aus professionellen Gründen nie was mit ihren Patienten anfangen würde.

Am Tag vor der Reise nach Venedig fühlte sich Peter wieder so gut, dass er unbedingt fahren wollte. Weil er es so romantisch fand, hatte er ein Schlafwagenabteil mit Ausklapppritsche statt einen Flug gebucht.

Schon auf der Taxifahrt kratzte mein Hals, und eine halbe Stunde später wurde ich von einer Fieberwelle gepackt.

Peter hingegen war guter Laune und durch meine Intensivpflege von bester Gesundheit. Er wollte, dass wir zusammen auf der tollen Pritsche schliefen, möglichst nah, am besten aufeinander mit ineinandergesteckten Geschlechtsteilen.

»Ich fühl mich irgendwie gar nicht so gut, wahrscheinlich habe ich mich angesteckt.«

»Kann gar nicht sein, wir haben doch gar kein Sex gehabt.«

Gut, Peter kam aus einer Zeit, in der es noch kein Penicillin gab und in der man sich Reagenzgläser mit Uran als leuchtenden Partyspaß in die Brusttasche steckte, trotzdem dachte ich, er müsste verstehen, dass direktes Anniesen eine gewisse Gefahr der Ansteckung bot.

Ich fand die Idee mit Venedig wirklich schön, und ich wollte auf keinen Fall zum nächsten Geburtstag eine Schneekugel bekommen. Es brauchte eine positive Bestätigung zu seinem Geschenk. Dazu hätte mir auch Barbara Ottinger, die Wolfsfrau, geraten, wenn es sie damals schon gegeben hätte. Deswegen hatte ich den schlimmsten Sex meines Lebens. Aber auf einer dreißig Zentimeter breiten Liege in einem fahrenden Zug mit einem ein Meter neunzig großen hundertjährigen Mann wäre der Sex auch ohne Grippe blöd gewesen. Die Reise war dann insgesamt sehr doof. Auch wenn ich eine unheimlich gute Schauspielerin bin, war doch die Rolle der gesunden, glücklichen, frischverliebten, interessierten Liebestouristin mit Fieber eine Nummer zu groß für mich.

Wenn der Körper nicht mehr mitspielt, kann man sein wahres Ich nicht mehr verstecken. Dann sagt die Seele nämlich zum Körper:

»Geh vor, auf mich hört sie nicht.«

Ich hab mir alles reingeknallt, was in der Reiseapotheke zu finden war, auch was gegen Durchfall, nur um sicherzugehen. Tagsüber fuhren wir in Gondeln und machten Sightseeing, nachts versuchte ich sehr angestrengt aus Wut mit meiner Fiebermuschi seinen Schwanz zu verbrennen. Aber 40 Grad scheinen genau die Temperatur zu sein, in der sich Penisse am wohlsten fühlen. An meinen Geburtstag selbst erinnere ich mich nicht mehr.

Aber mir muss die Hutschnur geplatzt sein. Das Letzte, an das ich mich erinnere, war, dass wir besoffen in einer Badewanne saßen. Wir hatten zum Reinfeiern ein paar Flaschen Wein getrunken, und weil ich auf Peter einen so müden Eindruck machte, haben wir auch ein bisschen gekokst.

Als ich am Morgen aufwachte, war das Bett voller Prosciutto cotto, der offensichtlich über Nacht getrocknet war, denn man konnte nicht sofort erkennen, um was es sich bei den trockenen hautartigen Fetzen handelte. Ich untersuchte erst Peter, der neben mir lag, und dann mich. Aber an uns war noch alles dran. Ich war einigermaßen entsetzt, denn ich brachte das Chaos im Bett und den Kochschinken nicht zusammen.

»Was ist passiert?«, fragte ich, als ich Peter weckte.

Der wurde wütend, stand schnell auf und suchte wortlos seine Sachen zusammen. Ich lief ihm hinterher, bis er mich schließlich anschrie:

»Du hast mir ein Clubsandwich ins Gesicht geschlagen!« Wenn er nicht so einen hasserfüllten Ausdruck dabei gehabt hätte, hätte ich gelacht. »Du hast gesagt, ich wäre ein alter blöder Arsch.« Es konnte gut sein, dass ich das gesagt hatte, denn es war das, was ich über ihn dachte, seit er nicht in New York gewesen war.

Obwohl ich weinte und Geburtstag hatte, reisten wir ab.

»Dir gefällt es hier doch eh nicht. Du hast die ganze Reise nur eine Fresse gezogen.«

Das war mein dreiundzwanzigster Geburtstag.

JONAS Deswegen war ich mir dieses Jahr auch so sicher, dass ich im Sinne aller handle, wenn ich die gefährliche Situation des Geburtstages einfach eliminiere. Alleine wegzufahren erschien mir die beste Lösung, um mir und Jonas das alles zu ersparen.

»Du kannst mir ja einfach ein paar Blumen schicken, darüber würde ich mich freuen.« Sagte ich nebenbei abschließend, als ich Jonas über meine erfundene Geburtstagsreise mit der erfundenen Freundin informierte.

»Ach toll, das mach ich bestimmt«, erwiderte er liebevoll. Dass ich Blumen haben wollte, war eigentlich nur als Witz gemeint, ernst wurde der Wunsch für mich erst durch seine Zusicherung.

Der Fehler war dann auch nicht, dass ich ihm die Adresse des Hotels aufschrieb und mehrfach und an unterschiedlichen Orten in seiner Wohnung hinterließ, damit sein Strauß auch ankommen würde. Auch nicht, dass ich an meinem Geburtstag alleine auf meinem Hotelzimmer saß und auf die Blumen wartete. Der Fehler war, dass ich mich lange und ausgiebig auf die Blumen eingestellt hatte. Ich stellte mir einen großen Strauß vor, wie frisch von einer Sommerwiese gepflückt, mit einer duftenden Karte aus erlesenem Papier. Ich hatte vor meiner Abreise extra viel über Blumen geredet, um ihm zu helfen. »Was sind deine Lieblingsblumen?« Schulterzucken auf Jonas' Seite. Auf seine Gegenfrage zu warten war aussichtslos und ein unnötiges Risiko. »Kornblumen, ich liebe Kornblumen!«, trug ich eindringlich und wiederholt vor.

Das Hotelzimmer war hässlich. Es gab auch keinen Grund, für ein schönes Geld auszugeben. Wenn keiner außer mir da war, der sich über Luxus freut, ist er mir auch egal. Im Hotel gab es einen Spabereich, der aus einer ausgeschalteten Sauna und einem Kneippbecken bestand. Ich watete ein paar Runden durch das Fußbecken, dann war mir langweilig.

»Ist für mich etwas abgegeben worden?«

»Nein, leider immer noch nicht.«

Ich vertraute der Rezeptionistin nicht eine Sekunde. Die Blumen auf ihrem Pult waren morgens noch nicht da gewesen. Sehr wahrscheinlich waren es meine. Kein wunderschöner

Strauß, aber hier und da sah man das herrliche Blau einer Kornblume durch das Grün blitzen.

»Schöne Blumen!« Ich ließ sie nicht aus dem Auge, um ihre Reaktion zu überprüfen. Wer lügt, guckt nach oben links, aber die Dame schaute mir gradewegs in die Augen.

»Ja, oder? Habe ich von meinem Mann bekommen.«

»Warum?« Die Rezeptionistin betrachtete liebevoll die Blumen, als meine Frage sie aus ihren Träumen riss.

»Oh, keine Ahnung, ich glaube, einfach so.«

»Aha.«

Zurück auf dem Zimmer, schaute ich Fernsehen. Um 14 Uhr kam der Anruf meiner Mutter.

»Happy Birthday, mein süßer Schatz! Wie ist die Reise, habt ihr Spaß?«

In der Reiseversion, die ich meiner Mutter erzählt hatte, war ich zusammen mit Jonas gefahren.

»Ich bin alleine in einem ganz hässlichen Hotel!« Auf einmal konnte ich nicht mehr lügen, ich brauchte jemanden, der mich bedauerte.

Meine Mutter kam zwei Stunden später im Hotel an. Sie wollte, dass wir den »grässlichen Schuppen« augenblicklich verlassen, um in das beste Hotel am Platz umzuziehen. Unabhängig davon, dass es diesen Ort nicht gab, konnte ich nicht gehen, bevor Jonas' Blumen eingetroffen waren. Ich wollte auch nicht essen gehen. Es musste jeden Moment so weit sein, denn der Tag neigte sich seinem Ende zu. Je später es wurde, desto größer wurde der Strauß in meinem Kopf. Kurz vor Mitternacht war ich der festen Annahme, dass Jonas ihn persönlich bringen würde. Um fünf nach zwölf war ich mir sicher, dass er mir die Blumen extra nicht geschickt hatte, um mir durch die Blume zu sagen, dass er eine wie mich nie lieben könnte.

»Was für ein blöder Typ.« Fand meine Mutter.

»Das ist mein Freund, den ich sehr liebe, der ist überhaupt nicht blöd! Und alles ist deine Schuld. Weil du gesagt hast, dass ich mich mit Männern nicht anlegen soll!«

»Wann hab ich das gesagt?« Meine Mutter war über die Attacke einigermaßen überrascht. »Ich meine nur, dass man Männer nicht so ernst nehmen sollte.«

»Warum machst du da immer so eine Geschlechtersache draus?«

»Weil das so ist. Es ist einfach schwachsinnig zu erwarten, dass man gleich ist, wenn es ganz offensichtlich nicht so ist.« Meine Mutter mimt zur Unterstützung ihrer These mit ihrem Zeigefinger im Schritt einen kleinen beweglichen Penis. »Du musst einfach gucken, wo du bleibst, Luzy, sonst überrollen die dich, ohne dass sie es merken.«

»Das ist doch kein Krieg!«

»Wenn du dich misst, dann schon. Deine Liebe ist das Schönste, was du zu geben hast, und wer die nicht will, der ist es nicht wert. Darum kann man nicht kämpfen. Das ist ganz einfach.«

Ich weinte still, während meine Mutter meine Haare streichelte. Irgendwann schlief ich ein.

Während ich am nächsten Tag die Spuren meines Geburtstages aus meinem Gesicht schminkte, um zu Hause vor Jonas einen glücklichen Eindruck zu machen, kam meine Mutter freudestrahlend mit einem eingepackten Strauß in der Hand ins Badezimmer.

»Schatz, guck mal, was gerade für dich abgegeben wurde!« Mit zitternden Händen nahm ich die Blumen entgegen und riss das Papier auseinander.

Der Strauß sah aus, als hätte man vergessen, Blumen einzubinden. Als hätte man aus einem richtig vollen Arm von dem grünen Zeug, das keiner mag, das man aber oft um die Blumen herummacht, einen Strauß geformt. Da war keine Blüte, keine Knospe, nix. Nur Grün. Ich schrie vor Enttäuschung und Müdigkeit laut auf und zerfetzte den immergrünen Busch. Meine Mutter sammelte die Äste und Heckenteile vom Boden auf.

»Schatz, da ist noch eine Karte.«

Tatsächlich hatte jemand mit krakeliger Kinderhandschrift notiert: »Kleiner Seelentröster, www.quickflowers.de, bestellt von Jonas Dunker«.

Ich war fassungslos. Für mich gab es nur eine Erklärung.

»Du hast mir das geschickt.« Bestimmt hatte meine Mutter den Strauß in Jonas' Namen bestellt. Es war wie mit den toten Tieren in meiner Kindheit, sie führte mich hinters Licht, um mich vor der Enttäuschung zu beschützen.

»Nein. Das habe ich nicht.«

»Warum hast du das gemacht, Mama?« Klar, es war sicher lieb gemeint. Trotzdem war ich außer mir vor Wut. Meine Mutter fühlte sich zu Recht an die Wand gedrückt.

»Ich hätte dir niemals so einen hässlichen Strauß ausgesucht, für wen hältst du mich?« Sie hatte recht. Mama war eine Frau mit Hang zur Opulenz und mit grünem Daumen. Jonas war ein Arsch, dem ich egal war. Der Strauß kam eindeutig von ihm.

Es war meine Schuld. Ich hatte vorher gewusst, dass ich mich selber in die Scheiße reiten würde, wenn ich Erwartungen habe. Nur wenn man keine hat, kann man nicht enttäuscht werden. Aber ich wollte Blumen, weil ich irgendwas haben wollte. Ich brauchte einen Beweis dafür, dass noch jemand anderes außer mir in dieser Beziehung war.

Das war mein dreißigster Geburtstag.

LUZY »Ein Strauß Blumen ist kein Grund, Herrn Dunker den Arm zu brechen«, sagt Jonas' Anwalt.

Er hat keine Ahnung, und ich kann es nicht erklären. Unter dem Wutausbruch in der Nacht der Trennung liegen so viele

Schichten, dass ich den eigentlichen Grund für mein Handeln selbst nicht kenne. Sehr wahrscheinlich gibt es gar keinen benennbaren.

»Es war eine Ausnahme. So was ist vorher noch nie passiert, stimmt's, Jonas?«

Jonas guckt mich nicht an. Er hat Angst.

»Hey, guck mich an, wenn ich mit dir rede!« Ich bereue meinen unüberlegten Tonfall sofort. Aber da ist es schon zu spät, denn meine hasserfüllten Worte prallen gerade auf das Trommelfell von Jonas' Anwalt.

Alle starren mich an. Weil das Kind schon in den Brunnen gefallen ist, kann ich auch gleich weitermachen. Yeah, let's escalate:

»Es ist eine Frechheit, mir alles anzuhängen, wenn man bedenkt, dass ich mich mindestens vier Jahre lang 24 Stunden am Tag für dich aufgeopfert hab. Ich hab alles gemacht, alles!« Wieder geschrien. Wieder, ohne dass ich es will. Bekloppter Roboter auf Stufe 5.

»Ich wollte gar nicht, dass du irgendwas für mich machst!« Männer können nicht schreien, weil ihre Stimmen einfach nur laut und stark werden.

»Hätte ich nichts für unsere Beziehung gemacht, wäre gar nichts passiert. Wir wären nicht mal zusammengekommen. Du schaffst doch von alleine nichts.« Noch lauter geschrien. Noch gemeiner geworden.

Jonas und sein Anwalt reden miteinander, dann steht Jonas auf und verlässt den Raum.

»Wieso darf der gehen? Wieso gehst du?« Jonas geht, ganz klar, einfach raus, weg von mir. Schon wieder.

Ich stehe auf, renne hinterher und packe ihn an seinem kaputten Arm. Jonas schreit, der Anwalt schreit, der Richter schreit. Ich werde festgehalten.

Ich kann nicht fassen, dass mich keiner versteht, obwohl ich mir so laut, deutlich und ehrlich Luft gemacht habe. Aber es ist, als hätte ich das Gericht auf Japanisch zusammengebrüllt, für andere spreche ich in Rätseln.

Als es mir wieder besser geht, habe ich eine einstweilige Verfügung bekommen. Ich darf Jonas nicht näher als hundert Meter kommen. Außerdem muss ich Sozialstunden leisten und Schmerzensgeld zahlen. Das ist das Ergebnis aus einer Stunde Authentizität.

Mir ist alles recht, denn mir ist alles egal.

Wahrscheinlich wird sich Jonas von dem Schmerzensgeld mal wieder einen Flug nach New York kaufen und abhauen. Wie damals, als er spontan mit Christoph und der französischen Pfanne dorthin gejettet war.

New York ist mein Sehnsuchtsort, denn es ist das Berlin für Berliner.

Wenn ich es mir aussuchen könnte, wäre ich natürlich ein glücklicher kultivierter Hipster, am Puls der Zeit mit ganz vielen Freunden, JETZT IN BERLIN.

Staunen, entdecken und mich selbst finden an einem Ort, der zwar fertig, aber ständig im Umbruch ist.

Aber ich kann über Berlin nicht staunen, denn es ist mein langweiliges Zuhause.

Mir wäre Jonas in New York ehrlich gesagt lieber als die hundert Meter Abstand, die mir abverlangt werden und die sich viel weiter anfühlen. Besser noch wäre Hannover, denn da ist es langweilig, und ich werde dort mit Sicherheit nie hinwollen.

»Sie dürfen Herrn Dunker bis auf weiteres nicht näher kommen als hundert Meter, sonst wird das richtig blöd für Sie.« Wird mir noch mal erklärt, um sicherzugehen, dass ich es auch verstanden habe.

Aber es ist schon jetzt blöd, denn Jonas ist nicht tot und auch nicht in Hannover, sondern 13,5 Minuten entfernt im blöden Prenzlberg.

Tim muss mich vom Gericht abholen. Irgendjemand hat ihn angerufen. Wahrscheinlich ich.

Der Vogelmann hat wieder Mitleid mit mir, denn er mag mich, kein Wunder, denn er kennt meinen wahren liebenswerten Kern. Für ihn bin ich jemand, der in den Raum kommt und sich einfach auf einen Stuhl setzt. Und es stimmt, wenn ich mich in Tims Anwesenheit niederlasse, geschieht das ohne Abwägungen und Vorausplanung. Kein: Welchen Platz hätte ER wohl gerne? Was heißt es, wenn wir nebeneinander statt voreinander sitzen? Warum nimmt er mich eigentlich nicht auf seinen Schoß?

Man kann es kaum glauben, aber wenn ich mit Tim zusammen bin, setze ich mich einfach, weil ich sitzen will. Dann bin ich einfach die ungeschminkte, echte Luzy mit der tiefen Stimme, die ich habe, wenn ich nicht mit einem Mann rede, den ich liebe. Meine Liebesstimme ist höher, säuseliger und kippelig. Sie stellt sich von selber ein, wenn ich verliebt bin, und aus, wenn der jeweilige Mann außer Hörweite ist.

Tim findet, dass ich mich auf dem Weg der Besserung befinde.

Ich schimpfe auf Jonas, während ich neben meinem Mitbewohner durch den Baumarkt laufe. Was ich brauche, ist ein Laserentfernungsmesser für 35 Euro 95. Auf dem Parkplatz probiere ich ihn sofort aus, um herauszufinden, wie weit hundert Meter eigentlich sind.

Weit, finde ich.

Ingesamt bin ich erstaunt über meine Messungen. Es sind ein Meter dreißig von meinem Kinn zu meinen Füßen. Zwischen mir und Tim im Bett sind vierzig Zentimeter.

Daran lässt sich nicht rütteln, das ist so. Es steht hier auf der digitalen Anzeige. Jeder kann es sehen, und wenn er es nicht glaubt, nachmessen. Es sind Werte, die in irgendwelchen Listen stehen wie die Laufzeiten, die die Sportnoten in Leichtathletik festlegen. Der Entfernungsmesser ist wie ein Geigerzähler, der erst knackt, wenn was verseucht ist, man kann sich auf ihn verlassen. Wenn es Messgeräte fürs Privatleben gäbe, hätten wir alle weniger Schwierigkeiten. Liebe nach Euronorm. »Ich sehe es doch hier auf der Anzeige, du bist 0,5 unter dem Durchschnittswert, da müssen wir doch gar nicht weiter über eine Beziehung diskutieren.«

Es sind hundertein Meter zwanzig von Lidl zu Jonas' Hauseingang, stelle ich fest. Einen Meter zwanzig kann ich noch, ohne mich strafbar zu machen. Aber wo hundert Meter anfangen, ist mitten auf dem Bürgersteig, da kann man nicht sitzen. Das muss ich aber, denn sitzend wirkt man viel weniger verrückt als mitten auf der Straße stehend und glotzend.

Bei hundertein Meter zwanzig finde ich einen guten Platz vor Lidl auf einem kleinen Treppenabsatz. Leider kann man von hier unten den Hauseingang nicht sehen, es parken zu viele Autos davor. Also stehe ich doch wieder auf und lehne mich an die Hauswand. Das geht, das ist zwar auch Stehen, aber kein verrücktes Stehen mitten auf der Straße.

Ich bin schließlich kein Stalker.

Heute bin ich nicht der goldene Buddha, sondern eine dieser Steinriesenskulpturen von *Herr der Ringe,* an denen die Gefährten mit ihren Booten vorbeifahren müssen, um irgendwo hinzukommen. Genau so einer bin ich. Es ist ein endloses Unterfangen. So nach dem Motto: »Warten Sie auf den Lift?«

»Nein, ich warte, dass die Etage runterkommt.«

Mich beruhigt es, hier zu sein. So kann ich ihn wenigstens sehen. Überraschenderweise macht Jonas ganz normale Sachen. Müll rausbringen, einkaufen, Kaffee trinken. Mein Laser zeigt mir den Abstand an, den ich einhalten muss.

Er weiß natürlich nicht, dass ich da bin, darauf pass ich auf. Mir ist egal, was Jonas mit wem wann macht. Für mich ist einzig und allein wichtig, dass ich nur Pause habe, wenn ich ihm folge. Mit der Realität vor Augen habe ich einen Moment Frieden vor meiner Fantasie.

Ich brauche jetzt Platz im Kopf, um mir zu überlegen, wie ich weitermachen soll mit meinem eigenen Leben. Während ich Jonas und Christoph durch den Mauerpark verfolge, erlaube ich mir mal wieder ganz kurz, ehrlich zu mir zu sein.

Ich will endlich allein sein können.

Ich latsche sinnbildlich schon den ganzen Tag hinter dem Typen her und verschenke dabei kostbare Zeit, die ich für mich oder andere Sozialfälle nutzen könnte, die Hilfe brauchen.

Seit fünfzehn Jahren interessiere ich mich nur für Männer, ohne auch nur im Entferntesten einen Gedanken an die Welt zu verschwenden. Ich bin noch weniger politisch als Käse. Schlimmer noch, durch mein Verhalten dreht sich die Zeit zurück, in ein Jahrhundert, in dem Frauen ohne Rechte waren. Ständig bereit, dem Mann zu dienen, und der größte Wunsch war, gut verheiratet in einem warmen Heim unterzukommen. Was ist los mit mir, wieso bin ich so rückschrittlich?

Das Problem ist, dass ich keine Zeit für mich brauche, weil ich nichts hab, was Zeit kostet.

Klar, ich mache Sport und gehe gern einkaufen, aber langfristig nur, damit ich mehr geliebt werde. Meine Gesundheit interessiert mich einen Dreck. Obwohl ich es genau wie meine Mutter schlimm finde, dass mein Glitzeroberteil in Indien von einem fünfjährigen Mädchen hergestellt wurde, so nehme ich das gerne in Kauf, wenn mich ein Mann in Glitzer begehrenswert findet. Komplimente sind eine Währung mit hohem Wert, egal auf wessen Kosten.

Ich weiß, dass ich die Welt schlechter mache. Meine Scham ist eine Sache. Mich wundert aber eigentlich mehr die Tatsache, dass mich diese Erkenntnis zu null Prozent aufrüttelt. Ich sehe zu, wüsste, was zu tun wäre, und stehe trotzdem nicht auf. Warum?

Neunundneunzig Meter fünfzig. Das ist zu nah, ich muss langsamer gehen. Ist mir nur recht, mir tun die Füße weh. Eigentlich will ich mich sogar hinsetzen. Ein Anfang. Ich will was. Wenn ich mich niederlasse und Jonas weitergeht, werden sich unsere Wege trennen. Es ist eine symbolische Tat. Die Bank kommt und damit der Plan: Ich werde mich setzen. Ich setze mich. Ich habe mich hingesetzt. Auf den eigenen Po.

Aber hundert Meter weiter ist man offensichtlich auch müde, und obwohl da nicht mal eine Bank ist, lassen sich Jonas und Christoph auf das zertrampelte Mauerparkgras fallen, um eine Pause zu machen.

Ich muss ein bisschen weinen vor Enttäuschung.

Das mit dem Sitzenbleiben hätte ich gerade noch geschafft, und nun das. Keiner kann von mir verlangen, dass ich einfach aufstehe und in eine andere Richtung gehe.

Aber es ist sogar noch schlimmer, muss ich feststellen.

Weil mein Kopf diese Berechnungen anstellt, konnte ich sehr wahrscheinlich schon voraussehen, dass Jonas eine Pause brauchte, bevor er sich hingesetzt hatte. Jonas ist kein großer Spaziergänger, er findet Bummeln unnötig und anstrengend, denn er hat einen Senkspreizfuß. Außerdem hatte er schon lange nicht geraucht, und rauchen tut er immer nur im Sitzen, denn »beim Gehen ist das asi«.

Dass ich hier sitze, ist also keine symbolische Tat der Befreiung und noch weniger etwas, das ich nur für mich getan habe.

Es ist Selbstbeschiss, denn ich wusste, was kommt.

Mir war nicht klar, dass ich mir nur der Hälfte meiner berechnenden Taten bewusst bin. Ich kalkuliere den anderen automatisch in meine Handlungen mit ein.

Nebenan wird geraucht und geredet, die Minuten vergehen. Ich sitze fest. Aufstehen und weggehen geht nicht, das schaffe ich aus eigener Kraft nicht.

Also habe ich Zeit, mich vorzubereiten. Aufs Sitzenbleiben. Denn irgendwann müssen die beiden ja nach Hause gehen, und wenn sie dann aufstehen, bleibe ich sitzen.

Sicher reden sie über mich.

»Alter, bin ich froh, dass Luzy weg ist!« Wie in einem Bild von Roy Lichtenstein: Jonas in bunten Punkten auf einer Bank, mit Sprechblase: »I hope she's gone forever...«

Eigentlich müsste jetzt die Geheimwaffe Christoph greifen. Dazu hatte ich ihn schließlich ausgebildet. Er war ein Verbündeter im anderen Lager für den Fall der Fälle.

Schon früh war klar, dass man, um in Jonas' Herz einen Platz zu finden, einen Umweg über Christophs Aorta machen musste. Also spielte ich über Bande. »Ich liebe die Natur!« Christoph liebte die Natur, also liebte Jonas die Natur, also liebte ich die Natur. »Survival muss richtig Spaß machen, also so in der Gruppe mit ein paar Leuten!«, erklärte ich, weil ich alleine mit Jonas ans Meer fahren wollte. Da das aber unrealistischer als eine Mondfahrt war, griff ich erst mal nach den erreichbaren Sternen.

»Das würde ich echt gerne mal machen!«, erklärte ich Christoph, der mit im Boot sein musste, damit Jonas auch einsteigen würde. »Geile Idee!« Christoph war begeistert.

Ich mochte ihn wirklich, also fiel es mir nicht schwer, nett zu Christoph zu sein, aber am Ende fuhren Jonas und er natürlich alleine zum Survival und von da aus nach New York.

Bei Peter war ein eindeutiges Problem, dass wir immer nur alleine waren. Ich kannte keinen seiner Freunde, falls es sie

I hope she's gone forever...

überhaupt gab. Wir liebten im Geheimen. Da war niemand, der zu ihm hätte sagen können:»Die süße Luzy würde ich an deiner Stelle nie mehr wieder loslassen.«

PETER Als Peter wollte, dass ich ihn zu einer Filmproduktion in die Alpen begleitete, konnte ich mich keine Sekunde freuen, denn irgendwas steckte sicher dahinter.

Ich wurde von ihm als Frau Wolf eingecheckt. Es war, als hätte jemand eine Lampe ausgeschaltet. Die Motten in meinem Bauch, die seit der New-York-Geschichte nicht mehr zur Ruhe kommen wollten, fielen automatisch wie betäubt zu Boden. Ich war keine Geliebte, keine Freundin, sondern Peters Frau. Wenn auch nur für den Hotelier, der deswegen für den Rest der Reise mein bester Freund werden würde. Er hieß Frank. Eigentlich wollte ich ihm auch das Du anbieten, aber mein neuer Name Frau Wolf, mit dem er jeden Satz begann, gefiel mir einfach zu gut.

Während Peter arbeitete, musste ich mich selbst beschäftigen. Nach ein paar Tagen, als ich mit Hilfe meines neuen besten Freundes unser Zimmer so wohnlich wie möglich eingerichtet hatte, um ein Gefühl von zu Hause herzustellen, begab ich mich auf einen Berg, um Ski zu fahren.

Aber als ich mit meinen Skiern zum Schlepplift humpelte, fand ich die Vorstellung, auf so einen Teller aufzuspringen, überhaupt nicht lustig. Ich stand eine ganze Weile neben der Schlange, bis mich jemand von hinten anmeckerte.

»Nu entscheid dich mal.« Ich stapfte in die Reihe. Als ich dran war und der Teller um die Ecke kam, packte mich das blanke Entsetzen. Auf einmal hatte ich Angst, dass sich das Ding in meiner Kleidung verfangen würde und ich hinfiel. Runde um Runde würde mich der Lift mitschleifen, über den harten gefrorenen Boden, bis ich nur noch ein blutiger, eiskalter Klumpen wäre.

Der Liftmann brüllte mich an, aber ich machte nicht mal Anstalten, den fliegenden Teller zu greifen. Stattdessen fing ich an zu heulen. Die ganze Unsicherheit der letzten Wochen brach über mich herein. Ich hatte mich verhakt und kam nicht mehr raus. Der Liftmann stoppte aus Mitleid die Maschine und drückte mir den Teller in die Hand. Dann betätigte er erneut den Hebel, und der Lift zog an. Weil er mir den Teller nicht unter den Po geschoben hatte, klammerte ich mich mit aller Kraft daran fest, während ich nach oben gezogen wurde.

Der Weg war steil, und meine Arme drohten unter meinem Gewicht aus den Schultergelenken zu reißen. Was mache ich hier eigentlich? Woher kommt die Kraft für die ganzen Männeraktionen, wenn ich mir für mich selbst nicht mal die Mühe mache, Butter unter den Käse zu streichen? Loslassen war keine Option, also biss ich die Zähne zusammen. Dann ratterte es, denn die letzten Meter waren geschafft. Ich konnte durchatmen. Kurz wollte ich jubeln, weil ich es geschafft hatte, bis ich das Tal sah. Von einem plötzlichen Schwindel erfasst, musste ich feststellen, dass ich so weit gar nicht gedacht hatte. Was macht man eigentlich, wenn man oben angekommen ist und gar nicht Ski fahren kann?

Zurück im Hotel, war ich erschöpft und verheult. Ich ging zur Rezeption, um härtere Kissen zu bestellen. Peter konnte auf den weichen nicht schlafen. Offensichtlich war Drehschluss bei Peters Film, denn die ersten Menschen mit Funktionskleidung kamen stöhnend zurück. Ein bebrillter Mann stellte sich neben mich an die Rezeption, als Frank aus dem Bettenlager um die Ecke kam.

»Frau Wolf, leider haben wir keine andere Kissenstärke.«

»Aber Frank, das kann ich einfach nicht glauben, zur Not

kann man die doch stopfen. Ich kann das gern übernehmen, ich bräuchte nur ein weiteres Kissen und Nähzeug.« Frank nickte.

Der bebrillte Mann neben mir schaute mich erfreut an.

»Ach Marie, das finde ich ja toll, dich endlich kennenzulernen!« Ich glotzte wie eine von den Kühen, die neben dem Hotel auf der Wiese wohnten.

»Ich bin Ben. Wir kennen uns noch nicht, weil ich wegen der OP meines Vaters nicht zur Hochzeit kommen konnte.«

»Ach, schade, es war ein sehr schönes Fest.« Wie von einer Kassette abgespielt.

»Wie lange bist du schon da, Peter hat gar nichts gesagt, oder hat er dich die ganze Zeit versteckt?«, fragte mich Ben interessiert.

»Ski, ich fahr Ski.« Ich wollte nur noch meinen Schlüssel entgegennehmen, um mich in Sicherheit zu bringen. Nur schnell weg von dem blöden Brillenmann, der meine Welt in Unordnung brachte, indem er mich auf den Boden der Tatsachen runterstürzen ließ.

»Find ich toll! Meine Frau hat auch noch bis zum achten Monat Sport gemacht.« Zu meinem Entsetzen griff er nach meinem Bauch. »Aber bei dir sieht man ja eh noch gar nix.«

Für ihn und Frank war ich Marie Wolf. Verheiratet und schwanger, von Peter. Aber ich war nur Luzy, allein, ohne Liebesschwur und Kind von Peter.

»Was ist los mit dir?« Ich biss mir auf die Lippen, bis sie innen bluteten, denn ich wusste, dass jedes Gespräch mit Peter nur mit einer Trennung enden konnte. Als er merkte, dass ich was ahnte, fragte er nicht mehr nach. Wir schliefen ganz viel miteinander, damit wir nicht reden mussten.

Ich wäre wahrscheinlich gar nicht abgereist, wenn Peter nicht das Hotel gewechselt hätte.

»Morgen kommen ganz kurzfristig zwei Zusatzbeleuchter. Da macht der Herr Produzent natürlich Platz, wie sich das gehört. Ich gehe ins Edelweiß, in so eine Kammer. Das war das einzige noch freie Zimmer. Aber ich habe dir einen Zug rausgesucht, der morgen ganz früh fährt, dann bist du nachmittags schon wieder in Berlin. Ist doch super.«

Es war der Tag, als der Krieg losbrach, eine direkte Folge von dem eingestürzten Turm, in den vorher das Flugzeug gesteuert worden war.

Das hörten wir im Autoradio, als Peter mich um 4 Uhr morgens zum Bahnhof brachte. Noch früher wäre Jurazeit gewesen. Der Schnee leuchtete noch vom Blau der Nacht.

Es war klar, dass er nach meiner Abreise nicht in ein anderes Hotel umziehen würde, er hatte nämlich nicht mal seine Zahnbürste eingepackt. Peter wollte sich einfach nur nicht mehr länger mit mir auseinandersetzen, denn ich zog seine Lebensenergie wie ein altes Bügeleisen Strom. Er musste mich ausrangieren, bevor ein Kurzschluss alles in Brand setzen würde.

In Wirklichkeit musste ich nach Hause fahren, weil Marie kam. Das wusste ich mit Sicherheit, als wir am Parkautomaten standen und Peter ein Ticket für zwei Stunden kaufte, obwohl mein Zug in fünf Minuten ging. Zeit genug für Peter, sich schnell zu verabschieden, und Zeit genug für mich, um auf der Ankunftstafel den Zug aus Berlin zu entdecken, der in zwei Stunden die richtige Frau Wolf zu Peter bringen würde.

Als wollte er meine Theorie bestätigen, sah ich aus dem Fenster des Abteils, wie sich Peter auf einen Stuhl vor dem Bahnhofscafé fallen ließ, nach dem Ober rief und sich eine Zigarette anzündete.

Marie Wolf war zwei schwangere Zusatzbeleuchter, die mit Peter verheiratet waren. Ich war nix.

Obwohl hinter mir jemand wie verrückt schniefte, konnte ich bis Augsburg nicht mal an Weinen denken. »Entschuldigung, hast du vielleicht mal ein Taschentuch?«, gurgelte es von dem Sitz hinter mir. Als ich Jonas zum ersten Mal roch, hatte er eine leichte Fahne, die ich schon durch den Schlitz wahrnehmen konnte, bevor ich mich umdrehte.

Der große Mann passte kaum in seinen Sitz. Seine Beine waren angezogen, so dass die Knie ihm fast vor dem Gesicht standen. Jonas' Augen waren geschwollen, die Nase lief in seinen vollen Vollbart. Mehr Haare hatte kein Mensch jemals im Gesicht gehabt.

Weil ich kein Taschentuch hatte, holte ich graues Klopapier von der Toilette und setzte mich neben den weinenden Mann, dessen große Liebe genau wie meine gerade beerdigt worden war.

LUZY Die Jungs auf der Bank nebenan lachen. Ein schönes synchrones Lachen, das man nur haben kann, wenn man sich echt gerne hat. So wie ich das damals mit Sophie hatte. Ein Lachen wie ein Lied mit Rhythmus und Betonung auf der zweiten Silbe: harhar harhar harhar. Als sie aufstehen, gebe ich mir Mühe, sitzen zu bleiben. Ich versuche es, obwohl ich schon weiß, dass es nicht klappen wird.

Und es klappt auch nicht, denn der bekloppte Roboter hat sich an seinem Wirt festgetrackt. Ich laufe auf der anderen Straßenseite, bis Jonas und Christoph sich voneinander verabschieden. Jonas verschwindet in seinem Hauseingang, also habe ich endlich Feierabend.

Eine Last fällt mir von den Schultern, und gleichzeitig setzt sofort das blöde Kopfkino ein. Während ich mich auf den Nachhauseweg machen will, stelle ich mir vor, wie Jonas sich was zu essen kocht.

Aus dem oberen linken Schrank, an dem die Postkarte von Christophs Amsterdam-Ausflug hängt, nimmt er die Pfanne mit dem abgebrochenen Griff, die man mit einem Küchenhandtuch festhalten muss, wenn man was Gebratenes wenden will. Ich hatte eine neue besorgt und sie dann selber behalten müssen. Sie war nicht von der erlesenen Qualität der Pfanne, die keinen Griff mehr hatte. »Diese Pfanne hat mal zweihundert Euro gekostet. Das ist eine französische Pfanne. Die darf man nicht spülen, die muss man mit Öl ausreiben«, erklärte Jonas mir, während er sich liebevoll an das Ding klammerte und angeekelt auf die von mir gekaufte neue seelenlose Pfanne schielte. Ich hasse Jonas' französische Pfanne. Auch die Messer, die japanischen, die man in dem Abtropfding nicht auf die Spitze stellen darf.

»Luzy, was machst du denn hier?« Christoph steht plötzlich vor mir auf der Straße und schaut mich an. Darauf bin ich nicht vorbereitet.

Ich weiß nicht, was jetzt richtig wäre, um am Ende dieser Situation das bestmögliche Ergebnis zu erhalten. Also setze ich mich hin. Auf den Bürgersteig.

»Weiß ich nicht.« Es stimmt, der bekloppte Roboter hat mich hergebracht und sich dann wie ein Transformer zusammengefaltet.

Christoph setzt sich neben mich. »Luzy, das geht nicht, das war einfach zu viel.« Seine Stimme ist ruhig.

»Was hat er denn erzählt?«, frage ich hysterisch und zu laut.

»Dass du ausgerastet bist.« Pause.

»Das war's? Mehr nicht?« Christoph schüttelt den Kopf.

»Und was hast du dann gesagt?«

»Nix.«

Alle investierte Arbeit in die Geheimwaffe Christoph war umsonst. Er hatte sich klar für ein Lager entschieden, ohne überhaupt nur für mich in Verhandlungen zu treten. Jedes Gespräch, das ich über seine Ohren indirekt mit Jonas geführt hatte, war hinfällig.

»Ihr habt nicht mehr gesprochen als das?«

»Nein.«

»Wie geht's ihm?«

»Gut.«

Unfassbar. Unglaublich. Unvorstellbar.

»Mir geht's auch gut.« Christoph mustert mich.

Ich drohe zu zerfallen. Ich merke schon, wie sich ein Arm gelöst hat. Ein Bein ist auch schon locker.

»Wollen wir einen Kaffee trinken?«, frage ich Christoph, der sofort aufsteht und mich allein deshalb schon in eine blöde Position bringt. Ich versuche mit nur einem Bein ihm hinterherzukommen, zu ihm aufzuschließen, aber das klappt wegen dem Größenunterschied schon nicht.

»Luzy, ich glaube, das ist keine gute Idee. Jonas würde das nicht gefallen. Pass auf dich auf.« Er gibt mir zum Abschied einen Kuss auf die Wange, dann geht er die Straße hinab.

Der Roboter holt den Laserpointer aus der Tasche, und ich ziele auf den Rücken des Deserteurs. Bäng. Fünf Meter. Bäng. Zehn Meter. Um die Ecke verschwunden.

Ich fühl mich alleine und unverstanden und habe erneut große Sehnsucht nach dem Vogelmann, dem einzigen Wesen, das mir geblieben ist.

Ich hole Birdman von seiner Arbeit ab und kaufe ihm auf dem Weg seine Lieblingsgemüsepaste von DM. Er freut sich, ich freu mich, weil er sich freut und ich wieder eine Bestimmung habe. Ich könnte auch einfach wieder jemands beste Freundin sein. Christophs und Jonas' Lachen auf der Bank hat mich inspiriert. Nichts geht über Freundschaft. Außer eben der eigene Freund.

In den kommenden Wochen verbringen Tim und ich viel Zeit miteinander. Ich frage ihn Fragen, höre zu, erfülle Wünsche. Es ist friedlich und gemütlich, denn als gute Freundin kann ich meine Arbeit ohne Stress ausüben. Ich bin nicht auf Probezeit, ich muss mich nicht beweisen, ich kann nicht gefeuert werden, weil ich in dieser Beziehung nicht festangestellt bin.

Ein bisschen irritierend ist allerdings, dass ich und Tim in der Firma dieselbe Position bekleiden. Auch er hat bislang offensichtlich eher den kümmernden Part übernommen. Wir sind Putzerfische. Wie Misteln und Zecken nur überlebensfähig, wenn wir einen Wirt haben.

Wenn ich nicht aufpasse und zu spät aufstehe, ist der Frühstückstisch bereits gedeckt.

Natürlich macht er es nicht so gut wie ich. Also ohne Orangensaft im Sektglas und zur Blume gefaltete Serviette, aber er macht es.

Eigentlich könnten wir uns abwechseln beim Umsorgen des anderen, stattdessen kämpfen wir: um das fürsorglichste Einkaufen, das kreativste Adventskranzbasteln und das ehrgeizigste Auswendiglernen von Anekdoten.

Ich weiß, dass sein Onkel mütterlicherseits Alfred heißt, und er kennt die dramatische Geschichte meiner Mandeloperation. Wegen dem Kümmerkrieg zwischen mir und Tim ist unsere Wohnung sauber und der Kühlschrank voll.

Mein neues Leben als gute Freundin verlangt mir mehr ab, als ich leisten kann. Nix. Tim ist kein Ersatz für einen Mann, den ich liebe, er ist nur ein guter Freund. Das ist, wie wenn man versucht, eine Kreuzschraube mit einem Phasenprüfer reinzudrehen. Es geht schon, irgendwie, aber eigentlich nicht. Um nicht durchzudrehen, mache ich jeden Tag meine Jonas-Laserpointer-Wanderung und bereite mich darauf vor, etwas zu unternehmen, das nur mit mir zu tun hat.

Ich beschließe, eine große Ärztetour zu machen. Seine Gesundheit zu überprüfen ist klar eine Tat, die man für sich selbst unternimmt. An einem Menschen gibt es viel zu untersuchen. Ich habe also einiges vor.

Beim Frauenarzt komme ich nicht weiter als ins Wartezimmer. Mir gegenüber ist die Babywand. Eine Pinnwand, die voll mit Kinderfotos hängt, denen Frau Mundschmidt auf die Welt geholfen hat. Es sind bestimmt tausend Bilder. Weil es die Praxis schon immer gibt und weil man die Wand des Glücks ja schlecht ausmisten kann, hängt hier das Kinderglück wie beim Baumkuchen in Schichten übereinander.

Ich war lange nicht mehr hier. Das letzte Mal vor fünf Jahren, am Übergang von Peter zu Jonas.

Ich gehe an die Babywand und fange an, die einzelnen Fotos hochzuheben, um in den unteren, mindestens fünf Jahre alten Bereichen zu suchen. Es muss hier irgendwo noch sein. Mein Durchsuchen der Wand missfällt der Dame, die auch auf ihre Muschiuntersuchung wartet. Ich finde verschiedene Babys von Leuten, die ich kenne. Sogar von Sophie. Es ist eine Geburtsanzeige, die auch ich zugeschickt bekommen und dann sofort weggeschmissen habe. Babyfotos wegwerfen ist wie Bücher verbrennen. Man darf es nicht. Aber vielleicht machen es alle, wer weiß es schon, man spricht nicht darüber, denn es ist unanständig.

Schließlich hab ich das Foto gefunden, das ich gesucht habe. Es steckt unter den fetten Zwillingen Lou und Lars, die nackig auf einer flauschigen Decke liegen und schlafen. Ich nehme mein Bild an mich. Irgendwie gehört es mir. Ich reiße es ab, stecke es in die Tasche und gehe. Ich will keine Untersuchung mehr.

Natürlich ist das nicht mein Kind. Es ist Peters und Maries Baby, das da so glücklich grinst.

Ich habe stattdessen von Peter eine Warzenkrankheit bekommen. Aber das ist schließlich auch Gewebe, und wer entscheidet schon, was Leben ist und was nicht?

PETER »Papillomavirus ist ein Warzenvirus, der oftmals gutartig ist. Manchmal führt er zu Gebärmutterhalskrebs«, erklärte mir Frau Mundschmidt damals und rührte mit dem Gummipimmel weiter in mir herum, um auf dem Monitor ein ordentliches Bild von meinem Innenleben zu bekommen.»Wir werden uns jetzt öfter sehen.« Ich musste alle zwei Monate zur Kontrolle, ob meine Werte sich verändert hatten.»Man weiß über diese Viren immer noch so gut wie nix. Nur dass sie kein Vitamin C mögen. Schränken Sie sich beim Geschlechtsverkehr ein bisschen ein, dann erholt sich das besser. Nichts gegen Männer an sich, aber die spritzen ihren ganzen Scheiß in uns rein.«

Ich hätte schon auf Sex verzichten können, also ich persönlich. Aber Peter habe ich nicht mal erzählt, dass in meiner Muschi eine ansteckende Warzenkrankheit wohnt, die Krebs macht. Trotzdem konnte ich auf keinen Fall die Gefahr eingehen, dass Peter die Lust an mir verliert. Im Bett, und nur da, waren wir auf Augenhöhe. Mehr noch, hier musste er mir beweisen, dass er jung geblieben und standhaft war.

Peter war es völlig egal, dass er sich moralisch auf sehr dünnem Eis bewegte. Die Tatsache, dass er seine schwangere Frau mit mir betrog, mir erzählte, das Kind sei »einfach passiert« und die Heirat »nicht zu verhindern« gewesen, führten zu einem weiteren Update meines Betriebssystems DISTRUST 2.0, was mir zeigte, dass in der Liebe alles möglich war und nie mehr irgendwas sicher sein konnte.

Ich hatte Marie nicht gesehen, als ich zu Frau Mundschmidt in die Praxis kam, um meine Papillomaviren zählen zu lassen.

Marie hatte in einer *Gala* gelesen, bevor sie mich entdeckte und sich offensichtlich freute, mich wiederzusehen.

»Bist du nicht Luzy, die ehemalige Klassenkameradin von Niels?«

Ich hatte mit Marie fast fünf Jahre einen Mann geteilt. Ihr war es allerdings offensichtlich nicht bewusst, mir irgendwas abgegeben zu haben. Ich existierte für sie gar nicht, wohingegen sie mir wie eine Prominente aus Film, Funk und Fernsehen vorkam.

»Niels bekommt jetzt ein kleines Schwesterchen ... Halbschwesterchen.«

Obwohl es völlig unnötig war, streichelte Marie zur Bestätigung ihren dicken Bauch.

»Ich habe einen Papillomavirus.«

Marie war überhaupt nicht irritiert über meine Offenheit. Wahrscheinlich, weil man beim Gynäkologen von vornherein darauf eingestellt ist, die Beine breit zu machen und sein Innerstes nach außen zu kehren.

»Ich hab das auch, da muss man einfach regelmäßig zur Kontrolle gehen, dann passiert nichts.«

Bevor Marie sich wieder in die *Gala* vertiefen konnte, fiel ihr zu dem Thema noch was ein, das sie mir unbedingt mitteilen musste. Verschwörerisch beugte sie sich vor und flüsterte: »Männer haben das auch, aber bei denen macht das irgendwie nix, die geben das nur weiter. Gemein, oder?«

Ja, aber so richtig gemein geht anders.

Man konnte es auch so sehen: Zu dritt waren wir Eltern einer Warze, die mich vielleicht meine Gebärmutter kosten würde.

Mich hatte es damals mehr gestört, dass Peter ein Mädchen mit einer anderen bekam, als dass er überhaupt ein Kind mit einer anderen bekam. Zum ersten Mal machte das Wort Vaterkomplex Sinn, denn ich war eifersüchtig, dass das kleine Mädchen einen echten Vater haben sollte und nicht wie ich einen, der eingemauert lebte und Ehec-Gurken schnabulierte.

Außerdem war das Ende von uns wirklich in Sicht, denn: Peters Tochter würde eine sein, die noch jünger war als ich. Ein Kind, durch dessen Geburt er mich in einem anderen Licht sehen musste. Falls es ihm bisher noch nicht aufgefallen war, dass er mein Vater sein konnte. Nun lag es eindeutig auf der Hand. Er war ein alter Mann, der ein junges Ding ausnutzte. Das konnte man nicht anders sehen.

LUZY Maries Kind müsste jetzt eigentlich schon zur Schule gehen. Klar, eine volle Beziehung Jonas plus einen halben Peter. Sieben Jahre alt. Schulreif.

Auf dem Foto, das ich jetzt in meinen Händen halte, war die Kleine grade erst geboren worden. Niedlich. Peters braune Augen.

Obwohl das Ganze so lange her ist, verwirrt es mich einigermaßen. Ich hatte das alles irgendwo vergraben und unter Jonas versteckt gehalten. Mit meinen Erinnerungen ist es so wie mit dem Hotel in *Shining*. Mein Gegenwarts-Ich wurde auf einem alten unheimlichen Indianerfriedhof errichtet. Hin und wieder kommen die Geister der Vergangenheit aus ihren Gräbern und metzeln herum, so wie heute Peter.

Ich brauche Hilfe.

Ich suche mir im Wartezimmer von Herrn Dr. Schliki einen Platz und stecke mir das Foto von Peters und Maries Tochter in die Tasche. Ich hab Mühe, die Augen offen zu halten. Ein Zimmerspringbrunnen sorgt für angenehmes Plätschern. Obwohl alles darauf ausgerichtet ist, dass die Atmosphäre stimmt, nagt von meinem letzten Besuch etwas Irritierendes in meiner Erinnerung. Irgendwas war schräg, nur kann ich mich nicht mehr erinnern, was es war.

Heute bin ich nicht hier wegen meiner Zähne, sondern weil Schliki auch so eine Art Therapeut ist. Schlikis Praxis ist auf Patienten spezialisiert, die richtig dolle Angst vorm Bohren haben. Er hypnotisiert seine Patienten zur Beruhigung. Weil ich keine Zahnarztphobie hatte, habe ich diese Spezialleistung letztes Mal nicht in Anspruch genommen. Dieses Mal ist es allerdings bitter nötig.

»Schliki macht einen ganz anderen Menschen aus dir, er ist auch kosmetisch der Beste. Guck dir mal an, wie weiß meine Zähne sind! Das ist von der Farbe her eine Null, und die habe ich nicht von Natur. Kein Mensch wird merken, dass du keine Vorderzähne mehr hast.«

Das waren die ersten aufmunternden Worte von Gucci-Gregor nach dem Unfall mit dem Delfin.

GUCCI-GREGOR

Im zweiten Sommer mit Jonas wollte er sehr gerne nicht mit mir, sondern mit Christoph und seiner französischen Pfanne in die Natur fahren. Irgendwohin ohne alles, außer der Pfanne und Christoph. Sie wollten meinen Survivaltrip machen. Es hatte gar keinen Sinn, sich aufzudrängen, denn ich hatte es bereits vergeblich versucht.

Da mein Schützling unterwegs und somit die Stadt leer von zu bewachenden Personen war, hatte ich mich von meiner Mutter breitschlagen lassen, mit ihr nach Ischia zu fahren, um dort: »... sich mal so richtig schön von dem ganzen Stress zu erholen, mein Schatz!« Stress? Ja. Stimmt.

Mein Plan war, am Ort der heißen Quellen und Schlammpackungen in kürzester Zeit dünner als der Tod und über alle Maßen schön zu werden.

So machen Frauen wie ich Urlaub, man ist als Mensch eine Woche aus dem Verkehr gezogen, weil man sich in einer körperlichen Rundum-Reparatur für nach dem Urlaub befindet. Mit diesem neuen Ich und dem entsprechenden Outfit würde ich Jonas zu Hause empfangen und mit Liebe überschüttet werden. Denn wie jeder weiß, nur dem, der dünn und schön ist, steht die Welt offen.

Wir hatten vor, in dem Haus eines Sammlers am Strand zu wohnen, der viele Bilder meines Vaters gekauft hatte. Bilder aus der frühen Periode.

Trotz der naturalistischen Gemälde war das Haus modern, klar und wunderschön.

Ich hatte für die Woche, nach einem teuflischen Plan, mehrere Sonnenlotionen mit absteigendem Lichtschutzfaktor zusammengestellt, die mich cappuccinobraun werden lassen sollten. Ohne Ränder.

Meine Mutter hatte offensichtlich ähnliche Pläne, denn sie ließ mit dem ersten Schritt ins Haus alle ihre Kleider fallen, um den restlichen Urlaub in völliger Freiheit zu verbringen.

Mein Programm sah vor, in der Nacht eine Over-night-repair-Maske sowie Handschuhe, die mit Lotion gefüllt waren, zu tragen. Ich hatte ein Seidenkissen aufgezogen, um meine Haare beim Schlafen vor Fizz zu schützen. Denn wenn ich eins habe, dann ist es Fizz.

Bereits in dieser ersten Nacht stand Gregor auf einmal in meinem Zimmer.

Ich schrie, aber mehr weil ich mich vor seinem Tattoo als vor ihm selbst erschreckte. Gregor hatte sich ein riesiges Lacoste-Krokodil auf die Brust stechen lassen. Er war nass und nackt, denn sein Weg hatte ihn in den Pool des Hauses und dann erst in sein Schlafzimmer geführt. Das jetzt mein Schlafzimmer war. Gregor war der Sohn des Sammlers, dem das Ferienhaus gehörte.

Das Zweite, was mich aus der Fassung brachte, war Gregors Körper. Etwas Ähnliches hatte ich noch nie in echt gesehen. Muskulös, braun, glatt gewachst. Er hatte diesen Sixpack aus dem Märchen. Ich kannte bis dahin nur bauchige, weiße, teilweise sehr alte und, sagen wir mal unregelmäßig, dafür besonders stolz auf jedes einzelne Haar, behaarte Männer. Gregor sah aus wie überambitioniert gephotoshopt.

Auf den Schrei hin kam meine Mutter ins Zimmer und klärte mit ihrer nackten Erscheinung die ganze Situation sofort auf.

»Sie sind die Frau auf unseren Bildern«, erkannte Gregor sofort. Meine Mutter war zwar älter geworden, aber unverkennbar die Dame, die überall im Haus breitbeinig auf die Leinwände gemalt war.

Wir stellten uns vor. Als ich Gregor die Hand gab, quoll ihm die Lotion aus meinem Overnight-Handschuh entgegen. Aber das war nicht schlimm, denn ich war mir hundertprozentig sicher, dass er selber welche trug, wenn er schlafen ging.

Wir richteten uns zu dritt ein. Das hieß, meine Mutter und ich lagen nackt auf dem hauseigenen Strand, und Gregor war auch da. Für mich war seine Anwesenheit so egal wie Hannover. Schon damals fand er Sachen »geilo« und »affenstark«. Gott sei Dank war meine Mutter da, die sich mit Gregor blendend verstand.

»Ich würde die Ladys gerne morgen zu einer ganz tollen Überraschung entführen.«

»Ich habe leider keine Zeit.« War meine spontane und auch ehrliche Antwort. »Ich habe einen Bräunungsplan, der einen Ausflug in Kleidung nicht vorsieht.« Diese Antwort schien Gregor in völliges Verzücken zu stürzen. Aber nicht, weil er so noch mehr »Nacktzeit« mit uns verbringen konnte, sondern weil eine seiner Firmen T-Shirts herstellte, die durchlässig für UV-Licht waren.

»Beachshirts, damit verdiene ich neben richtig geilen Handyschalen meine Kröten.«

»Ich kann mich leider auf keinen Fall auf eine Überraschung einlassen, denn ich habe sehr große Angst, dass es mir einfach nicht gefällt, ich dann nicht aufs Lügen vorbereitet bin und du wegen der deutlichen Enttäuschung in meinem Gesicht auch enttäuscht bist.«

»Wir gehen mit Delfinen schwimmen!«

»Wie unglaublich schön!«, fand meine Mutter.

»Ich möchte das gar nicht so gerne machen«, sagte ich ehrlich.

»Luzy, das ist ein solches Leben veränderndes Erlebnis, mit diesen großartigen Geschöpfen ... das wird dir guttun.« Meine Mutter drückte das Ganze so aus, als hätte ich mich geweigert, Gott zu treffen.

»Aha.«

Also fand ich mich am nächsten Morgen um 5 Uhr früh in einem von Gregors persönlichen Beachshirts am Strand ein. Es war grellgelb mit zackiger Schrift und roch nach einem sehr teuren Herrenparfum. Ich mochte es so gerne, dass ich ein bisschen duselig im Kopf wurde.

Meine Mutter trug auch eins dieser sonnendurchlässigen Shirts mit Geruch. Während wir so vor uns hin dufteten, kam aus der Ferne ein weißes Speedboot auf uns zugerast. Eigentlich war es schon zu hören, bevor man es sah. Die wahrscheinlich zehntausend Euro teure Musikanlage machte die ohrenbetäubende Eurodance-Musik nur noch schlimmer, weil man durch die Klangqualität der Boxen auch den letzten grässlichen Auto-Tune-Effekt gezielt ins Ohr gepresst bekam.

Meiner Mutter gefiel es sehr. Die Musik war für diese Uhrzeit so unpassend wie *Jingle Bells* zur Beerdigung. Aber sie passte zu dem schrecklich weißen Speedboot und dem eingeölten oberkörperfreien Gucci-Gregor.

»Willkommen auf der *J. Lo 2*!«

Was wohl aus der ersten geworden war? Gregor hob mich ins
Boot, was eine weitere Irritation in mir auslöste. In seinen Armen war ich leicht wie eine Feder. Angenehm leicht, wie ein
Mädchen, das in einem dünnen Kleid aus Tüll im Morgengrau-
en auf einer Frühlingswiese tanzt.

Zur Feier des Tages gab es Schampus und noch lautere Musik. Das Boot hob ab, und wir flogen über das Meer. Meine
Mutter jauchzte neben mir wie ein junges Mädchen, während
ich erwog, mich im strahlend weißen Kunstleder festzubeißen,
um wenigstens noch eine Minute mehr Lebenszeit zu generieren.

»Hilfe, ich sterbe!«

»Ski Ba Bop Ba Dop Bop.«

»Juhhhuuuuuuu.«

»Bitte anhalten!«

»*I am a scatmaaaan*!«

Irgendwann hielt das Boot mit einem Ruck, weil Gregor die
Delfine gesichtet hatte.

In meiner Welt, und zwar nicht in der heimlich gedachten
Fassung, in der Delfine einen packen und unter Wasser tot-
schütteln, ist Delfinschwimmen eine Angelegenheit des Frie-
dens. Delfinschwimmen steht in direktem Zusammenhang
mit Wörtern wie: Lagune, Brise, Stille, Frieden, Gesundheit
und Leben.

Was sich am Horizont abspielte, hatte nicht im Entferntesten
mit einem dieser Begriffe zu tun.

Fünfzehn weitere, knallweiße Eurodance-Speedboote rasten
hintereinander her, um so den letzten Schwarm Delfine des
Mittelmeers einzukesseln.

Gregor warf uns Flossen und Taucherbrillen zu und gab Gas.

»Wir reihen uns jetzt ein, und wenn ihr welche seht, springt
einfach mitten in die rein.«

Meine Mutter hob den Daumen hoch, Tauchersprache, denn die Brille hatte sie schon auf und war in diesem Moment offensichtlich zu einem professionell ausgebildeten Froschmann geworden.

»Ich möchte das wirklich nicht so gerne machen!« Geschrien, gefleht, mit Angst und Vehemenz.

»Luuuullluuu!!« Meine Mutter, denn der Schnorchel steckte schon in ihr drin.

»Wenn du nicht willst, geh ich und du hältst *J. Lo.* auf Kurs.« Er bot mir das weißbelederte Steuerrad an.

»Das möchte ich auch nicht so gerne!«

»UUUHHHLLUHHUUU!« Meine Mutter wirkte böse hinter ihrer Taucherbrille, und auch Gregors Ton spitzte sich zu.

»Das sind die letzten Delfine überhaupt. Das bekommst du nie wieder. Sei nicht dumm! Spring!!!«

Wir hatten uns eingereiht. Es war wie in einem Karussell des Grauens. Wahrscheinlich war es am Ende die Kakophonie aus dem Eurodance der zwölf Boote, die mich springen ließ. Ich konnte einfach nicht mehr, ich brauchte dringend Ruhe. Also sprang ich mitten rein in die Fische, die eigentlich Säugetiere waren, und schlug mir beide Vorderzähne an einem Delfin aus, den ich nicht mehr sehen konnte, weil ich beim Aufprall ohnmächtig wurde.

LUZY Schliki kommt erst rein, als ich schon auf dem wohlig warm beheizten Zahnarztstuhl sitze. Meine Augendeckel sind schwer wie Blei. Ich will endlich nach Hause und mich hinlegen.

Schliki gibt mir seine Hand, die sowohl in Temperatur als auch in Stofflichkeit auf den Punkt *al dente* ist.

Er sieht aus wie ein in die Jahre gekommener Ken. Perfekt, sauber und problemfrei, gerade gut, um sich Gucci-Gregors metrosexueller Kauleiste annehmen zu dürfen. Er setzt sich, rollert vor und schaut mich erwartungsvoll an.

»Frau LoPInski! Wie geht ES Ihnen?« Das war, was nicht stimmte. Endlich kann ich mich entspannen, denn der Fehler im System ist mir wieder klar. Schliki hat diese merkwürdige Art, einzelne Silben so stark zu betonen, dass man immer auf der Hut sein muss, um sich nicht zu erschrecken.

»Mir geht es schlecht!«

»Oh, wie dOOf!«, findet Schliki und wirkt betroffen. »WO drückt denn der SchUUUH?«, fragt er und lacht, weil er ja kein Orthopäde, sondern Zahnarzt ist. »Machen die Prothesen Probleme?« Schliki beugt sich neugierig vor, anscheinend kann er es kaum abwarten, seine Baustelle zu begutachten. Ich presse die Lippen aufeinander.

»Ich habe ein Angstproblem!« Schliki rollert zurück.

»OH! Aber das LEtzte Mal waren SIE doch ganz ruhIG beim Bohren?« Schliki faltet die Hände und lächelt.

»Mein Freund hat sich von mir getrennt, und ich kann nicht alleine sein, ohne zu sterben! Können Sie mich bitte hypnotisieren?« Ich erkläre Schliki die Gesamtsituation und werde dabei immer ungeduldiger. Ich will, dass er endlich mit dem Hokuspokus loslegt, damit ich wieder nach Hause kann. Aber Schliki lässt sich Zeit.

»Wieviel Glück würden SIE sich auf einer Skala von 1 bis 100 wünschen?« Es ist keine Fangfrage, er meint es ernst.

»60«, sage ich.

»WIE kommt es, dass SIE nicht 100 nehmen, wenn SIE können?«, freut er sich über seine mir sehr rhetorisch klingende Frage.

Ich weiß es nicht. Mir kommt es unrealistisch vor, alles zu wollen, was man haben kann.

Ausgiebig und mit Hilfe vieler einzeln betonter Silben erklärt er mir, was neurolinguistisches Programmieren ist. »Sie haben IN Ihrem Kopf eine Art GedankenAUtobahn. JE nachdem, wIE stark Ihre Glaubenssätze SInd, ist die Beschaffenheit Ihrer Straße.« Schliki doziert und erklärt, dass man sein Leben mit seinen Gedanken selbst bestimmt, denn Haltung und Gefühle folgen ihnen.

Schliki will, dass ich meiner Angst eine Farbe und eine Form gebe. Rot und rund, so sieht die Mottenkugel in mir aus. Wir finden heraus, dass sie sich dreht und heiß ist. Bewegung, Farbe, Geschmack, Geruch, Ton und Haptik, alles spielt eine Rolle. »JE genauer SIE sich etwas vorstellEN, desTO fester wird IHre Straße! Und jetzt versuchen SIE ein Mal, das ROT BLAU werden zu lassen.«

Es ist kein Problem, ich kann mir alles vorstellen. Wenn er will, kann ich ihm einen Regenbogen der Angst machen. Ich soll die blaue sich drehende Kugel, die erstaunlicherweise kalt geworden ist, vor mich schieben und platzen lassen. Es geht nicht. Meine Straßen sind alt und stehen unter Denkmalschutz, man kann nix entfernen, ohne dass der Rest zusammenbricht. Ich werde die Angst nie loswerden.

Schliki ist anderer Meinung. Er findet, dass ich eine außergewöhnliche Vorstellungskraft habe, die Berge versetzen kann.

Ich bin müde, will nur noch schnell die Hypnose und dann schlafen. »Können Sie mich jetzt bitte hypnotisieren?«

»Das ist eine ZusaTZleistung.« Entspannung kostet zweihundertfünfzig Euro.

»Was, wenn es nicht klappt?«

»Dann bin ich bereit, Ihnen das ganZE Geld wiederzugeben.«

Schliki fährt mich mit dem Stuhl zurück, dimmt das Licht und schickt mich auf die Reise. Irgendwoher kommt Musik, die versucht, nicht schrecklich zu sein.

Ich laufe mit nackten Füßen über eine grüne, satte, feuchte Wiese. Vögel singen. Ein lauer, warmer Wind streichelt meine

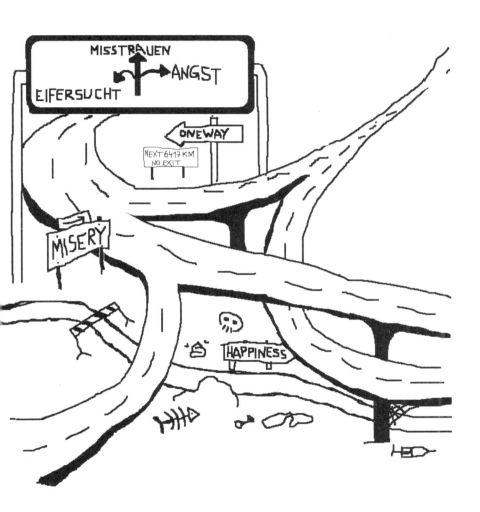

Haut, und ich denke an zweihundertfünfzig Euro, die einem afrikanischen Kind zwanzig Jahre Schulbildung ermöglichen könnten. An Maisbrei, der goldgelb, butterig duftet, wenn man ihn rührt. Ich frage mich, warum ich nicht spende, all das Geld meiner Eltern. Ich könnte das Petermuseum verkaufen und von dem Erlös einen Brunnen bauen lassen. Damals im Kindergarten hatte ich was von unserem Vermögen verteilt. Das gab Ärger, denn »Freundschaft kann man sich nicht kaufen«, erklärte mir Sophies Vater Klaus, als er mir mit den hundert Mark, die ich seiner Tochter geschenkt hatte, vor dem Gesicht rumwedelte. Wenn ich hier raus bin, werde ich mir »Share The Meal« herunterladen und zweihundertfünfzig Euro spenden.

Ich gehe zurück auf die Wiese, um mich unter ein Bäumchen in den Schatten zu setzen. Weil Schliki sich hier festfabuliert, lasse ich den Baum zu einem Penis werden, den ich so lange liebevoll streichle, bis seine Rinde sich verhärtet und er ein Stück zu wachsen beginnt. Jonas fällt mir ein, und dann fegt die rote Mottenkugel über die grüne Wiese auf mich zu.

»Und?«, fragt Schliki, nachdem er mich sanft zurückgeholt hat.

Nichts ist passiert. Ich hatte erwartet, dass der Mann in der Lage wäre, mich zu führen. Ich hatte mir gewünscht, passiv zu sein und repariert zu werden. Menschen hören unter Hypnose auf zu rauchen und werden zu Brettern, über die man laufen kann. Nix dergleichen ist bei mir der Fall. Nicht mal ein Anflug von Trance war zu spüren.

»Ich war auf der Wiese«, erkläre ich. »Mir geht es trotzdem immer noch schlecht«, sage ich überzeugend, denn so ist es, mir geht es nicht besser.

Schliki scheint enttäuscht.

»Tun Sie mir EInen Gefallen? Ich würde IHnen gerne eine MINIkleine Hausaufgabe geben.«

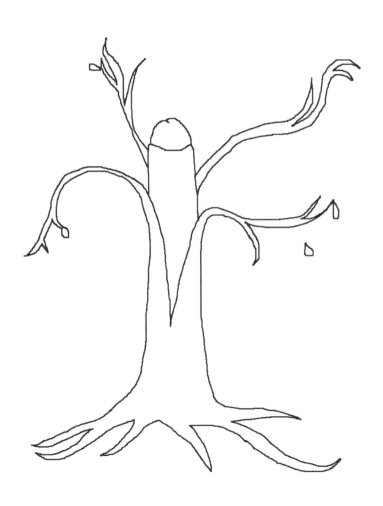

Schliki will, dass ich eine schöne Situation aufschreibe, die ich mir wünsche, ich soll sie so gut wie möglich beschreiben und sie mir so oft wie möglich durchlesen, damit sich in meinem Kopf eine entsprechende Straße dazu aufbaut.

Ich nicke, denn ich will nur schnell das Geld zurück und dann ins Bett.

Phil Collins' Jaulen von unten hält mich vom Schlafen ab.

Während ich unbefriedigt zweihundertfünfzig Euro an »Share The Meal« spende, indem ich zweihundertfünfzig Mal auf den virtuellen Suppenteller drücke, fällt mir auf, dass ich auf meiner Autobahn, die ich in der Hypnose angefangen habe zu bauen, sicher ins Ziel gefahren bin.

Ich habe das Geld zurück und liege im Bett.

Vielleicht hätte ich mehr für mich erreichen können, wenn ich mich auf was Wesentliches konzentriert hätte.

Ich bin eine sehr, sehr gestörte Person, denke ich und biege damit auf eine mir sehr vertraute Strecke ab.

Natürlich ist mein Vater schuld, und Peter war der Täter, aber ich hab mitgemacht. »Warum hast du das mit dir machen lassen?«»Du hättest doch einfach Schluss machen können!« Ja. Klar. Ich weiß, ich kannte ja diesen Satz, man hätte sagen müssen: »Ich mach das nicht mit. Du Schwein. Es ist vorbei. ES IST SCHLUSS!« Keine Ahnung, warum ich das nicht geschafft hab, ich armes, armes Opfer.

Phil verstummt, der Hund heult los, die Mottenkugel dreht sich schnell in meinem Bauch, und dann habe ich eine Idee.

Ich klingel beim Meister, den ich noch nie gesehen habe. Ein schlechtgelaunter Siebzehnjähriger öffnet mir die Tür.

»Watn?«

»Deine Musik ist aus, da dachte ich, du gehst jetzt bestimmt gleich aus dem Haus.«

»Wat geht dich did an?«

»Ich wollte fragen, ob ich mir so lange deinen Hund ausleihen kann.« Der Junge schaut mich trüb an.

»Bobby, komm!«

Hinter seinem Bein steht ein zerzauster, hässlicher kleiner Hund. Der Meister greift ihn vom Boden, drückt mir das dünne Tier in die Hand und schließt die Tür.

»Barbara Ottinger nimmt selber keine Kunden mehr an, sie gibt nur noch Seminare. Im Moment ist sie allerdings in Niedersachsen, um ein neues Rudel zu begleiten. Die Leute sind nicht gerade erfreut darüber, dass die Wölfe zurück in Deutschland sind.« Erklärt mir eine Frau in meinem Alter und mit kurzem peppigen Haarschnitt. Sie scheint eine Art Jüngerin der Wolfsfrau zu sein, denn sie trägt ein T-Shirt, auf dem Barbaras Gesicht und ihr Leitspruch *Lass den Hund bellen, denn singen kann er nicht* abgedruckt ist.

Weil ich ihren Namen nicht verstehe, nenne ich sie Frau Judas.

Mir kommt es vor, als sei Bobby noch nie draußen in der Welt gewesen, denn als ich ihn auf die Wiese setze, kratzt er vor Ekel über den feuchten Untergrund an meinem Hosenbein. Es sind noch andere Hunde mit ihren Besitzern auf der Trainingsfläche, vor denen Bobby aber solche Angst hat, dass er seine kleinen, erstaunlich spitzen Zähne fletscht, wenn sie in unsere Nähe kommen. Frau Judas schaut mich an.

»Der Bobby scheint mir überhaupt nicht sozialisiert! Vielleicht schauen Sie heute erst mal zu, der ist noch zu reizempfindlich.«

Wir dürfen nicht mitmachen. Ausgeschieden. Bobby hat sich in meiner Jacke versteckt und stinkt glücklich vor sich hin.

»Willst du gar nichts lernen?«, frage ich ihn.

»Ich bin Bobby!«, weiß Bobby und ist sich damit offensichtlich einer wesentlichen Sache sicher. Die Gruppe trifft sich zum ersten Mal. Es ist der »Wer bin ich«-Kurs 1, in dem es darum geht, in der Gruppe die Verhaltensauffälligkeiten der Tiere zu verstehen. Eigentlich passiert nichts. Die Hunde schnüffeln und laufen auf der Wiese herum, während sich ihre Besitzer freuen und Judas erklärt, was eine Rudelaufstellung ist.

Hunde haben einen angeborenen Platz in ihrer Meute und übernehmen die dazugehörenden Aufgaben wie Jobs. Es gibt Leithunde, die die Richtung vorgeben, Wächter und Bindehunde, die die Kommunikation übernehmen. Die Missverständnisse kommen dann zustande, wenn wir Menschen die Hunde ihren Job nicht machen lassen.

Höchst interessant finde ich das und will unbedingt wissen, welche Position ich im Rudel bekleide. Ich schleppe Bobby vor, denn ich will mitmachen und schnell so viel lernen, wie ich kann, um ein besserer Hund zu werden.

»Bobby hier kann gar nicht alleine sein! Der geht mit jedem mit! Wenn der nur eine Sekunde alleine ist, bekommt der ganz schreckliche Ängste«, erkläre ich Judas, die mich sofort vorwurfsvoll anschaut.

»Warum haben Sie denn einen Hund, wenn Sie den alleine lassen?« Judas verschränkt ihre Arme, auch die anderen finden, dass ich kein gutes Frauchen bin.

»Wenn es dem Bobby seine Aufgabe ist, Sie zu bewachen, was soll er denn auch sagen, wenn Sie ihm das unmöglich machen.« Sie sagt es extra flapsig. »Wenn Sie nicht zur Verfügung stehen, dann ist doch ganz klar, dass der sich jemand anderen suchen muss, sonst ist er ja seiner Bestimmung beraubt. Der hat keine Angst, der beschwert sich!«

Bobby hechelt krächzig.

Ich bin einem großen Irrtum aufgesessen, stelle ich fest. Ich muss gar nicht alleine sein können, denn das passt nicht in mein Profil. Ich mag für andere abhängig, devot und ängstlich wirken, dabei halte ich nur das Rudel zusammen. Wenn keiner da ist, um den ich mich kümmern kann, bin ich arbeitslos. »Ich brauche unbedingt einen neuen Freund.« Laut und stark zu mir selbst gesagt.

Die Lösung für mein Problem lag die ganze Zeit vor mir, nur hatte ich bisher nicht gewagt, sie auszusprechen, weil sie zu unemanzipiert klang. Dabei muss ich einfach nur ganz schnell jemand Neues kennenlernen.

Auf meiner täglichen Laserpointer-Verfolgungsjagd geht das nicht, das ist klar, und zu Hause ist es auch schwierig.

Es erscheint mir am logischsten, in eine Bar zu gehen.

Ich bedanke mich bei Judas, denn ich hab es auf einmal sehr eilig. Sie schaut mich argwöhnisch an. Judas traut mir nicht zu, etwas begriffen zu haben.

»Wenn ich Ihnen noch was zur Verständigung mit dem Bobby auf den Weg geben darf?«

Ich nicke.

»Denken Sie daran: Sie sind die Meute«, sagt sie und beugt sich dabei vor, als würde sie mir ein Geheimnis anvertrauen.

Weil mich Bobby stört und der Meister trotz Phil Collins die Tür nicht aufmacht, muss Tim herhalten und sich von dem Hund bewachen lassen.

Ich gehe in eine Bar, die am meisten nach New York aussieht, bestelle einen Whiskey Sour, denn das trinken alle Leute um mich herum. Schön ist es hier, holzig und einfallsreich, die Menschen sitzen auf Emporen im Schneidersitz. Diese Plateaus wirken wie die überfüllten Robbenfelsen auf Amrum.

Alles sieht zusammengestellt aus und passt doch auf merkwürdige Art und Weise zusammen. Sogar die Klamotten. Ja, warum nicht mal eine Leopardenhose mit einem Streifenshirt und ganz vielen Goldketten? Irgendwo hier muss mein neuer

Freund sein, ich muss ihn nur noch aussuchen. Nach optischen Gesichtspunkten, das reicht total. Gespräche sind unnötig, heutzutage weiß man von außen schon, was innen los ist. Die Persönlichkeit ist manchen schon in dicken Lettern aufs T-Shirt gedruckt. Man muss nur gut genug informiert sein, um den Code zu entschlüsseln. Groß soll mein Freund sein, das ist wichtig. Je größer einer ist, umso besser fühle ich mich. Dick wäre auch nicht schlecht. Irgendwer, neben dem ich klein bin. Klitzeklein. Mini. Ich hab diesen ganz normalen Frauenkörper: bisschen zu kurze Beine, bisschen zu dicken Po, bisschen zu kleine Brüste. »Einmal Mädchen medium, bitte.«

Klar finde ich mich persönlich sehr dick, aber nicht auf eine körperliche Art und Weise. Ich hab eine seelische Schwere. Es ist, als wäre ich innerlich fettleibig. Ich fühle mich, als hätte ich einen dicken, lauten Mann in mir leben, der permanent saufen, rauchen, fressen und lieben will. Eine dünne, kleine Außenhülle und dazu ein Bärenfreund würden die Fettseele wenigstens ein bisschen ausgleichen.

Groß waren sie alle. Apollo, Peter und Jonas. Vielleicht muss man was an meinen Auswahlkriterien ändern, wenn man was verbessern will, beschließe ich und finde sofort, dass die Veränderung aber trotzdem nicht in der Größe liegen kann.

Die Mär von der Bar stimmt nicht, stelle ich nach zwei Getränken fest. Man wird nicht aufgerissen, man wird nicht angesprochen, man wird nicht mal angelächelt. Alle, die hier zusammensitzen, haben sich über ihr Telefon kennengelernt, und alle anderen sind mit ihrem Telefon beschäftigt, um mit Leuten zu sprechen, die sie schon kennen, die aber nicht da sind.

Ich muss es selber in die Hand nehmen. Es ist mir auch ganz recht, so komme ich wenigstens nicht in die Bredouille, mich mit einem aufdringlichen Zwerg unterhalten zu müssen, der mich für immer als Günter Strack fühlen lässt.

Der einzige Mann, der über eins siebzig ist, sitzt bereits neben mir. Ich bestelle ihm das Getränk, das er schon vor sich stehen hat, und lächele ihm zu. Vielleicht lächele ich auch gar nicht. Ich bemühe mich, den Teil meines Gesichtes zu bewegen, der zum Lächeln benutzt wurde, als ich noch gelächelt hab. Raus kommt eine unheimliche Fratze.

»Are you alright?« Fragt der Mann besorgt. New York rückt in greifbare Nähe. Ein völlig anderes, besseres New York, als ich allein oder mit Apollo oder mit Peter oder mit Jonas je hätte erleben können. Ein Insider-New-York. Das New York der New Yorker. Man geht zum Essen vom dritten Hinterhof in ein kleines Lokal, das nur vier Tische hat. Für absolute Kenner. Hier hätte keiner hingefunden, der nicht aus der Stadt ist. Wahrscheinlich ist der Laden auch gar nicht hip. Es ist eine alte Bude, die es schon ewig gibt und die berühmt für ihre Pulled-Pork-Sandwiches ist.

Da würde er mich, seine Freundin, hinführen, wenn wir seine Eltern im West Village besuchen.

»I am great. Where are you from?« Amerikanisch oberflächlich, erfreut gefragt.

»Australia.« Erwidert er erfreut. Blöd. Langweilig und weit. Ich glaube nicht, dass ich da leben kann. Nicht mal der *Herr der Ringe* wurde da gedreht, sondern nur nebenan.

»Thanks for the drink!« Er nervt mich. Wieso ist er nicht in New York geboren? Wer grüne Wiesen und Schafe will, kann auch in Brandenburg fündig werden.

»Are you from Berlin?« Ich nicke, er freut sich. »Wow, you are a real Berliner, that's awesome!« Klar findet er das gut, der Idiot, denn jetzt hofft er, dass er ihm eine echte Insider-Berliner-Würstchenbude in einem dritten Hinterhof zeige.

Ich überlege, mit ihm zur Strafe in das Einkaufszentrum in der Wilmersdorfer Straße zu gehen. Das hat eine Rolltreppe und zwei Geschosse und ist »the real Berlin«.

Ich nicke nur, denn mich hat alle Kraft verlassen. Keine Ahnung, wie man so ein Gespräch zu Ende bringt, ich habe seit Jahren keinen Small Talk führen müssen. In einer Beziehung will man nicht oberflächlich sein, man erforscht den anderen und findet Fragen, die vorher noch keiner gefragt hat. Ich habe *The interrogative Mood* zwei Mal gelesen, das ist ein Roman, der nur aus Fragen besteht. Natürlich ist auch *Fragebogen* von Max Frisch eine Pflichtlektüre, wenn man Interesse an seinem Partner hat.

Meine Einstellung zu Fragen hat sich ein klein wenig verändert. Als ich mit Apollo zusammen war, habe ich mir noch Fragen überlegt, die ich in Wirklichkeit selbst gestellt bekommen wollte. Eine Art Frage, hinter deren Antwort sich eine möglichst interessante Facette von mir versteckte. »Hast du schon mal darüber nachgedacht, jemanden zu vergewaltigen?«

Aber Apollo hat nie die Gegenfrage gestellt.

Erst fand ich es enttäuschend, denn er hatte offensichtlich nicht dasselbe Interesse an mir. Mit der Zeit hab ich aber verstanden, dass mir das zusätzliche Wissen über den anderen einen Vorteil brachte.

Ich kannte meine Freunde, konnte mich einstellen auf das, was hinter der nächsten Ecke lauerte. Bei Peter war es natürlich ein bisschen anders, weil er einfach immer log. Bei ihm wusste ich nach einer Weile Frage-Antwort-Spiel ziemlich genau, wer er sein wollte, hatte aber bis zuletzt keine Ahnung, wer er wirklich war. Ich nahm ihm das Lügen nicht übel, denn bei ihm war es eine Krankheit, die einen Namen hatte: Pseudologia phantastica. Peter dachte, dass er die Wahrheit sagte.

Ich selber hatte nur Sachen erfunden, um anderen zu gefallen. In Wirklichkeit ist das Gegenüber einem nämlich was wert, wenn man sich die Mühe macht, etwas zu erfinden. Man will glänzen oder eben den anderen nicht enttäuschen.

Meine Lügen waren zumindest immer liebevoll gemeint.

»Do you like Blowjobs?« Einfach gefragt, weil mir immer nur Blasen einfällt, wenn mich nichts interessiert. Geschockt ist der Amerikaner, der in Wirklichkeit nur langweiliger Australier ist, nicht. Klar, über Sex offen zu sprechen ist heute so normal wie atmen. Er ist eher amüsiert.

»Yes. You?«

»I would not pay for it.«

Ehrlich. Ehrlicher als ich jemals war. Natürlich ist ein Schwanz was Besonderes, denn er bleibt einfach eine abgefreakte, rätselhafte und irgendwie aufwendige Sache. Spaghetti, Wasserbett, Tandem, Overall, Venedig, Känguru, Penis.

»Fair enough.« Er hebt sein Glas, um mit mir anzustoßen.

Irgendwas stört mich an ihm, also außer Australien. Ich weiß nicht, was es ist. Er wird für mich nicht mal interessanter, als seine Freundin durch die Tür kommt. Matt, so heißt der Typ, stellt sie als seine Freundin Rus vor.

»Ruth«, verbessert sie auf Deutsch ihren eigenen Namen. Ich komme nicht dazu, mich vorzustellen.

Ruth kann mich bestimmt nicht leiden. Berechtigterweise. Sie muss nur einen Moment nicht da sein, und sofort sitz ich hier mit ihrem Freund, der mein neuer Freund werden sollte, bevor ich wusste, dass er nur ein langweiliger Australier ist. Aber Ruth wird nicht katzig.

Weil ich sie besser finde als ihn, verabschiede ich mich höflich und setze mich auf die andere Seite der Bar. Auch um mir noch schön einen Kleinen reinzuzwitschern und meinen neuen Freund zu finden. Aber ich interessiere niemanden. Warum? Ich hab ja noch gar nix gesagt, man weiß also noch nicht, dass ich der bekloppte Roboter bin. Es muss ein optisches Problem sein.

Ich schaue an mir herunter und stelle überrascht fest, dass ich wie nicht da bin, weil ich mich heute aus Versehen gar nicht verkleidet hab. Ich trage einfach nur das, was ich anhabe. Hose und T-Shirt. Selbst mein echtes Gesicht habe ich drangelassen. Ich stelle niemanden dar. Keine Epoche, keine berühmte Persönlichkeit, keine politische oder musikalische Gesinnung. Ich bin blank. Es muss aus Müdigkeit passiert sein. Ich fühle mich sehr nackt in meiner Haut, die, wenn man es genau nimmt, aber auch nicht richtig meine eigene ist.

Die Hose hat Jonas mir zum zweijährigen Jubiläum geschenkt, weil er fand, dass die Hosen, die ich trage, mir nicht stehen. Vierundzwanzig Monate hat er mich in meinen Hosen blöd gefunden, ohne dass ich eine Ahnung hatte. Schlimm, wenn man bedenkt, dass ich genau die Hosen trug, die ich auf den Fotos bei seiner toten großen Liebe gesehen und nur deswegen extra ausgesucht hatte, weil ich dachte, dass ihm das gefällt.

»Ja, aber Jenny hatte auch ganz andere Beine als du. Ihre sind nicht so ... sportlich gewesen«, hat er mir erklärt. Aha, sportliche Beine also ohne Sport.

Obenherum trage ich heute einen weißen Flauschpullover, den ich seinerzeit in der Hoffnung gekauft habe, darin friedlich und weich zu wirken. Leute wie ich, die viel wollen, haben die Tendenz, ordinär auszusehen.

Ich brauchte diesen äußerlichen Frieden, damit Jonas in Ruhe seine Fotoausstellung feiern konnte, die aus einem Bild im Gesundheitsamt bestand.

Architektur war drauf.

»Hinter Häusern kann man sich einfach ganz gut verstecken«, fand mein Vater, der Muschimaler, als ich ihm einen Abzug zeigte. »Warum macht der kein Bild von dir?« Weil ich nicht in sein Zentrum darf.

»Ist da auch irgendwo 'ne Kirche drauf?«

»Ja, da.«

»Aha.«

Um mitreden zu können, hatte ich irgendwann auch angefangen zu fotografieren. Am Anfang gefiel das Jonas noch ganz gut, also so lange, bis er mir alle Knöpfe erklärt hatte, auf die es ankam. Meine Fotos selber mochte er nicht. Vielleicht mochte er sie doch. In jedem Fall gefiel es ihm nicht, dass ich fotografierte.

»Das passt doch gar nicht zu dir«, fand er und knipste eine Steinmauer vor einem U-Bahn-Schacht.

»Was passt denn zu mir?«

»Hast du nicht mal Gitarre gespielt, wieso machst du nicht was mit Musik?« Weil ich selber schon genug Gefühle habe und es deswegen hasse, wenn noch was auf die Tube drückt, du Vollspasti, will ich sagen, aber danke ihm stattdessen für die gute Idee, denn ich bin froh, dass er sich das mit der Gitarre gemerkt hat.

Bei der Ausstellung im Gesundheitsamt stehen wir vor seinem Bild. Jonas ist wirklich wichtig, was er macht.

Er will die Welt verändern mit seinen Bildern, so wie Peter mit seinen Filmen und Apollo mit seiner Musik. Dass ich fest davon überzeugt bin, dass es ihnen nur um Geld, Frauen und teure Lederjacken geht, behalte ich für mich, denn es wäre zynisch und gemein. Nur weil ich nichts vorhabe, sollte ich Jonas trotzdem zutrauen, dass er mit sich und seiner Arbeit was ausrichten kann.

Während Jonas mit Leuten über sein Bild spricht, wandere ich im Gebäude herum, in dem noch mehr Fotografen ausstellen, die wir ignorieren, denn nur Jonas' Bild ist schön und wichtig. Weil das so ist, fällt auch niemandem auf, dass ich auch eins gemacht habe. Ich hab keine Beziehung dazu. Es ist mir egal, dass es hier ist. Auch die Form kümmert mich einen Dreck, die Dicke des Papiers, und auch die Beschaffenheit des Rahmens sind mir scheißegal.

Es könnte auch genauso gut gemalt oder gefilmt sein. Wichtig ist nur das Motiv: Jonas.

Der weiße Flauschpullover von damals hat heute in der Bar keine Bedeutung. Natürlich wirke ich jetzt wahrscheinlich auch eher ruhig und weich, aber es war nicht meine Absicht. Was würde ich wohl tragen, wenn es einfach nur darum ginge, etwas auszusuchen, das mir gefällt? Schlafanzug. Ganz klar. Mit Taschen. Auf jeden Fall braucht alles Taschen für den Transport von Wertgegenständen wie Fernbedienungen. Ansonsten trage ich Kleidung nur für andere.

Keiner guckt. Nur Matt und Ruth linsen zu mir herüber. Sie sieht unglücklich aus, also hinter der »Gutgelaunten Freundin«-Fassade.

Matt hat mittlerweile einige Getränke in sich reingetan und zwinkert mir zu.

Wie kann der so selbstgefällig sein. Ich bin auch besoffen, zwinkere zurück, und zwar extra fratzig-hässlich, dann stehe ich auf, weil ich aufs Klo muss. Ich nehme die hinterste Toilette, dann kommt wenigstens von der einen Seite kein Strullgeräusch.

Wie so oft denke ich beim Pressen an das Kondom, das bei meinem ersten Mal mit Fickmonster-Matze in mir verschwunden ist. Sehr wahrscheinlich ist es durch meinen ganzen Körper bis hoch in mein Gehirn gewandert und hat dort irgendeine wichtige Stelle beschädigt.

Als ich fertig bin, bleibe ich auf der Schüssel sitzen. Niemand würde es interessieren, wenn ich einfach nicht mehr rauskomme. Schließlich klopft es. Als ich die Tür zu meiner neuen Behausung öffne, steht Ruth vor mir. Wir nicken uns zu. Ich wasche mir die Hände, aber nur weil Ruth zuguckt. Es gibt keine Papierhandtücher, also werde ich gleich mit den nassen Händen die Türklinke runterdrücken müssen. Der Nächste wird wohl oder übel in den Glitsch reingreifen und sich ekeln.

Ruth steht irgendwie im Weg. Sie will weder aufs Klo noch Hände waschen, kurz hab ich Angst, dass die mir eine reinhau-

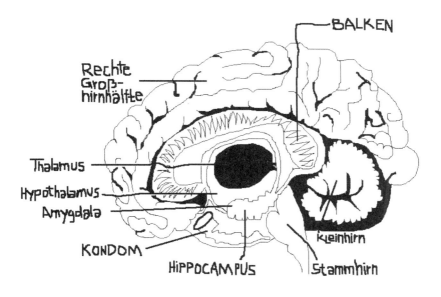

en wird, wegen Matt, dann schaue ich wieder in ihre schönen blauen Augen, die niemals böse sein könnten.

Ich kann das auch nicht. Sauer sein. Wut ist mir völlig fremd. Natürlich hasse und verabscheue ich, versteckt in mir, irgendwo hinter Mottenkugeln, Magen und Milz. Aber wütend nach außen werde ich fast nie. Wütend sein heißt anderer Meinung sein, und das können nur Leute, die bereit sind, sich abzugrenzen. Wenn ich sauer bin und das sage, muss ich mich zwei Minuten später entschuldigen. Mein schlechtes Gewissen ist wie Pac-Man, es fängt die Wut immer wieder ein. Nur die großen Explosionen am Ende einer Beziehung sind nicht wiedergutzumachen.

Ich quetsche mich an Ruth vorbei, die immer noch unschlüssig vor mir steht. An meinem Barplatz steht Matt und wartet, offensichtlich auf mich. Er lächelt mich freundlich und ein bisschen flirty an.

»And?« Ich finde Leute, die mit anderen über ihre Verdauung reden, super ekelig.

»O. k.«

Ich setze mich und bestelle noch was, dann schleicht Ruth auf uns zu. Sie schaut Matt an, dann schüttelt sie entschuldigend den Kopf. Er scheint ein bisschen unzufrieden. Sie nehmen mich in ihre Mitte. Es ist irgendwie unangenehm, denn keiner sagt was.

»Would you like to have sex with us?«

Ich hab mit drei Männern geschlafen, wenn man meine Entjungferung abzieht. Zugegebenermaßen habe ich mit den wenigen oft Sex gehabt und auch so ziemlich alles gemacht, was zwischen Mann und Frau möglich ist, aber ich bin nicht lustvoll. Ich mag Sex.

Ich schlafe mit Leuten, um ihnen möglichst nah zu sein und ihnen Freude zu bereiten, aber nicht weil ich stimuliert werden will. Ich bin nicht »geil« auf jemanden. Ich sage es zwar, wenn ich denke, dass der andere es hören will, aber so echt richtig geil bin ich eigentlich nicht.

Ruth sieht auch nicht besonders geil aus. Von selbst will sie bestimmt nicht mit mir schlafen. Sicher war es seine Idee, die sie nur ausgesprochen hat.

Bestimmt hat er sie aussuchen lassen. Er ist ja kein Unmensch, zumindest soll sie sich mit einbezogen fühlen.

Wollte Ruth mich als Sexpartner, weil sie dachte, dass ich Matt gefalle, oder wollte sie mich, weil sie wusste, dass ich ihm nicht gefalle und so keine echte Konkurrenz darstelle?

»Why me?«, frag ich sie. Ruth schaut mich an, plötzlich wirken ihre Augen einfach nur tief und schön.

»Keine Ahnung, du siehst ziemlich einsam aus.«

Es trifft mich mitten ins Herz. Matt hat nicht verstanden, was Ruth zu mir gesagt hat, denn der spricht nur australisch.

»What?«, will er wissen, aber keiner antwortet ihm.

Ich mag Ruth. Sie hat mich erkannt. Ich werde Ruth helfen und mitmachen, beschließe ich sofort selbstlos. Mit mir als Dritte im Bunde wird ihr nichts passieren. Ich werde ihr nicht den Freund wegnehmen und mich sexuell nicht in den Vordergrund drängen.

Ich bin sicherer für sie als irgendeine von den Mustermix-Hipstern hier. Unauffällig kann ich so kurz jemanden bewachen, auch wenn es nur eine Frau ist.

Wir gehen zu den beiden nach Hause. Es sieht so aus wie in Berliner Wohnungen von Zugezogenen. Leer, Danish Design, unverputzte Wände, individuell zusammengestellter Stil, der in Wirklichkeit aus dem Massenkatalog *friends for friends* abgeguckt ist.

Ich und Matt sind zwar betrunken genug, aber wir trinken schnell noch ein bisschen mehr.

Es ist wie damals, als ich zum ersten Mal mit Peter geschlafen hab. Man steht unschlüssig, Füße scharrend auf dem Zehn-Meter-Sprungturm, während hinter einem alle drängeln. Der Weg nach unten ist unfassbar tief. Aber man muss sich nur ganz kurz überwinden, um es normal zu finden, auf das Ende des Bretts zuzurennen. Dann fällt man schon. Dass sich der Körper des Mannes über einem überall anfühlt wie sonst nur die Haut von Hoden, ist, wenn man alles einmal angefasst hat, ziemlich schnell völlig normal. »Platsch« macht es, und man steigt einfach ganz schnell wieder die Leiter hoch, um noch mal runterzuspringen.

Wir ziehen uns gegenseitig aus, denn darum geht's Matt natürlich. Er will uns zugucken. Irgendwas daran macht Männer an, nur das kann der Grund sein, warum es so viele Girl-on-Girl-Pornos gibt.

Ruth ist sehr hübsch. Kein Mediummädchen wie ich. Alles ist ein bisschen besonderer. Blaue statt braune Augen, Locken statt glatte Haare.

Frauen mit Locken sind verrückt, sagt man, wie mir einfällt. Weil sie durch ihr hüpfendes Haar mehr Aufmerksamkeit bekommen als die langweiligen Glatten. Ich glaube nicht, dass das stimmt. Ruth wirkt auf mich völlig normal, als sie meine Hose öffnet, die mir nicht steht, weil ich darin sportliche Beine habe.

Ich bin hundert Jahre alt und habe noch nie eine Frau geküsst. Als ich noch Sophie hatte, gab es eine Zeit, da wurde sehr viel untereinander geknutscht. Immer vor den Jungs, für die Jungs. Besonders Sophie war ganz vorne mit dabei.

Ich weiß nicht, ob und wie sich die Mädchen dazu verabredet haben, aber ich wurde nicht geküsst. Ich hätte schon gerne, aber noch weniger als einen Korb von einem Mann wollte ich einen von Sophie bekommen. Deshalb hab ich nicht versucht mit ihr zu knutschen, sondern darauf gewartet, dass sie mich küsst. Passierte aber nie.

Klar stellt man sich die Frage, warum man als Einzige von der Sache ausgenommen ist.

Ich denke daran, warum ich nicht geküsst wurde, während ich geküsst werde, denke ich genervt über mich selbst und fahre auf die Überholspur in Richtung Selbsthass. Nichts kann ich genießen, ohne mich zu bestrafen, und das, obwohl ich gar nicht katholisch bin.

Der Kuss, den ich bekomme, ist nicht viel anders als der eines Mannes. Ein bisschen zarter, ein bisschen vorsichtiger, aber das mag daran liegen, dass das für Ruth jetzt bestimmt auch nicht Alltag ist.

Wir legen uns nackt zusammen ins Bett. Matt will jetzt auch küssen. Anstandshalber erst seine Freundin Ruth und dann mich. Aber mich ein bisschen länger, klar, denn ich bin die vermeintlich Neue, noch verpackt und ohne Macke. Hahaha. Ich will nicht, dass Ruth traurig ist, deswegen huste ich und richte mich entschuldigend auf, um wieder Luft zu bekommen. Matt wendet sich wieder Ruth zu, die ihn leidenschaftlich in ihre Arme nimmt. Go Ruth!

Die Sache mit dem Husten kann ich leider nicht immer bringen, daher rutsche ich an den Haufen heran und streichele die beiden. Ruth ein bisschen mehr. Das Paar bildet den Kern, ich bin wie ein nackter Mantel nur außen dran, so ist das okay.

Eigentlich ist es sogar ganz schön. Friedlich. Bis auf die Überwachung von Ruths Seelenheil hab ich hier keine Arbeit. Ich bin ein willkommener Gast, muss niemanden begeistern, mich um keinen kümmern oder von mir überzeugen.

Beide sind zärtlich zueinander und zu mir.

Als irgendjemand meinen Hals küsst, überkommt mich Sehnsucht nach Liebe. Vielleicht könnte ich hier glücklich werden. Matt, Ruth und Luzy. Vicky, Cristina, Barcelona. Eine mormonische Familie mitten in Deutschland. Matt wäre einfach nur da, um unser Freund zu sein. Wenn das so wäre, könnten Ruth und ich zusammen Quatsch machen. Vielleicht mal auf so ein Pflückfeld fahren, um da selber eigenhändig Erdbeeren zu sammeln. Erfreut stelle ich fest, dass ich etwas will. Der Dreier funktioniert zumindest für mich bisher wunderbar. Ich möchte Obst ernten. Körbeweise.

Wir sind zwar nackt, aber bis auf Küssen und Streicheln ist noch nix passiert. Es ist noch niemand in den anderen eingedrungen, alles spielt sich auf der Oberfläche ab. Wenn drei zusammenkommen, dann dauert alles länger, denke ich und wage mich vor. Ich fasse Ruth zwischen die Beine, sie fühlt sich warm an. Obwohl ich weiß, wie weich Muschis sind, bin ich kurz gerührt. Bin ich auch so zart? Ruth stöhnt ein bisschen, aber bevor es weitergehen kann, steht Matt ruckartig auf und verlässt eilig das Zimmer.

Ihm ist offensichtlich schlecht geworden, denn wir hören von der Toilette Spuckgeräusche. Zwischen mir und Ruth entsteht eine Lücke.

Es ist still im Schlafzimmer, ohne Matt sind wir allein und plötzlich auf uns gestellt.

Die Frage nach weiterem Sex stellt sich uns überhaupt nicht. Lustig.

»Warum lachst du?« Ruth schaut mich an.

»Entschuldigung.«

»Nein, sag bitte mal, was ist so komisch?«

»Ich finde es nur lustig, dass wir jetzt nicht einfach weitermachen.« Ruth schaut mich erstaunt an.

»Oh stimmt, wie unhöflich. Willst du denn?«

»Nein, gar nicht. Das find ich ja so lustig.« Ruths Mundwinkel sinken.

»Ach so.« Sie fühlt sich abgewiesen.

»Oder willst du?«, freundlich, einladend gesagt.

»Nein.« Sie ist ehrlich.

»Ach so.« Jetzt bin ich kurz enttäuscht, das Trauma, das von

Mädchen ungeküsste Mädchen zu sein, holt mich wieder ein. Was stimmt nur nicht mit mir?

»Aber du küsst ganz toll!« Ruth rettet mich, und ich lobe zurück. Von der Toilette kommt ein weiteres ekeliges Brechgeräusch.

»Macht ihr das öfter?«

»Manchmal.« Fehleinschätzung. Für Ruth ist das hier sehr wohl Alltag.

Zu meiner Überraschung bin ich schon wieder enttäuscht.

»Ach so.« Ich bin nur eine von vielen.

»Ja, aber es war noch nie so gut.« Das ist gelogen, aber es ist völlig egal, denn es wurde für mein Seelenheil getan. Ich liebe Ruth. Es ist ein ruhiges, schönes Gefühl.

Als würde Ruth wissen, was ich von ihr denke, kuschelt sie sich an und nimmt mich in ihre Arme. Ich bin einigermaßen überrascht, aber vor allem froh, dass ich gehalten werde. So liegen wir eine Weile da und teilen uns eine Zigarette.

Es ist still.

»Ich glaube nicht, dass er wiederkommt. Wenn er so viel getrunken hat, kotzt er immer und schläft dann sofort ein.«

Ruth nimmt eine Decke und verschwindet damit in der Toilette, um Matt zuzudecken.

»Seid ihr glücklich?«, frage ich sie, als sie zurück zu mir ins Bett kommt.

»Ich bin sehr eifersüchtig«, platzt es aus ihr heraus. »Es ist die Pest, und man kann mit niemandem darüber reden.« Ich verstehe, was sie meint. Eifersucht ist wie Lügen, von der Gesellschaft völlig verkannt. Man könnte es auch einfach als Wertschätzung auslegen. Mit Besitzansprüchen hat das für mich überhaupt nichts zu tun, es kann auch einfach nett gemeint sein. Leider funktioniert »schönes Eifersüchtigsein« nur unter Gleichgesinnten, die man aber selten zufällig findet, weil man ja nicht automatisch eine Beziehung mit der Frage »Bist du eigentlich in Wirklichkeit auch gar nicht eifersüchtig, tust aber so, als wärst du es, damit der andere sich gewollt fühlt?« beginnt.

Da die meisten diese Einstellung nicht teilen, wurde ich auch oft missverstanden.

»Nein!«, sagt Ruth bestimmt. »Ich bin wirklich richtig eifersüchtig. Mich zerfrisst das fast. Ich sterbe vor Angst, dass er eine andere hat.«

Ihre Locken wippen ganz leicht.

Sie ist doch verrückt, die Mär mit den Haaren stimmt, stelle ich fest.

»Ich lese alle seine SMS«, gibt sie zu.

»Und was steht da drin?« Ruth starrt mich an.

»Dass er sich freut, Valerie wiederzusehen.«

»Wer ist Valerie?«

»Keine Ahnung!« Sie steht auf, sucht in Matts Hosen, bis sie sein Telefon findet, und steigt zurück zu mir ins Bett. »Findest du das indiskret?«, fragt sie mich.

»Ja«, sage ich ehrlich.

»Ja, oder?«, fragt sie noch mal. »Aber er liest meine auch.« Fügt sie hinzu.

»Woher weißt du das?«, frage ich sie.

»Ich hab es ihm angeboten, weil er auch so eifersüchtig ist.«

»Nett von dir.«

»Ja, aber er kann ja leider kein Deutsch. Es beruhigt ihn also null.«

Ruth sucht in Matts Handy herum, bis sie die Konversation mit Valerie gefunden hat.

»I am looking forward to see you soon«, liest sie vor und spielt in den Satz übertrieben viel Vorfreude hinein. Ruth schaut mich erwartungsvoll an.

»Verstehe.« Denn ich verstehe sie.

Es ist ein bisschen wie früher, wenn man jemand geholfen

hat, der in Mathe hinterherhinkt. Wir gehen alles von vorne bis hinten durch und prüfen jeden Satz.

Heraus kommt, dass es für eine Affäre zwischen Valerie und Matt keine schriftlichen Beweise gibt. Obwohl Ruth nicht gerade jemand ist, der seine Gefühle besonders expressiv ausdrückt, scheint ihr ein Stein vom Herzen zu fallen.

»Danke«, sagt sie.

»Von außen sieht das so aus, als hättet ihr einen ganz guten Weg gefunden, miteinander klarzukommen. Also wenn man davon absieht, dass er im Badezimmer auf dem Boden schläft und du mit einer fremden Frau sein Handy durchsuchst. Ich finde es völlig normal«, sage ich ihr, denn ich weiß, dass ihr am meisten Sorgen macht, völlig verrückt zu sein.

Ruth prüft meinen Ausdruck in den Augen ganz genau, um zu kontrollieren, ob ich es wirklich ernst meine. Offensichtlich ist auch sie auf das Betriebssystem Distrust eingestellt. Wahrscheinlich sogar 3.0. Sicher hat sie viel zu erzählen.

»Ich hätte einfach gerne mal ein anderes Thema, über das ich mich mit meinen Freundinnen unterhalten kann.«

»Ich hätte einfach gerne EINE Freundin, mit der ich reden kann.« Ich versuche nicht, sie zu übertrumpfen, es ist ein einfaches Geständnis. Nichts ersetzt dieses Gefühl von Freundschaft zwischen Frauen. Man lässt sich sein.

Näher bin ich Liebe nicht gekommen, denn damals als Kind auf dem Pony hinter Sophie war ich das letzte Mal wirklich glücklich.

Ruths Augen sind voll Mitgefühl. »Ich könnte deine Freundin sein, wenn du willst!«

Es ist ein bisschen zu niedlich für unsere Situation, denn wir sind nicht mehr in dem Alter, in dem so was einfach nach fünf Minuten Rutschen beschlossen wird. Aber so ist es auch nicht. Ruth gefiel mir von Anfang an.

»Ich bin keine gute Freundin«, gestehe ich. »Es könnte sein, dass ich dich für einen Mann sitzenlasse, auch wenn ich das gar nicht will.« Ruth lächelt.

»Tja«, sagt sie und zieht die Schultern hoch. Sie meint nicht: Tja, ist mir egal, sondern: Tja, dann hab ich eben Pech gehabt!

»Tja«, sage ich und meine: Tja, dann habe ich eben auch Pech gehabt.

Wir lächeln uns an, denn wir lassen uns sein, wie wir sind. Verstehen können wir uns nur, weil wir schon längst Freundinnen sind.

Als ich aufwache, ist Ruth, die alte Mistel, schon bei ihrem Wirt Matt in der Küche.

Beim Frühstück kann ich mich live davon überzeugen, dass Ruth und Matt wirklich glücklich miteinander sind. Alles passiert im Stehen. Jeder nimmt sich selber aus dem Kühlschrank, was er will. Und es ist nicht mal Milch für den Kaffee da. Perfektion ist hier ein Fremdwort, sie gefallen sich offensichtlich gegenseitig, ohne sich anzustrengen.

Als ich gehe, wollen Matt und Ruth, dass ich noch bleibe. Vielleicht sind sie beide wieder nur eifersüchtig und wollen sich mit ihrer Großzügigkeit übertrumpfen, aber ich glaube es eigentlich nicht. Zumindest Ruth fühlt sich wohl, das merke ich, und was kümmert mich der langweilige Australier.

Zum Abschied küssen sie meine Wangen von beiden Seiten.

TIM *Groovy kind of love.* Zu Hause angekommen, finde ich meinen Mitbewohner blass und ausgemergelt in der Küche vor. Unter ihm sitzt Bobby, der ihn nicht aus den Augen lässt. Tim hat offensichtlich nicht geschlafen. Wahrscheinlich hat er sich Sorgen um mich gemacht, denke ich besorgt, denn schließlich war ich über Nacht nicht nach Hause gekommen. Der Frühstückstisch ist schon lange gedeckt, das sieht man an dem trockenen Rand des Scheibenkäses. Auf meinem Katzenbrettchen liegt eine zur Blume gefaltete Serviette. Das hat er sich von mir abgeguckt, und in der Mitte der Blüte ist eine kleine Schokoladenkugel platziert. Der Schüler besiegt den Meister.

Neben dem Arrangement liegt ein Brief für mich. Zwischen der Sinnesverarbeitung Umschlag-mit-Briefmarke und dem Lesen der Adresse hat mein Gehirn weniger als 0,00001 Sekunden Zeit, sich vorzustellen, der Brief sei von Jonas, mit Liebe drin, die zur Hochzeit führt und Kind, das, egal welches Geschlecht es hat, Lou heißt und in unser strahlend weißes Lenor-Bett springt, um uns zu wecken.

Aber der Brief ist vom Gericht und nicht von Jonas, also nur indirekt.

Die Enttäuschung ist so groß, als wäre mir Lou, den oder die ich unter Schmerzen geboren habe, direkt aus den verschwitzten Armen gerissen worden.

Eigentlich weiß ich es natürlich besser, denn der einzige Brief, den ich von Jonas je bekam, war ja die Nachricht in Kinderschrift, die dem kleinen Seelentrösterblumenstrauß beilag.

Es ist bereits der zweite Brief, der mich auffordert, meine Sozialstunden abzuleisten.

Erstaunlicherweise besteht die Strafe darin, in einem Restaurant zu kellnern. Ich hatte eigentlich eher an Müll sammeln als an Longdrinks mixen gedacht.

Aber auf diesem Wege erklärt sich mir endlich auch die Art und Weise, mit der einem in der Berliner Gastronomie begegnet wird. Wenn man nicht gerade von einem amerikanischen Kellner bedient wird, ist es wahrscheinlicher, dass einem ins Gesicht gespuckt wird, als dass man Wasser zum Espresso bekommt.

Ich muss heute im Verbrecherrestaurant vorstellig werden, es hilft alles nix.

Tim wirft eine Vitamintablette in mein Glas. Es sind die daumendicken, die teuren aus der Apotheke, die, die alles enthalten, was der Mensch braucht. Das ist besser als Orangensaft. Punkt für ihn. Die Tablette sprudelt so laut, dass ich nur daran merke, dass Tim nicht mit mir spricht.

»Du siehst echt scheiße aus«, finde ich. Als er hochguckt, sehe ich, dass er offensichtlich auch geweint hat. Seine Augen sind rot.

»Es ist auch nicht so schön, in seine Mitbewohnerin verliebt zu sein.« Es hört sich auswendig gelernt an und kommt für mich völlig aus dem Blauen heraus. Ich war davon ausgegangen, dass wir beide Putzerfische sind, die um ihre Wirte herumarbeiten, um selbst überleben zu können. Die gegenseitige Zuneigung der letzten Wochen zwischen uns hatte ich eher in Richtung Ersatzdroge Methadon verstanden. Außerdem leben wir seit Jahren zusammen, wer glaubt schon an die Liebe auf den zweiten Blick?

»Wouldn't you agree, baby you and me got a groovy kind of love ...«, schallt es von unten. Bobby streckt sich ächzend aus, bei ihm scheint die Stimme von Phil Collins eine positive Konditionierung auszulösen, denn sie bedeutet, dass er Herr im Hause ist.

»Das hast du dir ausgedacht.«

»Nein, hab ich nicht«, bestimmt gesagt.

»Doch hast du«, noch bestimmter bestimmt.

»Liebst du mich denn nicht?« Tim schaut mich bange an. Mir platzt gleich der Kopf. Ich musste noch nie einem Mann, den ich liebte, sagen, dass ich ihn nicht liebe, wie soll das bei jemand gehen, den ich wirklich nicht liebe? Huch. Plötzlich bin ich erstaunt, dass ich trotz meines sehr großen Männermangels nicht mal kurz auf die Idee gekommen bin, Tim als Lösung in Betracht zu ziehen.

Es wäre so leicht. Tim ist der einzige Typ, zu dem ich eine halbwegs normale Beziehung habe. Mit ihm bin ich ruhig und friedlich.

Aber Tim ist ganz klar keine Option.

Er ist kein Achtzehner, das wusste ich von Anfang an, denn das Verliebtsein entscheidet sich in den ersten Sekunden, was einfach daran liegt, dass im Grunde sofort alle Informationen da sind.

Apollo: neben einem Hasenkäfig schlafender bekiffter Musiker, der über zehn Stunden nicht mit mir redet.

Peter: hundertjähriger, koksender Vater meines Schulfreundes, der trotz Freundin mit mir flirtet.

Jonas: weinender, besoffener Mann, der auf dem Weg zu der Beerdigung seiner großen Liebe mit einer Wildfremden auf der Toilette Sex hat.

Die Erkenntnis trifft mich wie eine Ohrfeige:

Ich bin kein Opfer der Umstände, ich finde den Umstand, weil ich ihn suche!

Ich bin wie eine Bergziege. Wenn es nicht steil genug ist, mache ich mich auf den Weg zur furchtbaren Schlucht. Ich fühle mich unwohl, wenn es zu glattläuft.

Was für andere Unglück bedeutet, ist mein Glück. Ich bin wie ein Indianer, ein Geländewagen, wie gelbe Regenstiefel. Ich bin Trockennahrung. Eine sukkulente Pflanze. Sunblocker. Shetlandpony. Bierwagenpferd. Kaltblüter, Teflon, Reinhold Messner. Gemacht für Extremsituationen und zur Lösung unmöglicher Aufgaben.

»Hör jetzt bitte auf mit dem Quatsch.« Ich schmiere mir ein Brot mit veganer Zartbitterschokoladenpaste, die nur da ist, weil jemand sie gekauft hat, um durch noch mehr Variationen von Aufstrichen den anderen zu übertrumpfen. Ich war es nicht.

»Du hast meine Frage nicht beantwortet!« So kenn ich den Vogelmann nicht.

Ich beiße ab. Meine Zähne sind jetzt zartbitterschwarz. »Ich bin Hornhaut. Du bist kein harter Boden. Das kann ich nicht vertragen, weil ich nicht dafür gemacht bin.« Für mich macht die Analogie perfekten Sinn. Es ist nur schwer, es so zu formulieren, dass ein anderer es versteht. Der Kopf hat was begriffen, ohne dass es dafür schon die richtigen Worte gibt.

»Aber du bist glücklich mit mir!« Ich werde völlig entgegen meiner Art unglaublich wütend. Das Gefühl kommt hinter der Mottenkugel hervor und schiebt alles zur Seite, was an Angst da war.

Wegen Schliki guck ich noch mal genau hin und muss feststellen, dass Wut schwarz und hart ist. Es ist ein angenehmes Gefühl.

»Du liebst mich doch gar nicht in echt.« Wütend gesagt.

»Doch, tue ich«, er lässt sich von seiner Idee nicht abbringen.

Mir reicht es. Ein weiteres Zeichen dafür, dass ich nicht verliebt bin, ist, dass ich einfach weiteressen kann. Ich nehme mein Brot und gehe, gefolgt von Bobby, in mein Zimmer.

Ich will sogar ein zweites veganes Zartbitterbrot, so gut geht es mir. Ich hab richtig Appetit.

Als ich aus dem Zimmer herausgucke, um nachzusehen, ob der Weg zum Aufstrich frei von eingebildeten Verliebten ist, steht Tim in seiner Zimmertür und schaut zu mir hinüber.

»Wir hätten sogar schon ein Kinderzimmer«, ruft er mir zu. Einfach verrückt geworden. Schade um ihn.

Ich schaue Tim an. Er wirkt wirklich verzweifelt. In mir zieht, während er leidet, eine unglaublich zufriedene Zufriedenheit ein:

Ich will Tim nicht. Ganz sicher nicht. Ich brauche einen schrecklichen Mann, um wieder glücklich sein zu können. Ich suche mir die Achtzehner freiwillig aus. Und weil das so ist, bin ich kein Opfer.

LUZY

»Liebe ist wie Igel essen«, hat irgendein sehr kluger Mensch an die Tür der Damentoilette geschrieben. Eigentlich darf ich auf diese Toilette nicht gehen, wurde mir gesagt, denn sie ist nur für Kunden. Aber sie ist näher an der Bar, deswegen macht die Vorschrift für mich keinen Sinn. Was ist an meinem Pipi bitte schön so schlecht, dass es sich nicht mit dem von den Kunden mischen darf? Ich weiß es nicht.

»Du darfst den Kaffee nicht wirklich bonieren«, ist das Erste, was die Dicke mir flüsternd zuzischt. »Du nimmst aber trotzdem das Geld und behältst es für dich.« Keine Frage, warum sie hier sein muss, sie ist offensichtlich eine Diebin.

Eigentlich würde man denken, dass ich als Berufsfreundin alle Skills habe, die man in der Gastronomie braucht: Gastfreundlichkeit, Hilfsbereitschaft, vorgegaukeltes Interesse.

Ich werde mit einer ausgeschnittenen Herzschablone die Schaumkronen der Kaffees mit Kakaopulver verschönern, beschließe ich erfreut und peppe derweilen die Apfelschorle mit einem Apfelschnitz auf. Aber meine neue Chefin verbietet meine Eigeninitiative sofort. »Wir sind hier nicht in Mitte. Unsere Kundschaft will das ohne Schischi.«

Der Verbieterchef heißt Sabine, hat wirre blonde Haare und leitet, schmallippig und, das wird mir relativ schnell klar, von Hass getrieben, dieses Restaurant. Es ist ehrlich gesagt auch kein richtiges Restaurant, sondern ein Verein zur Ausbildung von straffälligen Jugendlichen. Mir ist nicht ganz klar, wer ich bin: straffälliger Jugendlicher oder doch auf Grund meines Alters Ausbilder.

Die meisten Azubis sind mit Medikamenten ruhiggestellte Jungs, die in der Küche von Don, dem Koch, zu Köchen ausgebildet werden.

Eigentlich kommen die Azubis aber nie, erklärt mir die dicke Blonde, denn in einem lichten Moment hat einer der Jungs begriffen, dass Sabine auf die Förderprämie angewiesen ist, die sie für jeden Einzelnen vom Staat kassiert. Die schrecklichen Jungs sind also unkündbar. Wahrscheinlich gilt selbiges für mich, also falls ich Azubi und nicht Ausbilder bin.

Heute ist neben meiner Einarbeitung auch eine Mitarbeiterversammlung. Alle sind sehr aufgeregt, weil neu eingeteilt wird, wer in Zukunft die Patenschaft für welches Ding übernimmt. »Natürlich putzt jeder alles, aber es ist besser, wenn man auch ein Stück Verantwortung für eine bestimmte Sache trägt«, erklärt Sabine.

»Nimm nicht die Kuchentheke, die macht mehr Arbeit, als man denkt. Krümel und so.« Die Dicke scheint sich für mich zuständig zu fühlen. Vielleicht ist doch sie meine Ausbilderin. »Ich war in der letzten Saison Patin der Kuchentheke. Ich möchte auf keinen Fall wieder für sie zuständig sein.«

Wir Kellner sind alle Mädchen, und eigentlich sind auch alle ganz nett.

Hanna zwinkert immer mit dem einen Auge, wenn man ihr was erzählt. »Das liegt daran, dass ich immer alle ausgesprochenen Buchstaben im Satz meines Gesprächspartners zähle und dann überlege, wie man den Satz umformulieren muss, damit eine gerade Anzahl an Buchstaben am Ende herauskommt.« Hanna ist offensichtlich auch keine Ausbilderin. »Ich nehme auch schon Medizin dagegen, aber zur Sicherheit zähl ich noch ein bisschen weiter. Merkt ja keiner.« Sie kichert, ich nicke. »O.k.« Ich wähle extra nicht Aha, denn ich weiß O.k. sind zwei Buchstaben, gerade Anzahl, ihre Welt wird erst mal in Ordnung sein.

Dann ist da noch die hübsche Judith. Die mir eine Sache direkt unmissverständlich klarmacht. »Wir benutzen das Gruppenportemonnaie aus dem Restaurant, weil wir kein eigenes haben. Ich habe vor allem deswegen keins, weil ich dafür kein Geld ausgeben will. Das wäre doch paradox, dass ich das Geld, welches ich mir falsch zusammenkassiert habe, wieder dem Restaurant zurückgebe, oder?« Judith ist hübsch, aber auch keine Ausbilderin, sondern ebenfalls eine Diebin.

Ich werde auf Schritt und Tritt von den wütenden Schlitzaugen der Chefin, die wahrscheinlich die Ausbilderin aller ist, verfolgt. Also schleppe ich schwankend, aber mit meinem süßesten Lächeln ein paar Cappuccino und Pflaumenkuchenstücke auf die Terrasse. Ich platziere die schwappenden Milchkaffeegetränke vor den Gästen und sehe aus dem Augenwinkel, wie meine Chefin ihre blonden Haare schüttelt und mir sehr, sehr auffällig zu verstehen gibt, dass etwas nicht so läuft, wie es ihr vorschwebt. Ich versuche sie zu ignorieren und meine ganze Konzentration auf die beiden Frauen, die noch mehr zu ihrem Kuchen dazubestellen wollen, zu lenken, doch Sabine wackelt mit dem Haupthaar, macht schmale, sehr schmale, papierdünne Lippen und spricht laut zu sich selbst: »Och nein! ... Mensch, das kann doch nicht so schwer sein.« Schließlich kann sie es wohl nicht mehr aushalten, kommt zu unserem Tisch. Sie zieht mich mit spitzen Fingern von den Gästen weg. »WAS fällt dir auf?«, fragt sie mich. Ich schau mich um. Die Schirme sind hochgekurbelt, die Tische abgewischt, ich arbeite seit einer Stunde hier und habe versucht, alles richtig zu machen. Ich weiß wirklich nicht, was falsch ist. Dann sehe ich es doch!

»Ahhh, ich weiß, ich habe keine Gabeln zu dem Kuchen dazugelegt.« Sabine schaut irritiert auf den Tisch. Das war ihr offensichtlich nicht aufgefallen. Sie zeigt auf die Speisekarte.

»Das ist eine mit Ledereinband«, zischt sie und hält mir die Speisekarte unter die Nase. »Diese Karten sind nur für den inneren Bereich des Restaurants gedacht, die für draußen haben Pappeinbände!« Ich schaue mir beide Karten an, kann wirklich einen ziemlich großen Unterschied in Farbe und Material erkennen und bin mir auch ziemlich sicher, dass ich diese Karte mit Ledereinband heute noch nicht in den Händen hatte.

»Sicher hat die einer von den Gästen rausgetragen.« Wie zur Bestätigung kräht ein kleiner, schrumpeliger Mann:

»Könnte ich endlich mal die Karte haben?«

Ich bin zufrieden.

»Die ist leider nur für drinnen«, versucht Sabine sich freundlich herauszureden.

»Ach, habt ihr drinnen andere Sachen zu essen als draußen?«, schrumpelt der Schrumpelige hinterher.

»Ja, ähhh, nein. Die ist aber aus Leder.« Sie drückt mir die Pappkarte in die Hand, die ich dem Gast bringe, der sie belustigt begutachtet.

»Kann ich mal die aus Leder sehen?« Sabine rollt mit den Augen und klammert ihre Hände um die Karte.

»Nein. Die gehen nicht raus!«, schnauzt sie den Gast resolut an und verschwindet mit ihrem ledernen Schatz im Laden. Schrumpeldei lacht mir zu, und von der anderen Seite schreit jemand.

»Hee, Sie, Froilain, sollen wir den Kuchen mit unseren Händen essen?« Ich laufe ganz schnell ins Restaurant, um eine oder vielleicht auch zwei Gabeln zu holen. Dort steht bereits Sabine mit der Lederkarte vor den anderen Kellnern und hält eine Rede:

»Also! Noch mal! Die ist aus Leder, wenn da ein Regentropfen draufkommt, dann ist sie kaputt, deswegen bleiben diese Karten drinnen, und auch nur abends. Die Lederkarten sind festlicher für den Abend. Manchen von euch scheint es nicht aufgefallen zu sein, dass das hier ein Betrieb der gehobenen Gastronomie ist. Zum Schichtwechsel gehen diese Lederkarten in den Schrank, die Pappkarten gehen raus ...«

»Und was mach ich, wenn jemand abends draußen was essen will?«, fragt Judith und erhält auch sofort das wohlwollende

Lächeln der Chefin des Restaurants der gehobenen Gastronomie.

»Das ist eine gute Frage! Deswegen lassen wir die Pappkarten draußen auch nach dem Schichtwechsel. Nur drinnen geht dann Pappe und Leder kommt, verstanden?«

Alle nicken.

»Was mach ich denn, wenn jemand auf dem Weg vom Klo so eine Lederkarte mit nach draußen nimmt?«, frag ich und will dasselbe anerkennende Lächeln wie Judith. Aber Sabines Mundschlitze sinken, und die blonden Locken wackeln hin und her.

»Nein, nein, nein, die Lederkarten gehen niemals raus, niemals.« Geschrien. »Wenn das passiert und du siehst einen Gast mit der Lederkarte rausgehen, dann nimmst du sie ihm weg und sagst höflich: Entschuldigen Sie, diese Karte ist aus einem sehr teuren Material gefertigt und nur für die Innenräume unseres Restaurants!«

Alle nicken. Draußen winken die Frauen nach ihren Kuchengabeln.

Aber bevor ich loskann, hält Sabine mich schon an der Schürze fest. »So, wir fangen jetzt mit der Besprechung an. Wo sind die Azubis?«

Don trocknet sich seine Hände an der Schürze ab und macht sich einen Mischsaft aus allen vorhandenen Säften in einem Weizenglas, wahrscheinlich um zu seinem spärlichen Lohn wenigstens noch ein paar Vitamine dazuzutrinken, denn er kann dahinten in der Küche ja keinen Kaffee falsch abrechnen. »Kein Azubi jekommen heut.« Sagt er zu Sabine, die ihn und sein Saftgemisch misstrauisch beäugt. Aha, ich bin offensichtlich doch kein Azubi, denn ich bin ja da.

»Keine Biosäfte für die Belegschaft!« Gekrischen.

Draußen winkt mir ein Mann mit Schnurrbart ungeduldig zu.

»Die Leute, die immer wiederkommen und dieselben Sachen bestellen, haben Namen. Es gibt den Kristallweizentyp, die Cappuccinomitleitungswasserglasfrau oder das Käseplattenpaar. Das ist der Espressomann«, erklärt mir Hanna und deutet verliebt lächelnd auf den winkenden Schnurrbarttypen, der sich mit einer Zeitung an einen Tisch setzt. Er ist hübsch. Ganz offensichtlich und für jeden zu sehen: schön, groß, dunkel, braunäugig mit Schnurrbart, und er sieht aus wie Josef Stalin.

Ich kann ihn sofort nicht sonderlich leiden, weil alle Frauen hier ihn ganz toll finden, sogar die Schmallippen von Sabine scheinen sich in seiner Anwesenheit mit Blut zu füllen.

Er ist so ein Mann, dem alle Herzen zufliegen, ohne dass er was machen muss, er ist wie die Micky Maus ein Gewinner. Sein Schnurrbart ist wie ein Wonderbra. Extra zur Schau gestellte Männlichkeit, die selbst Jonas' vollen Vollbart in den Schatten stellt.

Für meinen Geschmack ist er viel zu schön. Ich denke wieder an Flori, das einäugige Lieblingspony von Sophie. Vielleicht könnte man Espressomann verunstalten.

Ungefragt stelle ich ihm seinen Espresso hin, und weil mir das so peinlich ist und ich ihn so langweilig finde, schneide ich dabei eine ganz besonders hässliche Fratze. Es ist offensichtlich. Sein Spitzname ist falsch gewählt. Espresso hin oder her. Das ist Stalin. Ich möchte mich nicht von Anfang an querstellen, aber es scheint mir, als hätte man einen Hund Muschi genannt.

Sabine ruft uns zusammen und setzt sich an den Tisch.

»Also, was ich immer wieder beobachte, ist, dass noch immer nicht alle den richtigen Ablauf bei der Weinpräsentation draufhaben. Und weil Luzy neu ist, machen wir das noch mal zur Sicherheit. Luzy, präsentiere mir mal einen Barolo, die anderen beobachten und kommentieren.«

Alle schauen mich an, ich gehe zum Regal und hoffe, dass Barolo irgendwo so auf der Flasche steht, dass ich sie nicht drehen muss. Gefunden. Ich nehme sie und versuche aus einer weißen Serviette eine sogenannte Krawatte zu basteln, die dann um den Flaschenhals geschlungen wird und wahrscheinlich dazu da ist, die Rotweintropfen aufzusaugen.

Denke ich mir, ich weiß es nicht, und ich traue mich auch nicht zu fragen.

Alle Augen sind auf mich gerichtet, während ich mit der geschlossenen Flasche und der Krawatte, die eher wie eine Halskrause aussieht, zu Sabine gehe.

»Der Wein muss immer vor den Gästen geöffnet werden«, erklärt sie, und ich fange an, mit dem Kellnermesser an dem Flaschenhals herumzusägen. Schon jetzt strecken sich ein paar Finger von den Kolleginnen wissend in die Höhe, und Sabine schnauft. Es ist was falsch.

Sabine nickt ihrem Liebling Judith zu.

»Du musst dem Gast die Flasche präsentieren, bevor du sie öffnest.« Sabine nickt. Ich weiß nicht, was sie meint. »Das Etikett zeigen«, hängt Judith an ihre kleine Weinschulung hintendran.

Ich halte Sabine die Flasche hin, so dass sie lesen kann, was auf dem Etikett steht, und schäme mich. Ich schäme mich für jeden Kunden, der einfach nur Wein trinken will, um besoffen zu werden. Ich schäme mich für jeden, der sich gegen seinen Willen das Etikett angucken muss. Ich schäme mich, mitten in der Unterhaltung zwischen zwei Menschen aufdringlich meine Flasche zu präsentieren. Ich grusele mich davor, in einem merkwürdigen Ritual die Zeit anzuhalten und die Show erst abzubrechen, wenn einer wohlwollend genickt hat.

Ich ziehe den Korken aus der Flasche. Er bricht nicht ab, das passiert mir sonst oft, und hier im Restaurant der gehobenen Gastronomie kann ich ihn dann auch nicht wie zu Hause mit einem alten Kuli zurück in die Flasche stoßen.

Was kommt nun? Muss da jetzt nicht jemand am Korken riechen? Muss ich das sein? Wenn nicht ich, wer dann? Und vor allem, was riecht der, der daran riecht? Keine Ahnung, jetzt kommt eh der Teil, den ich privat schon hasse. Ich gieße einen kleinen Schluck von dem Rotwein in Sabines Glas.

Es ist unerträglich ruhig, als Gast verstummt man bei diesem Teil, denn man muss mit allen Unterhaltungen warten, bis der ganze Weinhorror endlich ein Ende hat. In dieser unnatürlichen Ruhe hört man das Gluckern der Flasche. Extrem laut und aufdringlich. Dieses lüsterne, gurgelnde, irgendwie sexuelle Geräusch, das ein Wein macht bei den ersten 10 cl, die aus der Flasche kommen. Ich schäme mich erneut, dieses Mal für den Wein selbst. Es ist, als hätte er gefurzt und alle wären extra verstummt, um sich dieses schöne Naturspektakel mit aller Aufmerksamkeit anzuhören.

Sabine hebt das Glas und kostet. Okay, sie ist wahrscheinlich Alkoholikerin, sie weiß, wie das schmecken muss. Aber außer meinem Vater kenn ich niemanden, auf dessen nickendes Urteil, mit dem man dem armen Kellner zu verstehen gibt, dass der Wein gut ist, ich mich verlassen würde.

Weil Sabine nickt, stelle ich schweißgebadet die Flasche auf den Tisch und lass den Korken in meiner Tasche verschwinden, um ihn später im Bett durchzuriechen.

Don zwinkert mir zu und reicht mir sein Saftweizenglas, ich trinke gierig verbotenen Biosaft und beobachte durch das Fenster, wie die beiden Kuchenfrauen ihren Tisch verlassen. Pflaumenkuchen mit Sahne ohne Gabeln, ich kann's ihnen nicht verdenken, wenn sie kein Geld für mich auf dem Tisch zurückgelassen haben.

Die Besprechung ist zu Ende, und ich sehe auf einem Zettel, der neben der Kasse pinnt, dass ich die Kuchentheke als Patenkind bekommen habe.

Ich muss sehr lange kellnern, bis endlich Schluss ist. Als ich vor dem verschlossenen Restaurant stehe, stelle ich fest, dass ich mich bis auf das stete tinnitusartige Grundrauschen meiner Liebeskummergedanken heute fast nicht mit mir selbst beschäftigt habe. Wahrscheinlich brauche ich wirklich doch diese Lebensaufgabe, von der alle sprechen.

Nach Hause zu dem verliebten Vogelmann will ich nicht. Vielleicht ist mein Wegbleiben nein genug, so dass ich nicht laut nein sagen muss, was ich sowieso nicht könnte, obwohl ich es wollen würde.

Ruth freut sich, als ich wieder vor der Tür stehe. Zwar haben sie wieder Sexbesuch, der schon fertig filetiert im Schlafzimmer liegt, während sie mich an der Tür begrüßt, aber ich darf auf der Couch schlafen. Tja.

Hier liege ich mit meinem Korken unter der Nase.

Mittlerweile ist es mitten in der Nacht. Klar, ich hatte mir vorgestellt, zwischen Ruth und Matt zu kuscheln, sicher eingeklemmt, um mich an ihrer Liebe zu wärmen oder besser noch davon etwas abzuschröpfen wie ein Blutegel.

Aber im Bett liegt jetzt eine andere. Mir ist plötzlich wieder elend. Kein schrecklicher Mann, den ich bewachen könnte, ist in Sicht, also wird mein Leiden wahrscheinlich noch eine Weile so weitergehen. Klar müsste ich in der Lage sein, es allein zu schaffen, ohne schrecklichen Freund. Ich weiß es selber.

Und es hat auch keinen Sinn, unehrlich zu sich selbst zu sein.

Wie sollte ich das mit dem Alleinsein schaffen, wenn ich es bislang nicht hinbekommen hab. Es ist illusorisch und auch zu viel verlangt. Die Chance, dass ich auf mich gestellt, ohne schrecklichen Freund durchs Leben komme, ist gleich null. Völlig unrealistisch. Fürs Alleinsein gibt es keine Gedankenstraße, nicht mal einen Bauplan.

Ich brauche ein bisschen, bis ich in der dunklen Wohnung Papier und Stift gefunden habe, um Schlikis Hausaufgabe zu erledigen.

Es ist schwerer als gedacht, muss ich feststellen, aber ich versuche eine schöne Fantasie zum Thema Alleinsein zu erschaffen. Immer wenn ich anfange zu schreiben, schmuggelt sich ein schrecklicher Mann zu mir an den Strand oder ins Bett. Liegt das daran, dass ich mir jemanden wünsche? Und ist dieser Wunsch dann berechtigt, weil er wie die Hundert auf der Glücksskala ist? Oder schaffe ich es nur nicht, mir einen schönen Alleine-Moment vorzustellen, weil ich mir das ohne Straße noch nicht vorstellen kann? Ich würde am liebsten Schliki anrufen, um ihn zu fragen. Ich beschließe, einfach etwas aufzuschreiben, auch wenn es mir zuwider ist.

Ich bemühe mich, so genau wie möglich zu sein.

»Es ist eine warme Sommernacht. Ich sitze im Auto und spüre die würzige Luft auf der Haut. Die Nahtstellen der Straße geben rhythmisch einen Takt vor, der mich beim Fahren begleitet. Es ist das Einzige, was ich höre, denn in meinem Kopf ist es still.«

Mir kommt diese Fantasie sehr puristisch vor. Sie wäre mir peinlich langweilig, wenn ich sie laut erzählen müsste. Aber sie ist ja nur für mich. Und ich würde wirklich gerne einfach mal meine Ruhe haben.

Ich lese das Geschriebene ein paar Mal durch, aber es hilft mir so schnell nix. Nein, für den Moment muss ich zügig jemanden finden.

Man sollte meinen, dass es einfach ist, in einer Stadt wie Berlin einen beziehungsunfähigen Achtzehner-Mann zu finden. Aber die richtig depressiven Eigenbrötler stehen auch nicht an jeder Ecke rum. Vielleicht muss es auch nicht gleich der perfekte sein. Also der »richtig schreckliche Freund«.

In einer Notsituation sollte man nicht wählerisch sein. Irgendeiner, der vielleicht ein bisschen gemein ist, wäre erst mal ausreichend, um mich vor der Trennungsangst zu retten.

Nur nicht Tim. Wenn ich mich erst mal mit dem einlasse, komm ich da nicht mehr raus.

Am besten finde ich jemand, der mir wirklich, wirklich egal ist. Je egaler, desto besser. Wichtig ist jetzt nur, einen Mann zu finden, der mich warm hält, der von sich aus keine Beziehung will, aber auf eine langweilige Art, die ihn für mich nicht interessant macht, so dass ich ihn sofort verlassen kann, wenn ich mich endlich ehrlich in jemand richtig Schrecklichen verliebe.

Das verlangte Profil meines Egalenlückenfüllerfreundes ist anspruchsvoller als gedacht.

Man kann so jemanden nicht kennenlernen, denn für alle Eigenschaften, die er haben muss, damit es reibungslos funktioniert, gibt es bei einem frischen Menschen, über den man nix weiß, zu viele Fragezeichen.

Am besten wäre es, auf jemanden zurückzugreifen, den man kennt und der einem schon mal egal war.

Ich gehe kurz die zugegebenermaßen kurze Liste der bereits existierenden Männer durch, die neben Apollo, Peter und Jonas in meinem Leben vorgekommen sind. Mir fallen nur zwei ein. Matze das Fickmonster und Gucci-Gregor aus dem Sommerurlaub mit meiner Mutter auf Ischia.

Mit Matze habe ich zwar geschlafen, aber das macht ihn nur zur o vor der 1, und die zählt nicht. Mit Gucci-Gregor habe ich bisher nur geknutscht. Beide Jungs waren nicht schrecklich genug gewesen, um sich zu verlieben. Einen von denen könnte man also reaktivieren, um durchzuhalten. Zufrieden schlafe ich ein.

Am nächsten Morgen beim Stehfrühstück in der Küche müssen wir leise sein, denn das menschgewordene Sexspielzeug schläft nebenan den Schlaf der Gerechten. Ruth ist guter Laune, trotz oder wegen der Nebenbuhlerin, das erschließt sich mir noch nicht.

Ich erwische mich dabei, wie ich mir überlege, Ruth und Matt aufwendig zu verführen, um so wenigstens eine Pole-Position unter ihren Liebhabern zu bekommen.

Da kann man mal sehen, wie nötig ich den Zuspruch von Dritten habe. Ich brauche den Applaus. Je strenger das Publikum, desto mehr ist das Klatschen wert. Ach, wie schön ist es, von einem richtig furchtbaren, gemeinen, abweisenden Mann »fast« geliebt zu werden.

Als ich duschen will, ist die Badezimmertür zu. Das Sexspielzeug hat sich wahrscheinlich durch den unverputzten Flur an der Küche vorbei ins Bad geschlichen. Weil ich nicht die bin, die im Bad ist, finde ich die Idee wahnsinnig lustig, zu klopfen und die Sexpuppe wissen zu lassen, dass noch jemand in der Wohnung ist, der weiß, dass sie sich unmoralisch verhalten hat.

»Hallo, brauchst du noch lange?«, extra laut gefragt. Ich bekomme keine Antwort. Stattdessen geht die Tür auf, und ich stehe dem großen Diktator gegenüber. Nicht unserem, sondern dem russischen.

Stalin hat ein Handtuch um seine Hüften geschwungen. Seine Brust ist breit und behaart und der Bauch ein wenig bauchig. »Ist jetzt frei.« Er geht an mir vorbei, um am Stehfrühstück teilzunehmen.

Ich bin jemand, der auf alles vorbereitet ist. Also klar, ich hab jetzt keine Taschentücher in der Handtasche oder Labello, sondern nur krümeliges tabakähnliches Zeug, in dem unverpackte Salbeibonbons herumliegen. Aber emotional muss einfach das Schlimmste, was kommen kann, durchdacht und erwartet werden. Das ist mein Credo.

Was, wenn sich das Dinner bei Freunden in eine Orgie verwandelt, die von meinem Freund angeleitet wird? Was, wenn er einfach nicht vom Sport nach Hause kommt, um zu duschen, sondern nach Tegel fährt, um nach Dubrovnik zu reisen? Für immer. Was ist, wenn er in Wirklichkeit während unserer Beziehung eine andere Frau geheiratet und geschwängert hat? Für mich klingt das nicht absurd. Nichts ist unwahrscheinlich, denn Teile davon sind mir schon passiert.

In letzter Zeit stolpere ich immer häufiger in diese Situationen, die ich nicht hab kommen sehen. Vielleicht liegt es daran, dass ich hier noch nie war, im Land der Singles. Alles ist neu, ich kenn mich nicht aus.

Ich habe nicht erwartet, dass das Paar, mit dem ich gestern fast Sex gehabt hätte, heute welchen mit Josef Stalin hat.

Die drei stehen jetzt zusammen in der Küche und mümmeln irgendwas in sich hinein. Ruth geht an mir vorbei ins Badezimmer, das ich nicht benutzen konnte, weil ich dem großen Diktator folgen musste, um mich zu überzeugen, dass alles auch wirklich so ist, wie ich glaube.

»Das ist ein Mann!«, erkläre ich Ruth.

»Ich weiß!« Sie lächelt. »Das machen wir immer so, zum Ausgleich!« Sprachlosigkeit.

Matt und Stalin unterhalten sich über die Fusion. Man fährt jedes Jahr. Klar, es ist total kommerziell geworden, aber man hat selber Freunde, die da ein Mischgetränk verkaufen, das aus Guaraná und Wodka und anderen Substanzen gebraut wird. Ja, das hilft wirklich, man ist danach ganz beschwingt und angeregt.

Ich finde eigentlich am unmöglichsten, dass Stalin mich nicht wiedererkennt. Der Diktator reibt sich quietschend sein Auge. »Weißt du gar nicht, wer ich bin?«

»Nö!«

»Wir kennen uns aus dem Verbrecherrestaurant.«

Stalin guckt mich an.

»Man nennt dich dort Espressomann.«

»Aha«, findet Drei-Buchstaben-Stalin, der mich plötzlich an meinen Vater erinnert. Hanna würde ihn aufgrund seiner ungeraden Buchstabenwahl hassen.

Ruth kommt zurück: »Du kannst so lange bleiben, wie du willst.« Sie säuselt mir angenehm warm ins Ohr und flechtet dabei an meinen Haaren herum. Es kitzelt schön. Ich liebe Ruth.

»Hast du einen Rohrbruch?«, fragt der Diktator und weckt mich aus meinem Frieden.

»Ich kann nicht nach Hause, da ist ein verliebter Mann, der mit mir zusammen sein will.« Ruhig und bestimmt gesagt.

Stalin lächelt jetzt ein bisschen, aber nicht über meine süße verwirrte Art, sondern über seinen Geistesblitz.

»Jetzt weiß ich, wer du bist. Du bist die Fratze!« Der Diktator erkennt mich wieder.

»Hast du den anderen Kellnern auch Namen gegeben?«

»Die Dicke und die Lippenlose.«

»Da gibt es noch zwei.«

»Die sind auch dick, oder?«

»Judith gar nicht, und Hanna ist nicht dicker als ich.« Stalin guckt mich an.

»Ich finde dich auch nicht dünn. Aber du machst eben die Fratzen.«

Es scheint, als wäre das mit den Spitznamen wie bei Stein Schere Papier. Fratze gewinnt über Dicke.

»Habt ihr einen Laserpointer, mit dem man Entfernungen messen kann? Ich hab meinen zu Hause vergessen.« Der Australier versteht nur Laser.

»Ich hab einen Zwei-Meter-Zollstock.« Ruth ist hilfsbereit.

»Danke, das geht leider nicht so gut.«

»Was willst du denn damit?« Stalin fragt jetzt mit echtem Interesse.

»Ich darf meinem Exfreund nicht näher als hundert Meter kommen, wenn ich ihn sehen will.« Man glaubt mir nicht.

Ich muss los.

Um mich zwischen Matze und Gucci-Gregor zu entscheiden, brauche ich Ruhe, und die habe ich nur, wenn ich bei Jonas Wache schieben kann.

Bevor ich gehe, hole ich mir die Schrottpressenküsse von Ruth und Matt ab, von denen mir eigentlich viel mehr zugestanden hätten, wenn der Diktator nicht sein blödes Glied zwischen uns geschoben hätte.

Ich kann den Abstand mittlerweile auch so einschätzen, stelle ich fest, als ich hinter Jonas herbummele. Wenn Jonas' Silhouette zehn Zentimeter misst und so zwischen meinen Daumen und Zeigefinger passt, sind das hundert Meter.

Jonas schlurft die Straße entlang. Er hat Heuschnupfen. Das hätte ich auch, ohne hinzuschauen, gewusst, denn es ist seine »schlimme Zeit«. Wie damals im Zug, als wir uns kennengelernt haben, sorgen die Pollen dafür, dass sein Gesicht explodiert.

JONAS

Dass seine Tränen damals aber gar nicht echt, sondern nur allergisch waren, habe ich erst später kapiert.

»Entschuldige bitte, ich hab nur Heuschnupfen.«

Hätte ich ihm gleich geglaubt, wäre mir einiges erspart geblieben.

Das Zugklopapier war steinhart, trotzdem oder gerade deswegen schrubbte sich Jonas damit ordentlich über die Augen. Er trug Schwarz.

»Jenny war meine große Liebe.« Wir wollten uns in den Speisewagen setzen, es gab aber nur noch Platz im Bistro, ein Speisewagen ohne Stühle, mit Polstern an der Wand zum Anlehnen. Jonas aß sein zweites Sandwich, von dem er die eiskalten Gurkenscheiben heruntergepult hatte, und redete in einem fort von der wunderbaren Jenny.

Sie war ganz klar ein Übermensch mit Haaren aus Gold und einem Herz aus Gold und goldenen Schuhen in güldenem Licht gewesen. Während er so über »sein Mädchen« redete, löste sich langsam die emotionale Schockstarre, in die ich geraten war, seit Peter mich wie ein unerzogenes Schulkind, das vorzeitig von der Klassenfahrt nach Hause geschickt werden muss, in den Zug nach Hause gesetzt hatte.

Nie würde ich jemandes Jenny sein. Die Schwan fressende Alex war eine Jenny, die schwangere Marie war eine Jenny. Frauen wie Odysseus' Penelope. Sehnsuchtsobjekte. Ich war nur Kalypso, eine olle Hexe, die Männer so lange auf einer Insel gefangen hielt, bis sie bei Nacht und Nebel auf einem Schwein reitend durchs Meer flüchteten. Damals war ich noch ein Opfer, denn ich wusste nicht, dass ich die Hornhautteflonfrau bin, die das Abenteuer sucht.

Offensichtlich war mir anzusehen, dass etwas mit mir nicht stimmte.

»Alles okay, du bist so blass?« Jonas berührte meinen Arm und schaute mich besorgt an.

»Mein Freund ist auch tot.« Tränenerstickt geflüstert. Und es stimmte, Peter war tot. Er hatte geheiratet und ein Kind gezeugt. Bislang erschien mir weder das eine noch das andere als ein deutliches Zeichen dafür, dass unsere Beziehung nicht funktioniert hatte. Ehrlicherweise sah das Ganze aber auf dem Papier nicht gut aus. Selbst wenn ich nicht Schluss machen würde, falls die Kripo oder das Jugend- oder das Gesundheitsamt dahinterkommen würden, wie Peter mich im Laufe unserer Beziehung behandelt hatte, würde irgendjemand mit einem entsprechenden Formular das Ganze beenden. Wir waren ein kontaminierter Bereich.

Jonas nahm mich in den Arm. »Oh Gott, du Arme! Was ist ihm denn passiert?«

»Altersschwäche!«, krächzte ich.

»Wie alt war er denn?« Jonas schien irritiert.

Trotz meiner Trauer um das Ableben von Peter muss man sagen, dass sich mir an dieser Stelle Jonas zum ersten Mal als möglicher neuer Pilz, auf den ich springen konnte, erschloss. Seine große Hand lag auf meiner Schulter. Weil mein Unterbewusstsein ihn an seiner Alkoholfahne um 12 Uhr mittags als personifizierte Ausgeburt des schrecklichen Mannes wahrscheinlich schon längst erkannt hatte, war mir plötzlich wichtig, was er dachte, deswegen log ich erneut.

»Peter war erst achtundzwanzig.« Dass Altersschwäche mit achtundzwanzig nichts zu tun haben konnte, schien egal zu sein. Natürlich, denn ich war eine Frau, die trauerte, nichts, was ich sagte oder tat, musste einen Sinn ergeben. Mein Zustand war wie Alkohol, eine Entschuldigung für schlechtes Benehmen.

Deswegen durfte ich Jonas auch küssen, fand ich und schnappte nach ihm wie ein Fisch auf Land nach Luft.

Wir stopften uns gegenseitig in die Zugtoilette und grapschten gierig nach unseren noch lebenden Körperteilen. Jonas' junger Körper erschien mir im Gegensatz zu Peters Hautmantel unmoralisch kindlich. Weich und fest zugleich. Ich hatte Sex mit einem Delfin.

Wegen der Lügen meiner Mutter hatte ich bisher nur den Tod des Hasen auf dem Friedhof miterlebt. Klar, mein Vater war einigermaßen morbide, aber »das Ende des Lebens« bleibt für mich eine abstrakte Sache.

Man kann mir also nicht vorwerfen, dass ich mich damals im Zug unpassend verhalten habe, denn ich kannte den Tod nicht persönlich. Wie alle anderen klammere ich mich an den Glauben, unsterblich zu sein. Wie soll man es auch anders aushalten, wenn nichts mehr da ist. Aber sogar Schwarz bedeutet ja, dass man irgendwas sieht. Aber wenn meine Augen nicht sehen können, wie soll es dann dunkel sein? Vielleicht habe ich auch nur so wahnsinnige Angst vor dem Alleinsein, weil ich in Wirklichkeit Angst vor dem Tod hab.

Entscheiden, ob ich existiere, kann schließlich nur jemand, der mich wahrnimmt. Jetzt war ich am Leben, das war sicher, seit Jonas mir die Hand auf die Schulter gelegt hatte.

Wenn man es genau nimmt, hatte ich mich irgendwie selber auf die Beerdigung von Jenny eingeladen.

Ich wollte nicht zurück nach Hause ins Petermuseum, in dem das wichtigste Ausstellungsstück fehlte. Vor allem wollte ich aber nicht weg von Jonas, dem neuen Sinn meines Lebens.

»Ich hätte mich so gerne auf einer richtigen Trauerfeier von Peter verabschiedet, aber seine Leiche wurde nie gefunden. Wir haben ihn in einem leeren Sarg begraben müssen.«

Erstaunlicherweise bot mir Jonas sofort an, mitzukommen und Jennys Beerdigung quasi mitzubenutzen. Er war für einen Achtzehner ziemlich zugänglich.

Die Feier fand in »der Heimat« statt. Einem Dorf im Norden Deutschlands.

Obwohl wir spät ankamen, fanden wir Jonas' Familie und sämtliche Nachbarn in einem Stuhlkreis sitzend im gekachelten Wohnzimmer vor. Seine Mutter saß rauchend in der Mitte.

Ein Blick zwischen uns machte mir sofort klar, was der wirkliche Grund war, dass ich mitkommen durfte: Jonas wollte seine Mutter mit mir ärgern.

»Is dat nich schlimm mitte Tschenni?« Allgemeines Nicken in der Runde. Jonas' Mutter Babs war es offensichtlich völlig egal, wer ich war.

»Ja, mir tut das auch sehr leid«, erwiderte ich.

»Heiners Bert ist auch tot.« Erklärte Jonas' Mutter ähnlich betroffen. Wieder nickte der Stuhlkreis einstimmig.

»Oh nein, das tut mir ...« Ich kam nicht bis zum Ende.

»Kreps.« Wieder Nicken. Babs war nicht besonders helle. Überhaupt war mir die ganze Veranstaltung suspekt.

»Luzys Freund ist auch gestorben«, rief Jonas ins Wohnzimmer, denn er hatte sich vor den Aasfressern in die Küche gerettet, um größere Alkoholmengen direkt aus dem Kühlschrank zu trinken. Zum ersten Mal seit unserer Ankunft schien sich die Gruppe für mich zu interessieren.

»Verschollen.« Bestätigte ich nickend.

»Dann issa ja nich richtig tot.« Es war nicht aufmunternd gemeint, der Tonfall schien eher enttäuscht.

»Doch er ist ganz sicher tot!« Ich konnte Babs nicht leiden. Die Mutter von Jonas erinnerte mich an Apollos Mutter Bini. Mit dem Unterschied, dass hier auf dem Dorf der Vorwurf an den Sohn nicht versteckt in den Augen stand, sondern einfach laut ausgesprochen wurde.

»Warum bist du so spät?«, krähte Babs zu Jonas rüber in die Küche.

»Man hat Blut gefunden, sehr viel Blut. Bei dieser Menge kann er nicht überlebt haben.« Erklärte ich, um die Aufmerksamkeit auf mich zu lenken und meinen neuen Freund vor seiner Mutter zu retten.

Stille in der Runde, dann ein zustimmendes Nicken. Triumph, aber nur kurz, denn ein Mann kam rein, der sich seufzend auf einen leeren Stuhl fallen ließ.

»Der Fröint vonne Luzy is tot. Verunglückt.« Jonas' Mutter hatte Peters Tod enteignet, war mit einem Robben-und-Wientjes-Wagen vollgepackt losgedüst und mit all ihrem Gerümpel in meinem Leid eingezogen.

Die ganze Stuhlkreisveranstaltung war wie eine Versammlung von Einsiedlerkrebsen, die es sich in der Trauer von anderen gemütlich machten. Der Mann nickte betroffen und freute sich wahrscheinlich schon darauf, die Nachricht von Peters blutigem Ableben später beim Zubettgehen seiner Frau weitererzählen zu können.

Als alle gegangen waren, wollte Jonas' Mutter aber noch lange nicht Schluss machen. Sehr starke, mir fremde alkoholische Getränke wurden geöffnet.

Innerhalb einer Stunde rückte sich die gute Frau in ein Licht, das für einen Therapeuten wie ein Operationsscheinwerfer hätte sein müssen. Babs erklärte, wie viel, wann und warum sie Jonas geschlagen hatte, was sie von seinen künstlerischen Talenten hielt, nämlich nix, wie sein Vater, der dem Alkohol nicht abgeneigt war, von einem Bus überfahren wurde und dass Jonas bis zu seinem vierzehnten Lebensjahr in ihrem Bett geschlafen hatte.

Außer in den Hotelzimmern, in denen mich Peter als Sexsklavin versteckt hielt, war ich in Deutschland nicht viel rumgekommen. Als Berlinerin verlässt man die Stadt nicht, warum auch.

Alle kommen ja her und meckern dann, dass Berlin nicht so ist wie der Ort, aus dem sie nach Berlin gekommen sind. Denn: »Die Luft ist schlecht, die Häuser hässlich, die Leute unfreundlich, es ist dreckig und laut.«

Mir war zwar klar, dass auf dem Land einiges anders lief als in der Stadt, aber da hatte ich bisher eher an Maibaumtanzen gedacht. Ich hatte mir nicht vorgestellt, dass ich mir im Norden Deutschlands wie auf einem anderen Planeten vorkommen würde.

Jonas »ihm sein Zuhause« war exotischer als Thailand. Kleine Schreine mit »Stehrumchens« lauerten hinter jeder Ecke, und aus der Küche kam ein merkwürdiger stumpfer Geruch nach Nahrung. Wahrscheinlich wurde hier Essen auch wirklich gekocht und nicht wie bei uns einfach nur ausgepackt. So ein Zuhause hatte ich mir bisher immer gewünscht. Mit elektrischer Markise, mit Brotschneidemaschine und Seife, die an einem Magneten befestigt über dem Waschbecken schwebte.

Natürlich war hier bestimmt auch einiges falsch gelaufen, aber auf eine normale Art und Weise. In so einem Haus gibt es Ohrfeigen und was auf den Po. Man wird in seinem Zimmer eingesperrt, wenn man beim Essen nicht still genug gesessen hat. Auf jeden Fall gab es bei Jonas zu Hause genug Gründe zum Rebellieren. Obwohl man eine Familie ist, kennt niemand die Geschlechtsteile des anderen. Man kann das Elternhaus ganz normal für seine Spießigkeit und Kälte hassen. Die Klarheit der Situation ist auch die Schönheit des Ganzen.

Obwohl meine Eltern Schwarz und Weiß repräsentierten und es dadurch ziemlich klar war, wen man eigentlich lieben und wen man eigentlich hassen müsste, war es in Wahrheit doch nicht so einfach.

Meine Mutter hatte mich instrumentalisiert, um sich aus ihrem alten Leben zu retten, in dem bis dahin mein Vater das Zentrum gewesen war. Weil ich diese Lücke füllen musste, wurde ich ihr Ersatzmann, und meinem Vater blieb nur noch übrig, mein Vater zu werden, der er nicht sein wollte. Also war von Anfang an alles durcheinander.

»Ich liebe deinen Vater, ich will nur nicht mehr mit ihm leben«, erklärte meine Mutter mir die Situation zu Hause. Mein Vater sagte hingegen: »Wenn deine Mutter mich nicht liebt, will ich nicht mehr leben.« Das Ganze war kein Missverständnis. Es war so.

»Wie der Jonas inna Stadt wie Berlin leben kann, is mir rätzelhaft. So unpersönlich. Bei euch stapelt man ja sogar die Toten in den U-Bahnhöfen, weil sonst kein Platz ist.« Es war sinnlos, Babs zu widersprechen.

Jonas tat es trotzdem. Beim Zuschauen war die Auseinandersetzung zwischen Mutter und Sohn so, wie wenn im Horrorfilm jemand runter in den dunklen Keller geht. Warum tust du das, wenn doch alle wissen, dass es nur das eine Ende gibt. Interessanterweise erzählte er Babs, Berlin sei das Zentrum der Welt: der schönste und lieblichste Ort, den die Menschheit je gesehen hatte. Später musste ich lernen, dass Jonas Berlin immer nur liebte, wenn er aus der Stadt rausgefahren war. Solange er sich innerhalb des S-Bahn-Rings befand, war das ein Höllenloch, in dem man »kaum Luft bekommt«, weil »die Assis am Kotti einen depressiv machen«.

Ich bin keine sonderliche Patriotin, aber insgeheim fing ich an zu glauben, dass die verhasste Stadt für mich stand, denn er wollte sich hier auf keinen Fall auf Dauer niederlassen.

»Die Heimat« hingegen war dann, aus Berlin betrachtet, der Sehnsuchtsort. Das heilige Land. Mit dem ebenerdigen Kaufhaus Schroeder und der besten Wurst, die man essen konnte. Ehemalige Klassenkameraden von Jonas waren für mich prominente Persönlichkeiten, die man kennen musste, um den Anschluss nicht zu verlieren.

Jutta Kleeberg, Andi Nüsse, Hannes Bolmann und Christoph Zisch. Es war wie bei RAF-Terroristen, deren Vor- und Nachnamen sich nicht trennen lassen, weil sie Begriffe sind, die für Aktionen stehen. Mit diesen Leuten hatte Jonas Unglaubliches erlebt.

Als ich Hannes Bolmann dann zum ersten Mal live gegenüberstand, hätte ich vor lauter Enttäuschung am liebsten geweint. Der junge blonde, gewitzte Recke aus Jonas' Geschichten entpuppte sich als ein dreiäugiger Dicki mit Halbglatze und Sprachfehler, der mir vor lauter Furcht nicht in die Augen gucken konnte. Höchstwahrscheinlich hatte er Angst, von mir in einem U-Bahnhof zwischen Leichen gestapelt zu werden, denn über den Umgang mit den Toten in meiner Stadt war auch er gut informiert.

Beendet wurde der Streit zwischen Babs und Jonas in meiner ersten Nacht auf dem Land damit, dass Jonas nach Bettwäsche verlangte. »Wir brauchen aber nur eine Decke.« An Babs' Reaktion war zu erkennen, dass es ihr nicht so recht war, dass ich mit ihrem Sohn zusammen in einem Bett schlief. Wahrscheinlich hätte sie sich lieber selber an ihm gewärmt.

Kein Wunder, es war eiskalt und man durfte die Heizung im Schlafzimmer nicht anschalten.

Ich beschwerte mich nicht, denn ich war sehr zufrieden.

Der ganze Abend war wie interaktives Fernsehen, das mich von meinem eigenen Leben komplett abgelenkt hatte. Ich hatte meinen Liebeskummer, den ich wegen Peter hatte, mit der Hoffnung auf die neue Liebe zu Jonas vorübergehend betäubt. Außerdem fühlte ich mich neben Babs völlig normal. Sie war wie ein Schmutzmagnet, denn sie hatte alle schrecklichen Eigenschaften angezogen, so dass ich völlig frei und sauber war.

Jonas hingegen schien die Reunion mit seiner Mutter unfassbar anzustrengen. Sein wütender Monolog über Babs endete damit, dass er die Heizung auf 4 drehte, mit mir schlief und dabei extra ganz laut stöhnte.

Auf dem Weg zur Trauerfeier erzählte mir Jonas wieder von Jenny.

Sie war seine große Liebe, hatte ihm alles bedeutet, keine könnte ihr jemals das Wasser reichen. Natürlich verfügte ich, seit ich mit Peter Baron von Münchhausen zusammen gewesen war, über das Betriebssystem DISTRUST, aber Jonas' Schilderungen seiner Beziehung zu Jenny waren so tief und liebevoll, dass ich annahm, dass er wenigstens schon mal richtig geliebt hatte und daher wusste, wie das ging.

Ich begriff erst später, dass die Liebe zu Jenny Jonas' Ausrede war, warum er seitdem nicht mehr lieben können wollte.

Jenny war Teil seiner Geschichte, die von einem aus dem

kalten Elternhaus geflüchteten Fotografen, der sich selbst hocharbeiten musste, weil die Hochschulen ihn bei der Aufnahmeprüfung mit den Worten abgelehnt hatten, dass er zu »weit« wäre, erzählte.

Die gestorbene Jugendliebe hatte sein Herz erkalten lassen, seine einzige Familie war Christoph, der Freund aus Jugendzeiten, mit dem er gemeinsam geflüchtet war und für den er alles hinschmeißen würde. So ungefähr verlief seine dreispurige Gedankenautobahn, auf der er immer hoch- und runterfuhr, bis er sich selbst und alle anderen ihm glaubten.

Dass die Beziehung zu Jenny nicht wirklich die große Liebe gewesen war, hätte ich schon beim Leichenschmaus merken müssen. Zur Beerdigung war Jonas nämlich gar nicht erst eingeladen worden. Hier war nur der engste Kreis von Freunden und Familie zugelassen.

Außerdem war das mit den beiden so lange her, dass er zwölf gewesen sein musste, denn Jenny war sieben Jahre mit Martin verheiratet gewesen, mit dem sie vorher schon sechs Jahre zusammen war. Martin war also in Wirklichkeit Jennys große Liebe, die neben ihm beerdigt wurde, denn er hatte das Motorrad gefahren, das in den Laster reingekracht war.

Die Beziehung der beiden war das Thema aller Reden.

»Das war alles eine Riesenlüge«, zischte mir Jonas zu, während die Dias von Martins und Jennys Leben das Gegenteil bewiesen.

Jenny war eine hübsche Frau, eine Naturschönheit. Das konnte man allerdings nur erahnen, denn die improvisierte Bettlakenleinwand warf Falten. Ich hatte viel Zeit, sie mir anzugucken. Auf vielen der Fotos saß sie auf Martins Schoß. Nicht weil sie so süß und klein gewesen wäre, sondern weil sie entspannt war.

Ich sitze nie auf Schößen.

Damals auf der Beerdigung dachte ich noch, dass mich bisher offensichtlich keiner auf seinem Schoß haben wollte, weil ich noch nie eingeladen wurde, auf einem Knie zu sitzen. Heute weiß ich natürlich, dass mir – der Indianerin – diese Geste des Vertrauens nicht entspricht.

»Warum sitzt sie immer auf seinem Schoß?«, fragte ich Jonas, der sich neben mir schon wieder vollgetankt hatte. »Ist das, weil er das will oder weil sie sich einfach setzt?« Jonas schien zu überlegen.

»Oft sind einfach keine Stühle da.« Wahrscheinlich hatte er recht, vieles hat oft praktische Gründe.

»Willst du auf meinem Schoß sitzen?« Jonas rutschte vom Tisch zurück und klopfte einladend auf seine Beine. Ich stand auf und ließ mich vorsichtig auf seinen Knien nieder. Er schlang seine Arme um mich und zog mich zurück, so dass ich nach hinten in seine Arme sank. So saßen wir, trotz all der freien Stühle, aufeinander, und ich konnte nur daran denken, wie schwer ich wohl für ihn war.

LUZY Die Erinnerung an diesen Moment mit Jonas kommt mir falsch vor. Sie ist zu schön.

Sicher, mit Apollo, Peter und Jonas gab es bestimmt auch tolle, liebevolle Momente. Tatsächlich kann ich mich nur schwer an diese Zeiten erinnern.

Die Schrecklichkeiten, die passiert sind, liegen wie dicke Möbelüberwürfe über den schönen Erinnerungen. Ich erzähle anderen auch lieber die richtig schlimmen Sachen, die mir passieren.

Schliki hat recht, meine Autobahn führt direkt in die Hölle. Das habe ich von meinem Vater, der auf die Frage »Wie geht's dir?« immer nur »Geht so« oder »Schlecht« antwortet.

Aber ich finde, dass das Verbreiten von guten Nachrichten auch einfach ein bisschen arrogant rüberkommt.

So nach dem Motto: »Du, mir geht's einfach fantastisch, ich bin in Topform, ich hab einen super Job bekommen ... dieser Typ ist total verliebt in mich, ach, und dann hab ich auch noch so viel Geld gerade ...«

Wie soll man sich da als Gegenüber fühlen, wenn's bei einem selbst nur so mittelmäßig ist? Also klar, ich freue mich, wenn es jemand anderem gutgeht, aber das tut sicher nicht jeder.

Man stelle sich vor, der Gesprächspartner vergleicht sein Leben mit dem des Glücklichen. Selbst wenn er okay drauf ist, wird er ab nun der Unglückliche sein, und der Glückliche ist schuld, weil er dem anderen, dem es sowieso nicht richtig supergut ging, seine Zufriedenheit unter die Nase gerieben hat.

Gott sei Dank bin ich sowieso meistens nicht glücklich und komme deswegen gar nicht erst in die Bredouille. Außerdem kann man sich ja auch nie sicher sein, wie lang das Ganze anhält und vor allem, ob es wirklich stimmt. Wie damals mit Peter. Die Wirklichkeit, in der man glücklich ist, könnte einfach gar nicht echt sein. Eingebildet, ausgedacht oder gelogen zum Beispiel. Vielleicht war das Geld auf dem Konto eine Fehlbuchung, und mit der Gesundheit geht's auch schnell bergab, wenn's schiefläuft. Busunglück, Rauchvergiftung, Akne.

Nein, besser, man stapelt tief.

Auf der Glücksskala ist dreißig 'ne sichere Nummer. Am besten sogar fünfundzwanzig, dann liegt man schon fast und kann nicht mehr so tief fallen. Das ist in jedem Fall sicherer.

Jonas ist vor fünf Minuten in die Apotheke gegangen, die eine automatische Glastür hat und von der man nie weiß, ob und wann sie sich öffnet, um sich was gegen seinen Heuschnupfen zu holen. Ich grabe mein Telefon aus der Tasche und scrolle durch die Namensliste, um einen egalen Mann wiederzubeleben. Weder Apollo noch Peter, noch Jonas waren sonderlich eifersüchtig, auch wenn ich es wirklich versucht habe.

JONAS

Der Tag, an dem meine Affäre mit Schneider begann, war irgendwann in der ersten Hälfte Jonas. Am Abend zuvor sollte ich Christoph und seine Freundin Anne kennenlernen. Eigentlich wollte ich das unbedingt, denn ich hoffte, durch einen Pärchenabend selbst offiziell Teil von einem zu werden. Es sollte mein erstes Mal werden.

Apollo hätte sich lieber das Bein abgesägt und aufgegessen, als sich zu einer Veranstaltung, auf der vier Menschen zu zwei Paaren werden, zu verabreden.

Als Peters Geliebte wurde ich logischerweise auch nicht grade bei seinen und Maries Freunden stolz vorgestellt. Einmal hatte er mich mit ins Restaurant genommen, um einen alten Freund und dessen Freundin kennenzulernen. Der alte Freund war Klaus. Sophies Vater. Seine Freundin war nicht Sophies Mutter, sondern eine junge Dame meines Alters. Die Eigentümlichkeit dieser Veranstaltung bedarf keiner weiteren Beschreibung.

Ohne dass ich also wusste, wie so ein Abend gut verlaufen könnte, hatte ich Erwartungen. Ich hatte so was schon mal am Nebentisch beobachtet. Bei diesen Treffen gab es Handhaufen. Unserer würde bestehen aus den Enden von Jonas und meinen Armen, auf dem Tisch ruhend, für jeden sichtbar aufeinandergelegt. Er würde ein Bier trinken und mir eine Weißweinschorle bestellen, nicht weil ich das gerne trinke, sondern weil sich das so gehört. Obwohl mir klar war, dass das niemals so werden würde, packte mich doch die Sehnsucht, nur einmal »Sandra, die Freundin von« zu sein. Eine, die am Ende des Essens einen Terminkalender aus ihrer gutsortierten Handtasche zieht, um das nächste Pärchentreffen zu vereinbaren.

»Nee, schade, in zwei Wochen geht leider nicht, da sind wir bei der Halloweenparty von Nina und Christian ... Am Wochenende danach haben wir keine Zeit, weil wir eine Segeltour auf dem Wannsee geplant haben. Das Wetter spielt offensichtlich auch mit!« Erfreut gesagt, während der Partner zustimmend nickt.

Wie schön, wenn man nicht nur im Voraus das Wetter vorhersagen kann, sondern auch mit einem Blick in den Terminkalender weiß, dass man mit Sicherheit in zwei Wochen noch zusammen ist. Wer Pläne macht, der trennt sich nicht so einfach. Man hat ein Vorhaben, eine Verabredung, man will in seiner Zukunft segeln, und falls es regnen sollte, ist Kino auch immer 'ne Option.

»In fünf Jahren kaufen ich und Christoph uns den Vierseitenhof von Beckers. Dann mach ich da mein Studio auf«, erklärte Jonas.

»Das ist ja 'ne tolle Idee!«

»Ja, das wird super, oder vielleicht ziehen wir auch einfach nach Hamburg, Hauptsache, schnell raus aus Berlin.«

Nie hatte ich mich der Goldelse verbundener gefühlt, denn eins war klar: Wir würden nicht umgesiedelt werden.

Ich hatte ein schönes Restaurant ausgewählt und auf Jonas' Namen reserviert. Jonas, der Mann der Paarung Luzy und Jonas. Ich gab mir viel Mühe, mich entsprechend zu tarnen. Ich wollte wie eine glückliche Zahnarzthelferin wirken, sportlich, gesund, pfiffig. Die Verwandlung war schwer und dauerte seine Zeit. Ich musste einiges einkaufen, denn eine Silberkette mit Swarovskisteinen war genauso wenig in meiner Verkleidungskiste vorhanden, wie es mir selber möglich war, Beachwaves mit dem Glätteisen in meine drei Haare zu brennen.

Deswegen kam ich entgegen meiner preußischen Pünktlichkeit zu spät. Am Tisch wurde schon getrunken und gelacht.

Mein Hallo an der Tür führte dazu, dass das Gespräch verstummte und ich auf den zehn verbleibenden Metern aus lauter Nervosität ungefähr zwanzig Gesichtsausdrücke schnitt, die alle zu Fratzen wurden, bis ich den rettenden Stuhl erreichte.

Nur der Platz neben Jonas war noch frei, so dass wir, die Paare, sich wie ein Spiegel gegenübersaßen. Christoph und Anne standen zur Begrüßung auf und reichten mir die Hand.

»Hallo, ich bin Christoph, und das ist meine Frau Anne.« Sie waren nicht verheiratet, deswegen war es fast noch liebevoller, Anne seine Frau zu nennen.

Nervöses Lachen von Jonas, der nun an der Reihe war, mir einen Namen und eine Bedeutung zu geben.

»Ich bin Jonas, und das ist meine gute Freundin Luzy.« Bevor das Echo in meinem Kopf von der einen Hirnwand abprallen konnte, um so den restlichen Abend hin und her zu reflektieren, merkte ich noch, dass Christophs Hand unnatürlich schlapp war. Teigig, von Knochen keine Spur, wie fünf ungegrillte Bratwürste, die an einem Stück ungebratenem Schnitzel befestigt waren.

»Meine gute Freundin. Meine gute Freundin. Meine gute Freundin.«

Ich erwog kurz, in die Toilette zu gehen und mir mit Lippenstift einen lächelnden Mund ins Gesicht zu malen, um mich den restlichen Abend dahinter verstecken zu können. Mein Selbst war zu erschöpft, um einen freundlichen Ausdruck zu zeigen. Die Gravitation plus die plötzliche Schwere meiner Seele zogen so stark an meinen Mundwinkeln, dass ich mich, um meinen Kopf zu halten, aufstützen musste.

»Meine gute Freundin. Meine gute Freundin. Meine gute Freundin.«

Christophs Würstchenhand thronte auf Annes winzigen Fingern, die wie erwartet französisch manikürt waren. Sie erzählten von ihrer Reise nach Bali. Ein Land, in dem die Menschen unglaublich gastfreundlich waren.

»Meine gute Freundin. Meine gute Freundin. Meine gute Freundin.«

»Ich hätte gerne eine Weißweinschorle«, krächzte ich dem

Kellner zu, der kein Deutsch sprach, weil er zusammen mit dem New Yorker Restaurant in Brooklyn abgehoben war, um damit hier in Berlin-Neukölln zu landen.

»Meine gute Freundin. Meine gute Freundin. Meine gute Freundin.«

»Whitewine with water together in one glass, please.« Die beiden Flüssigkeiten würden sich näher sein als ich und Jonas, die wir nur gute Freunde waren. Während meine Oberfläche weiter mit den anderen Konversation führte, versuchte ich Beweise für eine bestehende Liebesbeziehung zu finden.

Sex: Ja. Übernachten: Ja. Eltern kennengelernt: Ja. Zusammen den inneren S-Bahn-Ring verlassen: Ja. Meine gute Freundin Luzy gesagt: Ja.

»Meine gute Freundin Luzy. Meine gute Freundin Luzy. Meine gute Freundin Luzy.«

Die Frage nach meinem Status begleitete mich nun in die dritte Beziehung. Wenn es nicht so schmerzen würde, hätte ich mich vielleicht gefragt, warum mir feste Freundin zu sein in einer Zeit wie heute so wichtig ist.

Ich hätte es lieber überhört, denn ansprechen wollte ich das auf gar keinen Fall.

»Was heißt das, wenn du sagst: Das ist meine gute Freundin Luzy?«, fragte ich, als wir wieder in seinem Zuhause waren.

Kaum hörbares Seufzen. »Dass du meine Freundin Luzy bist!«

»Ich war davon ausgegangen, dass ich deine richtige Freundin bin.«

Wieder seufzen, diesmal durch die Nase. »Mfff. Warum ist das so wichtig?« Ja, warum?

»Weil ich gerne wissen würde, was ich für dich bin.«

Hörbares Stöhnen. »Puuh. Fehlt dir irgendwas zwischen uns?«

»Nein.«

»Dann ist es doch gut, egal, wie wir das nennen, oder?«

»Wie nennen wir es denn?«

Pause, Blicke, Spannung, angehaltener Atem.

»Luzy, ich kann das, was wir haben, nicht Beziehung nennen!«

Warum nicht? Warum nicht?

»WARUM NICHT?«

»Ich möchte zurzeit einfach keine Beziehung führen! Ich hab dich wirklich gerne, Luzy, aber ich kann einfach nicht.«

»Fühlst du denn nix für mich?« Extra nicht Liebe gesagt.

»Doch, aber ich würde dich jetzt nicht mit Blumen beschmeißen.« Dass er nichts durch die Blume sagen wollte, sollte er später durch den Internetstrauß noch mal deutlich unterstreichen. Mir war klar, was er meinte. Jonas mochte mich. Sehr sogar, aber ihm fehlten die scheiß Schmetterlinge.

Wenn ich jetzt nicht aufhören würde nachzubohren, trennt er sich von mir, obwohl wir gar nicht zusammen sind, also hörte ich nach außen auf und starb drinnen einen kleinen schmerzvollen, einsamen Tod. Für ihn stand gar nicht zur Diskussion, dass ich trotz Nicht-Beziehung und fehlenden Schmetterlingen nicht bei ihm schlafen würde, merkte ich, nachdem ich nicht nach Hause geschickt worden war. Alles blieb, wie es war, was hieß, in Beziehung zu stehen, ohne eine Beziehung zu haben.

Am nächsten Tag ging ich zum Schneider, um Jonas' Lieblingsjeans abzuholen, die im Schritt und an den Knien verstärkt worden war, um ihrem Zerfall entgegenzuwirken, als er anrief.

»Na, wie geht's?«

»Super.« Super gelogen.

»Wo bist du?«

»Schneider!«

Pause.

»Wer ist Schneider?« Auch wenn ich den Ton gleich wieder

225

vergesse, hörte ich in seiner Stimme ein Kippeln. Es war nicht reininterpretiert und nicht zu beweisen, aber es reichte.

»Ach, Schneider ist ein guter Freund von mir.«

»Bist du bei dem zu Hause?«

»Jap.«

»Dann will ich nicht stören, viel Spaß noch!«

»Dir auch!«

Aufgelegt. Spaß ist nicht mein Ding, Spaß bringt Ärger, wenn er mich kennen würde, wüsste er das. Trotzdem spürte ich einen Anflug davon und gab dem Schneider ein Extratrinkgeld. In der darauffolgenden Woche wurde bei Jonas die Waschmaschine repariert. Weil ein Teil fehlte, musste der Waschmaschinenmann noch mal los.

»Ich muss aber auch gleich weg«, erklärte Jonas genervt.

»Kann Ihre Freundin mir nicht aufmachen?«, fragte der gute Mann, in dessen Leben bestimmt keine Frau am langen Arm verhungerte. Ich versuchte so unauffällig wie möglich weiter die französische Pfanne einzuölen, denn meine Befürchtung war, dass Jonas eins gleich klarstellen würde: »Das ist nicht meine feste Freundin, weil ich nicht das Bedürfnis habe, sie mit Blumen zu beschmeißen.« Aber Jonas sagte nichts.

»Kannst du kurz hierbleiben, Luzy?«, fragte er mich, seine Freundin.

»Klar.« Erwiderte ich stolz über meine Beförderung.

LUZY »Ciao bella! Come stai?« Ich möchte am liebsten sofort wieder auflegen.

»Jetzt möchte ich am liebsten sofort wieder auflegen!«

»Warum, du hast doch grad erst angerufen!« Gregor ist kein Italiener. Er wird auch nie einer sein. Eine Immobilie der Eltern macht einen nicht automatisch zum Staatsbürger des Landes, in dem sie steht.

Sie haben auch eine Wohnung in Goa, mit der sich Gregor aber nicht im mindesten identifiziert. »Ist mir zu dreckig. Durchfall und so.« Gregor ist antiseptisch, Spaghetti Vongole auf Ischia ist Abenteuer genug für ihn.

»Was machst du heute?« Meine Stimme ist rückhaltlos echt.

»Soho House!«

Es ist mir peinlich, das Soho House peinlich zu finden.

»Du bist peinlich«, sage ich und bin peinlich, denn in Wirklichkeit ist der Laden auch nur eine andere Art Jugendherberge, wo man am Eingang seinen Ausweis vorzeigt und so Rabatte bei den Zimmern bekommt. Ein armes reiches, peinliches Schwein soll es auch schön haben dürfen.

Jonas kommt mit einer vollen Tüte Antiallergika aus der Apotheke, deren Glastür sich erst beim zweiten Anlauf öffnet, und macht sich schniefend auf den Weg nach Hause. Bevor ich loslaufe, warte ich, bis sein Körper zwischen Daumen und Zeigefinger passt, denn dann ist er hundert Meter weit weg.

»Komm doch auch, die haben hier ganz tollen Whiskey Sour. Ich muss hier zwar noch einen Deal unter Dach und Fach bringen, aber so lange kannst du dich ja in der Sonne lümmeln und einen Cocktail schlürfen.« Genau das ist Gregor. Ein Cocktailschlürfer. Er ist sorgenfrei.

»Ich muss hier kurz noch was fertig machen, dann komme ich.«

»Super, ich sag am Eingang Bescheid.«

Ich bringe Jonas noch nach Hause, denn ihm scheint es wirklich schlechtzugehen, er spart sich nämlich die Geleebananen bei Lidl. Ich warte noch fünf Minuten, bis oben die Fenster vor den Pollen verschlossen werden, und steige ins Auto.

Wir trinken auf der Terrasse des Soho House Whiskey Sour, nicht weil es die Zeit dazu ist, sondern weil wir es können. Gucci-Gregor trägt ein blütenweißes, wahrscheinlich zuvor steril abgepacktes Hemd und eine Sonnenbrille, die seit Coolios Song zu dem Kinofilm *Gangsta's Paradise* kein Mensch mehr aufhatte.

Nicht nur optisch, sondern auch im Ausdruck ist Gregor anders.

»Fick die Henne, ist das lange her!« Das kann man nicht mehr sagen, will ich ihm sagen und sage es.

Gregor hat für meine Kritik nur ein gebleachtes Lächeln übrig. »Ist über zwei Jahre her, dass wir auf Ischia waren.« Weiß Gregor sofort. Stimmt, ein knapper halber Jonas. »Lass mal sehen!« Gregor greift nach meinem Kinn und beäugt von ganz dicht dran meine falschen Vorderzähne. Er verzieht in Erinnerung an meinen Schmerz sein Gesicht. Sein Parfum steigt mir in die Nase. Das Beste daran ist eigentlich das bisschen Hautgeruch, den der würzige Duft nicht übertünchen kann.

»Sieht doch ganz okay aus! Hat Schliki gut hinbekommen. Porzellan?«

»Jap, ich kann die auch rausdrehen, wenn ich will.« Ich greife mir an die Zähne, und Gregor lacht hysterisch auf. Er findet mich witzig.

»Bist du immer noch mit dieser schwulen Pfeife zusammen, die ohne dich mit seinem Freund nach New York gefahren ist?«

Nein, aber das stimmt, so war das gewesen.

GUCCI-GREGOR

Dem Fisch, der als Delfin ja genau genommen ein Säuger ist und damit mein direkter Verwandter, war nichts passiert, zumindest schwamm keiner mit dem Bauch nach oben, beruhigte mich meine Mutter, als ich auf der *Jennifer Lopez 2* wieder zu mir kam.

Den geköpften Hasen würde das auch nicht wieder lebendig machen. Ich blieb Tierquäler.

Wegen dem »Ohne alles, außer Pfanne und Christoph, im Wald«- Sein hatten wir verabredet, dass ich Jonas nur im Notfall anrufen durfte. Dieser war durch den Sturz auf den Fisch meiner Meinung nach eingetreten.

Statt Jonas erklärte mir nach einem fremdländischen Tuten eine amerikanische Frauenstimme, dass der Teilnehmer nicht zu erreichen sei.

Wie ich später erfuhr, hatten Jonas und Christoph sich ganz kurzfristig entschlossen, dass Survival trotz französischer Pfanne doch nix für sie ist und dass es viel lustiger wäre, kurzfristig nach New York zu jetten.

»Das macht doch gar keinen Unterschied, wo wir sind, wenn wir weg sind, oder?« Nein, natürlich nicht.

Aber dieses Gespräch lag noch in der Zukunft. Bisher wusste ich nur, dass mein Freund Deutschland in Richtung Amerika verlassen hatte.

Aus diesen Teilinformationen formten sich in meinem Kopf verschiedene Szenarien mit im Wesentlichen drei gleichbleibenden Kernen:

1. Das Offensichtliche: Auf der Flucht vor mir
Jonas hatte geduldig gewartet, bis ich endlich Berlin verlassen hatte, um heimlich seine Sachen zu packen und für immer in die USA zu reisen. Nur auf diese Art konnte er meinen schrecklichen, klebrigen Liebesfängen entkommen, um endlich wieder frei durchatmen zu können.

2. Die Sorge: Tod durch Krankheit oder Mord
Jonas und Christoph waren im Brandenburger Wald von Mitgliedern des IS erst erschlagen und dann verscharrt worden. Mit Hilfe der erbeuteten Ausweise würden diese Männer unbemerkt in die USA einreisen können.

3. Die Befürchtung:
Jonas hatte im Wald eine über alle Maßen schöne und vor

allem dünne, fast konkave Frau kennengelernt, die Erbin einer französischen Pfannenmanufaktur. Nachdem sie sich, ohne vorher miteinander reden zu müssen, in die Arme gefallen waren, um sich auf dem kühlen, weichen Waldboden zu lieben, beschlossen sie sofort, in die USA zu reisen, um dort in einer neuartigen Operation ihre Körper für immer miteinander vernähen zu lassen.

Am wahrscheinlichsten erschien mir aber die erste Fantasie zu sein, denn: Ich bin ja nicht blöd, ich weiß, wie anstrengend ich bin.

LUZY Gucci-Gregor schiebt die Coolio-Brille auf den Kopf, denn es wird langsam dämmerig über dem Soho House.

»Der Typ war doch schwul, wenn er lieber mit einem anderen Mann in Urlaub fährt als mit dir!«

»Kann ich heute Nacht bei dir schlafen?«, frage ich schnell, um nicht weiter über Jonas reden zu müssen.

»Klar.«

Fertig. Der Plan war, einen egalen Mann für den Übergang zu finden. Geschafft. Alles in Sack und Tüten.

Jetzt essen, schlafen und Kraft tanken und die Augen nach dem richtig schrecklichen Mann offen halten.

Ich entspanne mich und bestelle mir ein Avocadoei und noch ein Whiskey Sour.

Gregor will eigentlich viel lieber gleich mit mir aufs Zimmer gehen, um mir mein »Höschen vom Leib zu reißen«, wie er mir zuzischt.

Gregor liebt Dirty Talk. Das war auch schon damals am Strand so. Ich hab da gar nichts gegen, wenn Männer sich selbst Sexsachen sagen hören wollen, aber ich selber will keine heimlichen

Wünsche äußern müssen, denn ich hab einfach keine. Mich
überfordert es, beim Blasen auch noch eine Fantasie zu entwickeln, die den anderen anheizen und nicht abschrecken soll.

»Können wir nicht einfach schnell ficken, ohne Quatschen?«,
sage ich und kann kaum glauben, dass ich das ernst gemeint
habe. Ich habe einen sexuellen Wunsch geäußert, also einen,
den ich wirklich will und der tatsächlich ohne Hintergedanken
gewünscht ist. Ich will gefickt werden, von Gregor, jetzt, ohne
zu quatschen.

»Aber dann will ich sofort deine süße Muschi lecken!«

Ich bin mir nicht sicher, ob Gregor mich verstanden hat,
denn: Ich will nicht quatschen.

Vielleicht hätte ich auch nicht ficken sagen dürfen, sondern
es einfach anders ausdrücken müssen. Aber vielleicht gehört
ficken sagen zu meinem Wunsch, und ich will selber doch auch
auf einmal ganz gerne Dirty Talk machen. Alles ist neu und
anders, denn ich hab Lust auf Sex.

Als wir uns durch seine Zimmertür knutschen und anfangen, uns auszuziehen, fällt mir auf einmal wieder ein, was
mich damals davon abgehalten hat, mit Gregor zu schlafen.

GUCCI-GREGOR Nachdem ich meine Zäh-
ne verloren hatte und
mein schwuler Freund mit seinem schwulen Freund nach New
York gefahren war, änderte sich der Urlaub auf Ischia schlagar-
tig.

Ich hatte keinen Grund mehr, braun zu werden, denn wer
um eine blutig geschlagene Lippe und einen Zahnkrater herum
über alle Maßen schön sein will, ist hoffnungslos blauäugig.
Ich cremte nix ein und benutzte auch keine Handschuhe oder
Overnightmaske mehr. Ich hatte nicht mal mehr Lust, überhaupt noch zu duschen oder mich umzuziehen. Mein Gesicht

tat weh und meine Seele war so mottenzerfressen wie eine alte Uniform aus dem Ersten Weltkrieg. Es lebe der Fizz. Ich feiere dich ab.

Sowohl Gucci-Gregor als auch meine Mutter hatten verständlicherweise ein sehr schlechtes Gewissen wegen der Fischkarambolage, denn sie hatten mich schließlich dazu vergewaltigt, ins Wasser zu springen. Es war ihre Schuld, dass ich eine Lücke hatte.

In der restlichen Woche verpasste Gregor mir, der »zahnlosen Lady«, ein »ratschenscharfes« Überraschungsprogramm, gegen das ich mich nicht wehrte, weil ich viel zu traurig wegen Jonas' Flucht in die USA war. Gregor fuhr mich in einem Hummer von A bis Z über die Insel. Manchmal war meine Mutter dabei, dann wurde viel geredet und sehr viel Eurodance gehört. Mein Zustand auf diesen Ausflügen war eher schockgefrostet. Ich war zwar anwesend, aber nur mein steifer, cappuccinofarbener Körper im Beachshirt. Der Rest war schon in der Zukunft, in Berlin, wo ich vorsorglich immer wieder im Geiste das Wiedersehen mit Jonas durchspielte, um auf die unausweichliche Trennung vorbereitet zu sein.

Hallo, Luzy! Hallo, Jonas! Pause. Es ist Schluss. Fertig. Gesprächsende. Tot.

»Wie war's in der Nudelfabrik, mein Schatz?«, wollte meine Mutter wissen.

»Wo?« Keine Ahnung, wo mein Rumpf in den letzten Stunden gewesen war.

»Ihr habt doch Spaghetti gemacht, in der Nudelfabrik. Du hast da doch eine Tüte.«

Es stimmte, ich hatte eine Tüte. Ja, da war zu meiner großen Verwunderung auch ein Klops aus Teig drin, den ich nicht zu Spaghetti gemacht hatte.

»Luzy konnte das mit der Maschine nicht so gut, aber ich hab vorsorglich welche im Laden gekauft, die koche ich uns jetzt.« Gregor guckte mich besorgt an. »Meinst du, dass du die durch die Lücke saugen kannst?«

»Ich mag das nicht so gerne essen.«

»Ich schneid's einfach klein.« Gregor verschwand in der Designerküche, während meine Mutter mir im Wohnzimmer gut zuredete.

»Ich sage das jetzt nur, um dir ein Beispiel zu geben. Mit diesem Mann hättest du auf jeden Fall zumindest mal andere Probleme als mit denen, die du dir immer aussuchst.« Vorsichtig und für jeden Idioten verständlich vorgetragen. Ihre Aussage holte meinen Geist, der grade zum wiederholten Male in Berlin von Jonas verlassen wurde, zurück ins Wohnzimmer mit den Aktbildern meiner Mutter.

Kurz erwog ich, etwas zu erwidern, dann entschied ich mich, als Antwort einfach meine nicht vorhandenen Vorderzähne zu blecken. Stille. Meine Mutter guckte mich mitleidig an.

»Ich mein ja nur! Er ist zwar nicht besonders interessant, aber er hat sich wirklich gut um dich gekümmert in den letzten Tagen. Er ist zuverlässig, weiß, was er will, und er hat einen exquisiten Musikgeschmack.«

»Er stellt Beachshirts und Handyschalen aus Plastik in China her. Ich möchte dich noch mal daran erinnern, dass du gegen Ausbeuter und Kapitalisten bist.«

»Ja, aber ich wusste auch nicht, dass so einer gut für meine Tochter sein kann.«

»Ich will dazu nichts mehr sagen, es ist eine unmögliche Unterhaltung, die ins Nichts führt. Ich liebe Jonas!«

»Um Liebe geht's hier überhaupt nicht.«

Ich hebe meine Oberlippe und flehme wie eine Stute, um meine über alle Maßen schöne Lücke vorzuführen.

»Versuch's doch einfach mal!«

Bevor ich aus Wut in ihre Brustwarzen beißen konnte, kam Gregor mit einem zufriedenen Gesichtsausdruck aus der Küche. »Ladys. Es ist angerichtet.«

Der Abend verlief ruhig. Irgendwann ging meine Mutter ins Bett. Weil es kühl war, wurde mir eine Kaschmirstrickjacke umgehängt, die wieder mit diesem betörenden Parfum durchtränkt zu sein schien. Ich glaub nicht mal, dass es an dem Duft lag, dass ich mit ihm an den Strand ging. Auf keinen Fall lag es an den Ratschlägen meiner Mutter.

Um ehrlich zu sein, war es die ganz ordinäre Mischung von Gründen, die bei mir meist dazu führt, mit einem Mann etwas anzufangen. Einsamkeit, Langeweile und schlechtes Gewissen.

Ich hab aus genannten Gründen nicht so viele Pornos gesehen, aber ich weiß, dass ein wesentlicher dramaturgischer Schlüssel für Sex in Pornos oft auch einfach Dankbarkeit ist.

Handwerker hilft: Sex. Mechaniker hilft: Sex. Lehrer hilft: Sex.

Das ist nicht erfunden, sondern aus dem Leben gegriffen.

In verwirrten Momenten habe ich mich selber schon oft dabei ertappt, dass ich mir überlegt habe, wo ich dem netten Mann, der mir den Weg nach Lindow erklärt hatte, aus Dankbarkeit am besten einen blasen könnte.

Wir saßen auf einer Decke, die Gregor mitgebracht hat, und knutschten. Vielleicht waren es einfach die fehlenden Zähne, aber es war herrlich, Gregor zu küssen. Er war stark und duftig. In seinen Armen fühlte ich mich wie eine Zuckerpuppe, klein und zerbrechlich, gewollt und unwiderstehlich.

Auf einmal wusste ich, was mit Feuer der Lenden gemeint ist, denn ich brannte vor Verlangen nach dem Beachshirttypen.

Wenn man etwas zum ersten Mal erlebt, weiß man es einfach sofort. Man ist so überrascht, dass man nicht mal »Aha« denken kann.

Das Lustgefühl für Gregor war komplett neu für mich.
Eigentlich ist es logisch. Guten Sex kann man natürlich nur
haben, wenn es einem egal ist, was für ein Gesicht man beim
Vögeln macht.

Ich hab bei meinen Freunden gesehen, zu welchen physi-
schen Entgleisungen es kommen kann, wenn man sich völlig
hingibt. Apollo hatte die Nasenflügel immer so weit aufgerissen, dass man praktisch in sein Gehirn gucken konnte. Peter
musste gar nichts verändern, denn der sah in seinem Alter von
unten eh komisch aus. Wegen der Schwerkraft und der alten
Haut. Jonas gab keinen Laut von sich. Unheimliche Stille, bis
auf das eine Mal, als er seine Mutter ärgern wollte. Dass Sex
ihm gefiel, konnte man nur an seinen Augen erkennen, die
sich ins Weiß verdrehten.

Mir persönlich war das natürlich scheißegal, wenn mein
Freund aus Geilheit seine Iris aus den Augen wegdrückte.
Mehr noch, es gefiel mir, denn so ein weißes Auge bedeutet
etwas. Aber wer weiß, wie einer von den Achtzehnern es finden
würde, wenn mein Geifer ihm auf die Brust tropft, während ich
ihn in meine viel zu großen Schamlippen einwickele?

Vielleicht sagt er einfach »Ih!«?

Die zum guten Sex nötige Entspannung ist mir viel zu gefährlich. Ich achte lieber auf mein Gesicht und ziehe den Bauch
ein.

Am Strand war es anders. Eilig versuchte ich, Gregor das
T-Shirt auszuziehen, denn ich wollte, dass wir beide ganz
schnell nackt sind. Aber es ging nicht. Ich bekam ihn nicht
ausgezogen. Sein T-Shirt steckte fest.

Bevor ich begreifen konnte, was da los ist, versuchte ich noch
mal mit einem heftigen Ruck, ihm das Hemd aus der Hose zu
ziehen. Gregor verzog das Gesicht, drehte sich zu mir und sagte: »Vorsichtig, das ist ein Body!«

Vorbei. Feuer aus. Ganz aus. Für immer. Zugefroren. Ewige

Eismuschi. Eine Scheide, die in Zukunft mit einer Kettensäge mühsam aus einem Block gefrorenen Wassers herausgearbeitet werden müsste.

Obwohl niemand da ist, keiner Zeuge sein konnte und ich es niemals jemandem erzählen würde, war und ist es mir einfach nicht egal, dass Gregor einen Einteiler trug. Ich starb fast vor Scham. Es war mir peinlich vor ihm und für ihn. Der blöde peinliche Gregor hatte dem armen netten Gregor einen Body angezogen und ihn damit für mich unmöglich gemacht.

Weil keine Liebe in mir wohnte, könnte ich mit Gregor wahrscheinlich lustvoll ficken, aber offensichtlich auf keinen Fall eine Entgleisung dieser Art verzeihen.

Apollo hätte sich einen alten Blumenhut auf den Kopf setzen und einen Brasilstring anziehen können, es wäre mir total egal gewesen. Oberflächlichkeiten interessieren einen nur, wenn man nicht verliebt ist. Oder für wen sind Socken beim Sex wirklich jemals ein Problem gewesen?

Meine Muschi war kalt, mein Herz zerbrochen und meine Zähne ausgeschlagen.

LUZY Deswegen traue ich mich heute im Soho House nicht, Gregor weiter auszuziehen. Wer weiß, was er unter seiner Hose trägt. Es könnte alles sein. Ich hab Angst vor einem zweiten Body.

Aber Gregor hebt mich einfach hoch und trägt mich ins Bett. Und zwar nicht auf diese Art, wo man nur einen Zentimeter über dem Boden schleift und der andere sich keuchend abmüht, um einen wie eine Prinzessin ins Schloss zu tragen. Gregor macht es mit der Kraft, die er sich mühevoll mit Zischen und Stöhnen beim Crossfit antrainiert hat. Hover, Sit-up, Squad und wieder von vorne.

Es dauert keine zwei Sekunden und wir sind beide nackt. Auf

keinen Fall gab es heute einen Body. Wahrscheinlicher scheint es mir, dass sein gesamtes Outfit mit einem einzigen Universalzipper zusammengehalten wurde, welchen er nun aufgezogen hatte. Das Lustgefühl vom Strand ist sofort wieder da.

Gregor ist alles gleichzeitig: kühl, warm, weich und hart. Alles, was Gregor an mir anfasst, wird lebendig und scheint nur durch die Kombination Membran-Gregor-Membran zu funktionieren. Wir machen zusammen Sinn.

Wir lecken und fressen und arbeiten uns aneinander ab, bis wir kommen.

Gregor nimmt mich in den Arm.

Es ist ein bisschen wie bei einer Kapuzenjacke, deren Futter nach dem Waschen nie mehr diese Weiche hat, wie wenn sie frisch aus dem Laden kommt. Gregors Haut fühlt sich zwar noch gut an, aber es ist nicht mehr so wie grade eben vor dem Sex. Ihm scheint es auch so zu gehen, denn er pustet ein paar meiner störenden Haare von seinem Gesicht.

Wir beglückwünschen uns gegenseitig, denn zusammen haben wir hier wirklich was erreicht, dann ist es kurz still.

»Wie geht's dir so?«, will Gregor wissen. Ich will ehrlich sein, denn ich bin entspannt.

»Ich brauche jemanden, mit dem ich zusammen sein kann, bis ich mich wieder richtig verliebe.«

»Und ich soll der sein, der dich warm hält?«

»Ja, wenn du willst?« Gregor überlegt.

»Okay, aber du musst dir wirklich mal die Hände waschen, Luzy!« Unerwartet. Er hat recht, ich hab schwarze Ränder unter den Nägeln. Immer. Wenn Nagellack drauf ist, sieht man das nicht so doll. Ich mag Händewaschen einfach nicht.

Mir gefällt der Gedanke, dass der Forensiker, der meine Leiche nach den Spuren des Mörders untersucht, unter meinen Fingernägeln die DNA von zwanzig Menschen findet. Von Tür zu Tür würden sich Ritter und Stark durchfragen bis zu Apollo,

dem Satanisten, dem Grundstein allen Übels. Mein *Tatort* heißt
»Die unhygienische Frau«.

»Noch was?«, frage ich Gregor.

»Ich finde dich oft einfach sehr unhöflich und auch zu gera-
deheraus. Dir ist total egal, was andere über dich denken.«

»Aber du hast dich doch köstlich mit mir amüsiert!«

»Ich habe aus Angst gelacht.«

Es stört mich, dass ich schon wieder der laute, dreckige Klas-
senclown war.

»Ich werde mir Mühe geben, aber vielleicht bin ich auch
einfach verhaltensgestört.«

»Dahinter kann man sich nicht ewig verstecken. Vielleicht
übst du dich ein bisschen im Small Talk!«

»Ich baue an einer ganz neuen Gedankenstraße, wenn ich die
fertig habe, werde ich ein durch und durch positiver Mensch
sein.«

»Small Talk, Luzy! Small Talk«, erinnert Gucci-Gregor mich.

Es ist wieder still zwischen meinem neuen egalen Freund
und mir.

»Wie geht es Lizzi?«, fragt Gregor mit einer ungewöhnlichen
Zartheit in der Stimme.

»Wem?«

»Deiner Mutter.«

»Ach so. Ich glaube, ihr geht es ganz okay.«

»Sind deine Eltern eigentlich noch zusammen?«

»Irgendwie schon.« Gregors Schlucken ist ganz leise, aber
trotzdem bebt sein ganzer Körper.

»Wieso interessiert dich das?«

»Na ja, ich mag deine Mutter. Wir haben viel gemeinsam. Sie
ist lustig, hat einen guten Musikgeschmack und ist natürlich
unglaublich hübsch. Als wir im Giardini la Mortella waren und
sie mir erzählt hat, wie das bei euch zu Hause läuft, war ich
richtig schockiert.

Ich konnte mich nicht erinnern, jemals in Nutella gewesen zu sein. »Bist du in meine Mutter verknallt?«

Die Frage stelle ich, wie wenn man sich auf einen Stuhl am Küchentisch fallen lässt. Locker und sehr sicher, weil man weiß, wo er steht und dass die Antwort nein sein wird.

»Ja, ich glaub schon«, gesteht Gregor mir.

Meine Mutter ist absolut und total liebenswert, das ist mir natürlich völlig klar. Trotzdem ist es unfassbar unmöglich. Offensichtlich traue ich keinem Mann zu, ihre wahren Werte hinter ihren großen Brüsten und ihrer Pornokarriere zu erkennen. Wo die Sexbombe explodiert, ist eben nur noch Sex.

»Willst du mit ihr schlafen oder ihr auf einer rosengeschmückten Schaukel Anschwung geben?« Humorvoll verpackt, aber zitterig gefragt.

»Letzteres.«

Ich schäle mich aus Gregors Arm und setze mich auf. Es ist nicht nur eine Geste, es ist mir ein wirkliches Bedürfnis, mich aufzurichten und das gerade Gehörte von den Ohren bis in den Bauch durchrutschen zu lassen.

»Das ist mehr als zwei Jahre her, dass ihr euch gesehen habt!«

»Ich hab sie ein paar Mal angerufen und ihr Blumen zum Geburtstag geschickt. Aber sie wollte sich nicht mit mir treffen.« Gregor scheint darüber ernsthaft betrübt zu sein.

Meine Tränen laufen von selbst hinter den Augen hervor. Es geschieht aus Enttäuschung, aber auch vor Rührung, dass der gebleachte, gewaxte Mann sich in meine zauberhafte Mutter verliebt hat.

»Was ist los?«

»Mich liebt gar keiner!« Enttäuschung siegt über Rührung, das schöne Gefühl liegt k. o. auf der Matte. Gregor sagt nichts, er reibt nur an meinem Arm rum, bis der rot wird.

Mir ist unklar, wie jemand, der grade noch in der Lage war,

mit seiner Zunge einen Knoten in meine Klitoris zu drehen, beim Trösten so wenig einfallsreich sein kann.

»Wieso können wir nicht zusammen sein?« Ich höre, dass meine schöne tiefe Luzystimme aus Verzweiflung umkippt.

»Weil wir uns gar nicht lieben.«

Aus meinem Blick schlägt ihm meine gesammelte Enttäuschung über alles in der Welt wie eine Faust in die Fresse.

»Luzy, du hast doch selber gesagt, dass du einen brauchst, der dich warm hält, bis du dich wieder richtig verliebst!«

»Aber wir haben gerade Liebe gemacht!« Der Satz kommt mit solch einer Kraft aus mir herausgeschossen, dass mein Herz flattert. Sehr wahrscheinlich liebe ich Gregor wirklich, zwei Jahre schon. Das Gefühl war unterdrückt. Jetzt ist aber alles klar. Er ist der eine, der Richtige.

Gregor stützt sein Gesicht in seine Hände und reibt sich die Augen. »Fuck!«, schreit er.

»Fuck« ist für einen Deutschen so unpassend wie ein Body für einen Mann.

Gregor steht auf und pimmelt nackt im Hotelzimmer auf und ab. Sein schlaffes Glied baumelt an seinem muskulösen Körper herum. »Fuck, fuck, fuck! Luzy, es tut mir leid. Ich dachte, ich wär dir total egal.«

Er setzt sich auf den Boden vor mich, nimmt meine Hand in seine und schaut mich ernst und liebevoll an. Dramatische Pause. Ich glotze. Aus Gucci-Gregors Stimme ist nicht richtig zu erkennen, was er meint. Tut es ihm leid, weil er mich verletzt hat, oder tut es ihm leid, weil er gerne mit mir zusammen gewesen wäre, wenn er gewusst hätte, dass ich ihn liebe?

Wenn es so wäre, hätte ich im Handumdrehen einen neuen antiseptischen egalen Freund, denn so wie ich veranlagt bin, komme ich aus der Nummer nie wieder raus. Man erinnere sich an die kleptomanische Mitbewohnerin, die Tim und ich nur durch unseren ausgefeilten Plan losgeworden sind. Niemals hätten wir ihr die Kündigung direkt ins Gesicht sagen können.

Na und? Dann wäre es eben so, ich würde auch in Handyschalen und Beachshirts machen, »krasse Scheiße« sagen und auf der *Jennifer Lopez 3* Gregor heiraten, während der beim Jawort sehnsüchtig zu meiner Mutter blickt. Es gibt Schlimmeres.

Viel schlimmer wäre, ihm zu sagen, dass ich ihn jetzt doch gar nicht liebe. Dass mein Ausbruch nur so emotional gewesen war, weil ich grundsätzlich von keinem, und ich meine damit niemandem auf der Welt, der männlich ist, geliebt werde. Dass meine Trauer überhaupt gar nix mit ihm als Person zu tun hat, dass er in der Sache völlig egal ist, kann ich auf keinen Fall zugeben, denn: der arme Gregor!

Soll er doch wenigstens von mir geliebt werden, wenn meine Mutter es schon nicht tut. Ich werde ihn lieben lernen.

Ich rutsche nach vorne und lasse mich von meinem neuen Mann umarmen.

»Es tut mir so leid, Luzy. Aber ich liebe Lizzi.«

Lissi, Luzzy, Lizzi, Luzzi, Lissi, Luzzi, Lissi, Luzzi, Lissi.

Zu früh gefreut, keine Hochzeit auf dem Speedboot.

Sehr wahrscheinlich liebe ich Gregor doch jetzt schon, ohne es lernen zu müssen, denn es flattert in meinem Bauch wieder los. Nun muss ich gleich zurück ins dunkle Nichts, wo kein Mann ist, kein Richtiger, kein Egaler, kein einziger Pilz zum Draufspringen, der mir Halt gibt. Es ist gruselig.

Um mir Mut zu machen, setze ich mir eine Belohnung aus.

Falls ich es schaffe, jetzt das Zimmer zu verlassen, darf ich morgen Kontakt mit Jonas aufnehmen und ihm ein Geschenk vor die Tür legen. Das habe ich mir dann nämlich wirklich verdient.

Falls Jonas mir verzeiht, könnten wir einfach wieder zusammenkommen.

Sehr wahrscheinlich ist es nicht, aber eine Möglichkeit reicht, um hier erst mal wegzukommen.

Der Gedanke stellt mich so zufrieden, dass ich fast vergesse, eine große Abschiedsshow für Gregor zu geben. Damit er nicht so traurig sein muss wie ich, soll er sich unbedingt weiterhin begehrt fühlen.

»Ich gehe dann wohl besser.« Schniefe ich, während ich tragisch langsam meine Kleider überstreife. Es sind zu viele Anziehsachen, um die Spannung zu halten. Gregor schaut mir mitleidig zu. Ich freue mich für ihn, denn er wird geliebt, zwar nicht in echt, aber die Wahrheit ist diesbezüglich eh schwammig.

Ich wünschte, dass jemand mal so nett zu mir wäre wie ich zu ihm. An der Tür umarmen wir uns noch mal ganz innig, dann ist das Theater vorbei.

Als ich außer Sichtweite bin, könnte ich pfeifen vor Erleichterung, es rausgeschafft zu haben.

Es ist spät. Ich weiß schon, dass Tim nicht da ist, denn ich höre das Bellen von Bobby im Hausflur. Es ist, als wäre ich aus einem sibirischen Lager nach Hause zurückgekehrt, denn der kleine Hund freut sich so sehr, dass er ein bisschen Pipi macht.

Auch ich habe gute Laune und freue mich, weil ich meine Belohnung bekomme.

Bevor ich Jonas ein aufwendiges Geschenk besorge, werde ich allerdings erst mal für Tim das beste Frühstück machen, das je ein Tisch getragen hat. Keine Ahnung, wie lange ich nicht mehr zu Hause war, aber der Kühlschrank ist leer und arm. Wenn man um drei Uhr nachts in Berlin Dinge für ein qualitativ hochwertiges Gewinnerfrühstück kaufen will, geht man zu Ullrich am Bahnhof Zoo. Hier gibt es alles.

Als ich mit vollen Tüten zurück ins Haus komme, treffe ich den Meister im Flur.

»Der Köter bellt die janze Zeit, dat ist unerträglich! Ihr müsst da mal wat unternehmen, sonst ruf ick die Bullen.« Bevor ich was sagen kann, lässt er mich stehen und verschwindet in seinem Loch.

Das Motto des Frühstücks lautet »Exotische Gesundmacher«, beschließe ich.

Mein Werk sieht schön aus, als es fertig ist. Besonders auf mein selbstgemachtes Chiamüsli bin ich stolz. Sehr teuer sind diese minikleinen Samen aus Irgendwoher, die in Flüssigkeit auf das Zwölffache ihrer Größe aufquellen. Bei Erektionsproblemen könnte man sie einfach vorne in das kleine Penisloch stecken. Die Schleimhaut macht dann den Rest.

Ich kann es kaum erwarten, bis Tim kommt, denn ohne ihn kann das Spektakel mit dem Aufquellen des Müslis nicht beginnen.

Aber er kommt nicht, der Tag war lang, und ich will einfach nur kurz mal meinen Kopf zwischen den KPM-Tellern meiner Eltern ablegen.

Alles war eigentlich immer schon anstrengend. Ich befinde mich ständig im Transit, ohne zu wissen, wohin die Reise gehen soll.

Tims Zimmertür ist zu, als ich zwischen den Frühstückssachen aufwache. Er schläft. Offensichtlich wollte er nicht mit mir frühstücken, sonst hätte er mich geweckt.

Erst jetzt fällt mir wieder ein, dass er angeblich in mich verliebt ist und wir deswegen keine Freunde mehr sind. So ist es also, wenn man nicht an jemanden denkt, denke ich. Für mich hat er die letzten Tage einfach nicht existiert. Nur wenn wir zusammen sind, klettert er aus seiner Verpackung und wickelt sich, nachdem ich gegangen bin, wieder in seiner Bubbelwrapdecke ein, bis ich wiederkomme.

Ich bin der Mittelpunkt meines Universums, das zugegebenermaßen sehr klein und sehr, sehr eindimensional ist. Was bin ich für ein schlechter Gott, denke ich.

Tims Liebe ist für mich kein Kompliment. Auch nicht, wenn sie, wie ich annehme, nur erfunden ist. Es bringt alles durcheinander, ohne einen Mehrwert für irgendwen abzuwerfen.

Weil ich mich schlapp und leer fühle, schütte ich erst das Frühstück ins Klo, pinkele dann auf die Chiasamen und lese mir dabei meine schöne Schliki-Fantasie durch:

»Es ist eine warme Sommernacht. Ich sitze im Auto und spüre die würzige Luft auf der Haut. Die Nahtstellen der Straße geben rhythmisch einen Takt vor, der mich beim Fahren begleitet. Es ist das Einzige, was ich höre, denn in meinem Kopf ist es still.«

Ich spüle.

Mich interessiert das Wunder der Natur nicht mehr, soll es doch irgendwo im Maul einer Berliner Rattenfrau aufquellen. Wenigstens die wird dann für ein Jahr satt und zufrieden sein.

»... Judith gut, Hanna gut ... Luzy, über dich sind leider Beschwerden gekommen.« Sabine beendet ihre Rede, von der ich nichts mitbekommen habe, und schaut mich enttäuscht an. Irgendwie war das zu erwarten, denn ich bin ein schlechter Kellner. Trotzdem ist es eine Enttäuschung, denn ich hatte mir Mühe gegeben.

»Wer hat sich denn beschwert?«, frag ich.

»Kann ich nicht sagen«, murmelt Schmallippen-Sabine. Will sie den nicht verpetzen, oder was?

»Gut, aber was hab ich denn falsch gemacht?«, versuche ich es noch mal und gehe im Kopf die Liste der mir selbst aufgefallenen Nachlässigkeiten durch. Kuchengabeln vergessen, Wein nicht richtig präsentiert, überhaupt einiges an Bestellungen auf dem Weg nach drinnen vergessen, was umgekippt, viele Dinge umgekippt, auch auf Gäste, auf sie obendrauf gekippt.

»Du schneidest Fratzen«, dringt Sabines Stimme in mich.
»Was?« Inhalt gehört, aber in der Formulierung nicht glauben können.
»Es wurde sich beschwert, dass du Fratzen schneidest«, erklärt sie. »Du brauchst dich gar nicht rausreden, es ist nämlich wahr, ich hab's selbst gesehen. Du schneidest Fratzen beim Servieren, und ich möchte wissen, warum.«
Ich mache hässliche Gesichter, Hasenzähne, spitze Popolippen, also anusartig, Riesenaugen, alles. Ich mach das auch beim Tanzen, damit die Leute nicht denken, dass ich den Hüftschwung ernst meine.
Mir ist kellnern einfach peinlich. Ich kann es nicht, und mir ist es auch egal, was wer bestellt. Ich hasse es, wenn Leute sagen: »Ich bekomm ein Mineralwasser.«
»Das weißt du doch noch gar nicht, ob du das bekommst«, will ich den vorlauten Kunden berichtigen, darf es aber nicht.
Ich hab schon längst beschlossen, selber nie mehr essen zu gehen. Mir tun die Kellner zu leid, die Milch schäumen oder Orangen auspressen müssen. Allein die Wahnsinnsschmerzen, wenn die Säure der Orangen in die angeknabberten Nagelbetten läuft. Das kann man niemandem zumuten. Ein Schmerz, bei dem man nur schreien und fluchen möchte, aber auch das nicht darf, sondern frohlockend fragen muss: »Ein großer oder ein kleiner Frischgepresster?«
Aber all das kann ich Sabine nicht sagen.
»Das ist ein Problem meines Gesichtes. Ich mach das nicht absichtlich. Ich versteh nicht, warum Hanna zwinkern darf und ich nicht.«
»Weil das bei ihr eine Zwangsstörung ist.« Sabine schaut mich giftig an. Warum kann sie mich nicht leiden? »Ich werde das leider in deinen Bericht aufnehmen müssen.«
Aber das kümmert mich schon nicht mehr. Mir ist klar, von wem die Beschwerde kommt. Aber nachdem wir mit denselben

245

Leuten geschlafen haben, hatte ich angenommen, dass der Diktator und ich uns nah genug sind, um den anderen wegen Fratzenschneiden nicht zu verpetzen.

Bei meinen Sozialstunden ist es spät geworden. Kein Gast ist mehr da, trotzdem müssen wir offen haben, falls jemand noch eine Apfelsanddornschorle trinken will.

Auf einmal ruft Tim an.

»Hallo.« Bestimmt gesagt.

»Hallo«, klein und krächzig vorgetragen. Armer Tim.

»Alles okay?«

»Nein, die Toilette ist verstopft. Das Wasser fließt nicht mehr ab. Es steht bis zum Rand, und es sieht aus, als hätten hier ganz viele Frösche gelaicht.«

Das Chiasamenspektakel hatte offensichtlich trotz meiner Abwesenheit stattgefunden.

Tim ist kein Handyman. Er kann keine Sachen an Wänden und Böden befestigen, auch nicht lösen und auch sonst keine Dinge zusammenbauen. Das Laminat in unserer Wohnung mussten Jonas und ich auslegen. Tim durfte nur die Bretter anreichen.

Ich darf mir eine riesengroße Stahlspirale aus dem Restaurant leihen. »Die schraubt man durch die Kacke und das ganze Klopapier und zieht dann so lange, bis sich der ganze Schmodder löst«, erklärt mir Don der Koch, während er die Kürbiskarottensuppe in einen ehemaligen Ketchupeimer umfüllt. Die Nüchternheit der Restaurantküche hat meinen letzten Glauben an Romantik zerstört.

Es gibt hier keine Porzellanschüsseln, in denen gesunde, blonde Frauen mit üppigen Brüsten Sahne schlagen. Es ist grell und kalt, wie in einem Operationssaal mit schlechtgelaunten Ärzten, die über ihre Patienten lästern. »Was will die Kuh?

Durch? Das schöne Fleisch? Ich brat der das jetzt so feste, dass die ihr Gebiss nicht mehr rausbekommt!«

Tagessuppe ist immer alles Übriggebliebene, zusammen mit Sahne püriert. Der Mittagstisch sind die Dinge, die dringend verbraucht werden müssen, weil sie längst über dem Verfallsdatum sind. Zumindest ist das hier im Verbrecherrestaurant so, und zwar obwohl es ein Betrieb der gehobenen Gastronomie ist.

Aber was ist Romantik schon? Eine kollektive Verabredung, sich beim Sonnenuntergang zu küssen oder den Jahrestag mit Champagner bei Kerzenschein zu begießen. Romantik ist nur im Kopf schön. Hat man die Rosenblätter einmal verstreut, stellt man fest, dass die Idee auf der Packung besser aussah als in echt.

Wünschenswert wäre natürlich, dass man eigeninitiativ was entwickelt, das nicht schon von Jochen Schweizer an der Tankstelle verkauft wird. Sonst wird das auch schnell so wie damals mit dem »kleinen Seelentrösterblumenstrauß«.

Ich darf nicht immer so schrecklich zynisch sein, nur weil ich eine verbitterte Alte bin. Ich hole den ramponierten Zettel aus der Tasche und lese mir meine schöne Schliki-Fantasie durch.

»Es ist eine warme Sommernacht. Ich sitze im Auto und spüre die würzige Luft auf der Haut. Die Nahtstellen der Straße geben rhythmisch einen Takt vor, der mich beim Fahren begleitet. Es ist das Einzige, was ich höre, denn in meinem Kopf ist es still.«

Dann presse ich mein Gehirn zusammen, um trotz meiner geistigen Verstopfung wenigstens eine romantische Erinnerung zu generieren. Schmerzen. Bauchschmerzen.

JONAS Mitten in der Nacht packte mich ein wahnsinniger Schüttelfrost. Mir tat der Bauch so weh, dass ich glaubte zu sterben. Es kam nicht aus dem Nichts, obwohl ich das behauptete. Wir hatten extrem viel Alkohol getrunken, und jeder mindestens zwei Schachteln Zigaretten geraucht. Sportrauchen. Erst in diesem Zustand, in dem man so betrunken ist, dass man Zigaretten wie Salzstangen konsumiert, waren wir am Anfang unserer Beziehung gelöst genug, um zusammen zu sein. Zwei Babuschkapuppen, die Schnäpse trinken. Je später der Abend wird, umso mehr Hüllen fallen, bis sich am Ende nur noch zwei kleine Kerne gegenübersitzen, die sich nicht mehr verstecken lassen.

An diesem Abend fielen wir aus lauter Glück, uns gefunden zu haben, übereinander her. Sex, der mehr wie Raufen ist, taumelnd ohne Sinn und Verstand, von außen konfus, aber inhaltlich schön.

Irgendwann tat es weh, in mir drin, wahrscheinlich weil er mit seinem Penis irgendwas Wichtiges kaputtgemacht hatte. Der Schmerz machte mich so nüchtern, dass ich plötzlich wieder ich war. Also die äußerste der Babuschkapuppen, die blöde, die unauthentische, angstbesetzte Kuh, der es peinlich ist zuzugeben, dass sie ihre Tage hat und deswegen keinen Sex haben will. Die, die dann lieber lügt und erklärt, sie hätte heute nur Lust auf Blasen und Analverkehr, statt zu sagen: »Mir ist nach nix. Und nein, ich bin nicht selbstbewusst genug, hier alles vollzubluten. Selbst wenn ich Lust hätte, wäre es mir nicht möglich, diesen Schalter im Kopf umzulegen, damit ich kapiere, dass mein Blut wie dein Sperma auch einfach nur eine Körperflüssigkeit ist. Ich kann das nicht, weil es nicht stimmt. Weil deins durchsichtig ist und nach dem Spaß kommt, und meins farbig ist und mit dem Schmerz kommt. Es ist nicht gleich. Nix ist gleich.

Es tut mir leid, dass ich dir nicht erklären kann, dass ich mich wie ein abgestochenes Schwein fühle. Dass ich, obwohl Frauen jeden Monat seit 2,8 Millionen Jahren bluten, immer noch nicht weiß, warum mich wie aus dem Nichts diese wahnsinnige Traurigkeit überfällt. Bis es mir dämmert, dass es wegen dem verlorenen Ei ist, das wieder nicht gebraucht wurde, das den Bach runtergeht, seiner Bestimmung beraubt, weil diesen Monat wieder keiner eine Familie gründen wollte.«

Also habe ich geschwiegen, um nicht der Spielverderber zu sein, und weiter Sex gemacht, obwohl es mir richtig doll weh tat.

Erst als wir fertig waren und eine Stunde vergangen war, konnte ich meinen Schmerz anmelden, der sich eh nicht mehr verstecken ließ, denn meinen Körper schüttelte es.

Der betrunkene Jonas machte sich richtig Sorgen, er hielt mich feste in seinem Arm. Was er hielt, war dann mein bloßer Kern, denn der Schmerz war so groß, dass ich nur noch ich sein konnte. Jonas verschwand in der Küche und kam mit einem Bündel wieder. Weil er keine Wärmflasche hatte, hatte er eine leer getrunkene Weinflasche mit kochendem Wasser gefüllt und in ein Handtuch gewickelt.

Weil er seiner eigenen Konstruktion nicht traute, setzte er sich neben mich und hielt die ganze Nacht die Flasche aufrecht, so dass kein Wasser ausschwappen konnte, bis mein Bauch sich unter der Wärme entspannt hatte.

LUZY Das war romantisch, denke ich, dann muss ich sofort weinen: über den Verlust von Jonas und meine Unfähigkeit, schöne Dinge zu sehen.

Während ich weine und bevor ich gehen kann, muss ich noch alle Stühle mit Fahrradschlössern an den Tischen anketten. Es ist eine Horrorarbeit, weil es wegen Sabines Geiz zu wenige Schlösser gibt. Deswegen kann die Sicherung der gesamten Bestuhlung nur durch ein ausgeklügeltes Bindesystem bewerkstelligt werden. Als ich fertig bin, steht Stalin vor mir und will einen Espresso trinken.

»Du hast mich bei meiner Chefin verpetzt!«

»Ich bezahle dafür, dass ich vernünftig bedient werde, und finde es störend, wenn ich jedes Mal eine Orkfratze sehen muss, wenn ich meinen Espresso entgegennehme.«

»Es ist zu spät für Espresso!«

»Ich bin Narkoleptiker! Ich kann immer schlafen.« Er reibt sein quietschendes Auge.

»Ich will damit sagen: die Kaffeemaschine ist schon aus.«

»Dann nehme ich einen Schnaps, was habt ihr?«

»Marille, Kirsche, Birne.«

»Birne bitte.« Ich gehe zum Regal. In der Hoffnung, dass er eine Allergie hat und weil ich es kann, gieße ich Kirsche ein.

Er wird es nicht merken, denn es brennt eh nur im Hals.

»Kannst du mir einen Stuhl aufschließen, ich würde gerne sitzen!«

»Beim Schnapstrinken? Der heißt doch nicht umsonst Kurzer!«

»Ich möchte mich einfach setzen.«

Es ist kein Flirt, er will sich ernsthaft einfach setzen.

Der Tisch, den Stalin will, ist mit Tisch zwei verschlossen, der wieder rum am Wackeltisch hängt, der hängt am ... Ich muss alles wieder aufschließen.

Als ich es geschafft habe, bestellt Stalin noch einen Schnaps.

»Schmeckt's dir denn?«

»Ich hätte lieber Birne gehabt.« Ich werde ihm weiter Kirsche geben.

»Verfolgst du immer noch deinen Exfreund?«

»Ja. Aber nicht mehr lange, denn ich werde ihn durch ein sehr aufwendiges Geschenk zurückgewinnen.«

»Was bekommt er?«

»Ja, das ist ein bisschen das Problem, weil er sich nur für sehr langweilige Dinge von Qualität interessiert wie Pfannen und Messer. Das ist so wenig romantisch.«

»Bist du denn romantisch?«

»Nein, mir fehlt der Glaube an alles, aber ich kann ganz gut so tun als ob.« Stalin lächelt.

»Matt und Ruth haben ein ganz gutes Händchen dafür, sich beziehungsunfähige Leute zum Vögeln auszusuchen. Leute wie wir kommen ihrer eigenen Beziehung nicht in die Quere.« Erklärt Stalin. Recht hat er, auf uns muss man wirklich nicht eifersüchtig sein.

»Ich bin sehr, sehr beziehungsfähig. Ich bin Berufsfreundin! Ich bin der Erfinder der Beziehung!«

»Quatsch. Du bist ein Einzelgänger wie ich.«

»Aha.«

Er hört sich auch an wie ein Diktator. Kraftvoll. Von einem steinernen Balkon heruntergesprochen zu seinem Volk, das ihm bis in den Tod folgen wird. Ich bin das Volk.

Er ist ganz sicher ein Arschloch.

»Ich hab es satt, immer das Arschloch zu sein«, sagt er und kippt seinen Kirschschnaps, der eigentlich Birne sein sollte, herunter.

Das ist der Moment, in dem ich alles, was in den nächsten Wochen und Monaten, vielleicht auch Jahren passieren wird, eigentlich vorne im Kopf schon irgendwie weiß.

Ich könnte einen weiteren Tisch aufschließen, mich dransetzen und wie das Orakel von Delphi alles voraussagen, was zwischen mir und Stalin passieren wird. Ich bin zwar noch nicht verliebt, aber der steile Berg, die unwegbare Landschaft, der Regen, die schlechten Bedingungen, alles liegt einladend in Form eines wirklich schrecklichen Mannes mit Schnurrbart vor mir.

»Ich geh jetzt«, sagt er. Natürlich, er geht jetzt, er ist ein Achtzehner.

»Ich geb dir noch einen Schnaps aus, diesmal auch den richtigen!« Die Fänge des Klammeraffen greifen wieder zu. Da sind wir: trockene Steppe und Indianer, Teflon und Milch, Gummistiefel und Flut.

»Nee danke, mir reicht's.« Klar, der sehr vorhersehbare erste Akt unserer Beziehung beginnt. Dass diese endlosen Wiederholungen todlangweilig sind, stört mich überhaupt nicht. Denn es bleibt immer diese minikleine Restspannung und die Frage: Kriegen wir uns? Und auch wenn ich dann ganz laut und entschieden »NEIN« rufe, echot es erneut: »Aber ganz vielleicht?« »NEEIIIN!« »Aber vielleicht, wenn du ...« »...IIINN!«

»Okay, aber wenn du so gerne Schnaps trinkst, muss ich dir meinen mal mitbringen. Der schmeckt köstlich, sage ich dir.« Ich versuche nicht mal, das beiläufig zu sagen, denn das lohnt nicht. Stalin ist eh so selbstbezogen, dass er sich jetzt schon angehimmelt fühlt.

»Du brennst selber?« Eigentlich wollte ich einfach welchen kaufen, aber der interessierte Ton in seiner Stimme lässt mir keine Wahl.

»Ja. Mittwoch ist 'ne neue Mische fertig.« Mische ist eigentlich Cola mit Rum in einer Plastikflasche, die man in der letzten Reihe im 19er Bus mit Sophie auf dem Weg nach Mitte teilt.

»Hört sich gut an.« Kein: Cool, dann bis Mittwoch. Er dreht sich einfach um, geht zu seinem Diktatorfahrrad und verschwindet in der Dunkelheit.

Es trifft mich nicht, denn ich hab ja noch eine kaputte Beziehung zu Jonas, die mich stabil hält.

Als ich nach Hause komme, ist es ruhig. Als ich anfange, die Toilette zu reparieren, klickern Bobbys Krallen wie tausend kleine Stöckelschuhe auf dem Laminatboden hinter mir. Wir gucken uns an.

»Wo warst du?«, will er wissen, aber ich antworte nicht. »Ich bin Bobby!«, erklärt er mir stolz.

Plötzlich steht der Vogelmann in seinem braunen Samtbademantel mit hängenden Flügeln hinter mir.

»Was machst du da?« Gepiepst.

»Ich schraube eine Spirale in unsere gemeinsame Scheiße. Dann zieh ich dran, und der Klumpen löst sich.«

Tim verzieht das Gesicht, dann tritt er an mich heran und greift nach meiner Schulter.

»Luzy, ich will deinen Namen in Rosenblättern schreiben.«

Ich bin mir sicher, dass er es ernst meint. Vielleicht nehme ich Tim einfach in den Arm und blase ihm einen, dann wäre endlich Ruhe.

Wir stehen voreinander.

»Wenn du meine Gefühle nicht erwiderst, werde ich hier nicht wohnen bleiben können.«

Wieder überkommt mich eine unfassbare Wut.

»Warum kannst du nicht endlich damit aufhören!«

»Du könntest mich lieben lernen.«

Mein Mitbewohner tritt vor, packt mich bei den Schultern, presst mir seine Lippen ins Gesicht und greift nach meiner Brust. Es ist nur ein bisschen Gegrapsche, versuche ich mir zu sagen, aber es stimmt nicht. Die Enttäuschung läuft mir kalt ins Herz, denn dieser Mann, der mir jetzt zwischen die Beine greift, ist mir fremd. Ich bemühe mich zu überprüfen, ob ich mich schon wehre oder noch hoffe, dass alles Einbildung ist. Er berührt mich weiter, es ist nicht brutal, nur bestimmt. Ich frage mich, was das soll, dieses Reiben und Kneifen. Bobby legt sich neben uns auf den Fußboden, während mir die Hose aufgerissen wird.

»SCHLUSS!«, ruhig und undeutlich ausgesprochen. Merkwürdiges Wort aus meinem Mund. Es scheint absurd. Ich schiebe ihn weg und frage mich, wie ich meine Hose wieder zumache, ohne dass er merkt, dass er sie vorher aufgerissen hat.

»Ich gehe«, sage ich und bleibe vor Tim stehen. Denn der Moment ist schon wieder vorbei, und es geht weiter. Er versucht Luft zu schnappen, unten setzt Phil Collins ein. Ich mag ihn nicht mehr angucken.

»Nein, ich gehe, das ist deine Wohnung!« Er hat recht.

»Es ist egal, mein Schatz, wir kaufen dir eine ganz neue frische Wohnung, ganz ohne böse Geister!« Höre ich meine Mutter sagen. Nein, ich könnte kein zweites Museum in der Stadt ertragen.

»Ich gehe, bis du gegangen bist«, schlage ich vor.

»Gut.«

»Fein.«

Wir stehen voreinander. Ich wünsche mir, dass sich die Situation wieder entspannt. Dann könnten wir jetzt einfach zusammen in Ruhe fernsehen.

Tim öffnet mir die Tür. Überraschenderweise bin ich ihm dankbar für diese Hilfe, denn aus eigener Kraft hätte ich es niemals hier rausgeschafft.

Trotz diesem »Schluss«, der auch wirklich einer sein wird, und dem sexuellen Übergriff bin ich nicht traurig. Im Gegenteil. Ich habe das Gefühl, dass ich einen therapeutischen Erfolg zu vermelden habe.

Am liebsten würde ich gleich weitermachen und mich allem entledigen.

Leider ist keiner mehr da, den ich verlassen kann. Tim war der letzte Mann, den ich hatte.

Sicherlich sollte ich jetzt traurig sein, aber ich platze fast vor Freude, mich emanzipiert zu haben und mich endlich von jemandem getrennt zu haben. »Ich bin so froh, dass ich ganz alleine bin!« Man kann das niemandem erzählen, ohne dass es sich anhört wie Selbstbeschiss. Aber das ist es nicht.

Ich setze mich an das Bett meiner Mutter, denn nur zu ihrer Hälfte des Hauses habe ich einen Schlüssel. Sie schläft, aber das ist mir egal.

»Warum seid ihr nicht geschieden?«

»Aus steuerlichen Gründen«, meine Mutter öffnet bei dieser Antwort nicht mal die Augen. »Es schien einfach ein sehr komplizierter bürokratischer Prozess zu sein, auf den keiner von uns Lust hatte.« Vielleicht schläft sie noch. Auf jeden Fall scheint sie meine Anwesenheit zu dieser Uhrzeit weder zu wundern noch zu stören.

»Warum habt ihr geheiratet?«

»Aus steuerlichen Gründen. Wir wollten uns vom Staat nicht bescheißen lassen.«

Mir scheint meine Steuer sparende Hippiemutter, die im Seidennachthemd auf dem Fünftausend-Euro-Boxspringbett liegt und es nicht weiter von ihrem suizidalen Ehemann weggeschafft hat als hinter eine Mauer, sehr unglaubwürdig.

»Warum will ich dann so gerne heiraten, wenn ich gar keine Steuern zahle?«

Das scheint sie genug zu interessieren, um die Augendeckel aufzuklappen.

»Weil du spießig bist. Das war dir wohl alles zu freizügig hier.« Sie meint es ernst und auch nicht abfällig.

»Ich bin gar nicht spießig.«

»Vielleicht auch einfach ein bisschen frigide, oder magst du Sex?«

»Er ist mir egal.«

»Das kommt noch!«

»Ich will gar nicht, dass was kommt. Ich will einfach meine Ruhe haben und mich nicht ständig mit Männern auseinandersetzen müssen.«

»Ja, das würde ich dir auch wünschen.«

»Wenn du so ein Scheiß-Freigeist bist, warum wohnst du

dann noch hier?« Meine Mutter scheint einigermaßen überrascht von meiner Stimmung zu sein. »Weil du nicht loslassen kannst! Weil du nur an dich denkst und mich an deine Brüste gezwungen hast, obwohl ich längst satt war. Du lässt ihn nicht mal in den Tod gehen, den er sich wirklich langsam verdient hat.«

»Ich wollte, dass du keine Allergie bekommst!«

»Du willst nicht einsam sein!«

»Hör auf, deinen Frust an mir auszulassen, nur weil ich deine Mutter bin. Ob du es glaubst oder nicht: Ich hab eine eigene Geschichte! Ich werde mir nicht diese Generalschuld von dir aufladen lassen.«

»Ich komme nicht zurecht, weil du ihm ein Kind aufgezwungen hast, das er nicht wollte!«

»Ich wollte dich aber!«

»Das reicht nicht!« Pause. »Und es ist mir gleichzeitig auch einfach zu viel.«

Ich stehe auf und verlasse den rechten Teil der Villa im G-Wood. Am Eingang setze ich mich aufs Mäuerchen, denn wo soll ich auch sonst hin.

»Aufmachen, Polizei!« Begleitet von aggressivem Bummern. Nur so geht's, denn auch ihn verfolgt eine allgemeine Generalschuld. Zu Recht. Mein Vater öffnet. Ich stürme an ihm vorbei in die Wohnung, die keine Wohnung, sondern ein Atelier mit Matratze ist. Keine Ahnung, wann ich das letzte Mal hier gewesen bin.

»Möchtest du ein bisschen Gurke?« Mein Vater betrachtet das Innere seines Kühlschranks.

»Ja. Ich muss hier schlafen, Jonas hat sich von mir getrennt, nach Hause kann ich nicht wegen Tim, und zu Mama will ich nicht.«

»Wer ist Tim?«

»Mein Mitbewohner seit fünf Jahren.«

»Aha.«

Es ist still. »Drüben« liegt dunkel da. Fast kann man sich nicht mehr vorstellen, wie das war, als dieser Teil noch durchblutet wurde.

»Luzy?«

»Ja.«

»Du darfst auch nicht vergessen, dass du keine Deutsche bist. Das ist nicht dein Land und auch nicht deine Kultur.« Ich schaue meinen Vater an. Natürlich bin ich hier geboren, aber die reichen Schweine waren früher in anderen Ländern mal arme Säue gewesen.

Das war vor meiner Zeit, beide hatten alles zurückgelassen und wollten nix mehr davon wissen. Aber wenn man aus seiner Erde rausgerissen wird, hängt die Wurzel eben noch dran. Er hat recht, ich bin keine deutsche Frau, was auch immer das heißt.

»Ich sag das nur wegen deiner Probleme.«

»Warum denkst du, dass ich ein Problem hab?«

»Weil ich dein Vater bin. Du musst Probleme haben.« Pause. »Ich mache dir jetzt die Couch fertig.« Er verschwindet zwischen den Leinwänden, wahrscheinlich um irgendwo ein Kissen zu finden.

Unsere Couch ist riesengroß und gestreift. Als wir noch eine Familie waren, haben wir auf ihr gelebt. Ein oder wahrscheinlich mehrere Meerschweinchen sind unter ihr gestorben. Wer weiß das schon, denn es gab sie ja mehrmals. Die Couch hat schon immer hier gestanden, in unserem ehemaligen Wohnzimmer. Auch bevor die Wand gebaut wurde, hat mein Vater eigentlich nicht mehr mit meiner Mutter in einem Bett geschlafen. Wegen mir.

Obwohl ich klein war, hatte ich schon irgendwie begriffen,

dass, wenn Eltern nachts zusammen schlafen, Kinder gemacht werden können. Ich wollte unter keinen, und ich meine gar keinen, Umständen ein Geschwister haben. Wenn meine Eltern nachts ins Bett gehen wollten, kam ich ins Schlafzimmer und schob mich als lebendes Kondom zwischen sie. Ich schrie und weinte, bis mein Vater die Flucht ergriff. Obwohl ich mich an meiner Mutter festkrallte, war die, wenn ich aufwachte, verschwunden und hatte meinem Vater auf der Couch Gesellschaft geleistet. Hysterisch wackelte ich dann ins Wohnzimmer, um mich wieder zwischen die beiden zu quetschen und aus vollem Halse zu verkünden, dass sie bitte, bitte kein Geschwister machen sollten.

Sie taten mir den Gefallen. Irgendwann ging meine Mutter von allein mit mir ins Bett, und mein Vater zog von selbst auf die gestreifte Couch. Das lebende Kondom hatte gesiegt!

Auf diesem Sofa liege ich jetzt und wünsche mir sehnlichst eine Schwester. Sie könnte ja älter sein als ich, dann wäre sie schon da gewesen, als ich geboren wurde. Sie würde Irina heißen und ich Nadja. Vielleicht hätte sie sich sogar auf mich gefreut. Dann wären wir, als die Wand gebaut wurde, gemeinsam in den Keller gezogen, hätten in einem Hochbett geschlafen, und ich wäre nicht zu einem unfassbar einsamen Menschen geworden.

Es ist irgendein Tag später als gestern. Vielleicht bin ich seit 48 Stunden hier.

Mein Vater hat sich zu mir auf die Couch gesetzt. Der Fernseher läuft irgendwo hinter einem Bild, auf dem Krickelkrakel und Kuddelmuddel zu sehen ist. Heimlich mag ich die Aktbilder meiner Mutter lieber. Je konkreter, desto besser, denn ich bin spießig, wie ich erfahren habe. Wir betrachten das Bild mit dem Ton der Tagesschau.

Zwischendurch schreit meine Mutter durch die Wand.

»Luzy, ich geh jetzt einkaufen, brauchst du irgendwas?«

»Nein!«

»Anton, du?«

»Gurke und Graubrot.«

Mein Vater ist spindeldürr. Fast ist er nicht da. Bevor die Wand gebaut wurde, war er fett und wütend. Ich hatte schreckliche Angst vor ihm, aber dafür war er lebendig.

»Geht doch mal einfach ein paar Pflaumen pflücken«, schlug meine Mutter vor, um das nicht vorhandene Verhältnis zwischen mir und meinem Vater zu stärken.

Hinten in unserem Garten standen ein paar Obstbäume, die allen egal waren. Mein dicker Vater zog eine Leiter hinter sich her, und ich folgte mit einem Körbchen.

Der Baum war alt und hoch. Die Früchte waren weder für mich noch für meinen Vater zu erreichen.

Nachdem ich aufgegeben hatte, sammelte ich das alte wurmstichige Fallobst vom Boden und stopfte es in mein Körbchen. Mein Vater stand derweilen fluchend auf der schwankenden Leiter. Schließlich wurde es ihm zu doof. Er kletterte runter, ging in die Garage, kam mit einer Säge wieder und fällte den Baum unten am Stamm.

Krachend fiel die Krone samt Früchten auf die Wiese. »Bitte!« Mein Vater deutete verschwitzt auf sein Werk, griff in die grünen Blätter und reichte mir eine lila Pflaume. Um den Baum tat es mir überhaupt nicht leid. Ich sammelte den ganzen Korb voll, während er auf dem Rasen lag und mir zusah. Das war unser Moment, der, als er vorbeiging, mir für ewig im Kopf hängenblieb.

Ich glaube nicht, dass das Geripppe, das neben mir sitzt, heute noch einen Baum absägen könnte. Fällen ist eine Sache, das geht in einem Rutsch, aber so richtig ritscheratsche, dazu muss man schon voll Leben sein.

Obwohl mein Vater der schlechte Elternteil ist, schreie ich meine Mutter an. Das tue ich, weil ich hoffe, dass es bei ihr wenigstens irgendwo ankommt. Meinem Vater die Meinung zu sagen ist Verschwendung von Munition, denn wer schon liegt, kann nicht mehr umfallen.

»Wieso wolltest du kein Kind?«

»Ich hatte Angst, dass sich was ändert, denn es war zum ersten Mal in meinem Leben alles gut.«

»Warst du damals anders?«

»Nein.«

»Warum ist Mama dann mit dir zusammengekommen?«

»Du meinst, weil ich schrecklich bin?«

Nicken ist ehrlich genug.

Er lächelt.

»Sie hat wohl irgendwas in mir gesehen! Frauen wollen einen immer retten, auch wenn man das gar nicht will.« Recht hat er.

»Was ist das Krickelkrakelbild wert?«

Mein Vater betrachtet sein Werk.

»Eigentlich nichts!«

»Ja gut, aber es kostet ja was, wenn du es verkaufst.«

»Vielleicht fünfzigtausend?«

Es ist nicht sonderlich düster. Orange ist drin, Gelb auch.

»Kann ich es Jonas schenken? Du kannst es doch noch mal machen.«

»Nein, aber ich kann einfach ein anderes malen.«

Von der Eingangstür kommt ein Rumpeln. Anscheinend hat meine Mutter das Brot und die Gurken durch die Katzenklappe von Landstreicher geworfen. Ein Loch in der Tür für eine Katze, die es nie gab.

Da man von seinem Körper ausgehend misst, ist Vor-Jonas-Haustür-im-Flur nicht der mir erlaubte Abstand von hundert Metern, also wenn er wie jetzt zu Hause ist.

Man hört irgendeine blöde Musik, die drinnen läuft.

Leise lehne ich das Bild an die Wand neben der Tür und lege die Nachricht an ihn obendrauf. Auf dem Zettel steht: »Orange! Weißt du noch? Liebe Grüße, DEINE Luzy«. Aus sentimentalen Gründen setze ich mich zufrieden auf meine 32ste Treppenstufe, von der ich noch nie von Jonas zurück in die Wohnung geholt wurde.

Keine Ahnung, was Orange in unserer Beziehung für eine Rolle gespielt hat. Keine wahrscheinlich. Aber zumindest wird Jonas nun nachdenken müssen. Er wird einmal im Kopf durch unsere gemeinsame Zeit reisen, um rauszufinden, was Orange bedeutet. Vielleicht fällt ihm dann ein, wie viel schöner die Welt mit mir in ihr war.

Die Verbindung zwischen uns steht. Eine Glasfaserleitung. Sollte die nicht halten, ist da noch das Bild. Denn: Wenn Jonas es aufhängt, ist es stellvertretend für mich in seinem Zimmer, und wenn er es verkauft, geht mein Geist in jedes Ding, das er mit dem Erlös bezahlt. Genial.

So richtige Freude stellt sich trotzdem nicht ein, denn besser wäre es, die Sache selbst in die Hand zu nehmen und das Ding persönlich zu übergeben. Mutig auch und erwachsen. Oder einfach dumm und verzweifelt. Was wartet denn auf mich, wenn ich unverrichteter Dinge nach Hause gehe. Wer weiß schon, ob und wann er sich melden wird. Vielleicht klaut ein Nachbar das Bild, und ich warte bis ans Ende meiner Tage auf seine Reaktion.

Schon habe ich geklopft, denn klingeln erscheint mir zu aggressiv. Als Jonas die Tür öffnet, haut es mich fast um.

Wir haben schon lange nicht mehr so vis-à-vis voreinander gestanden. In den letzten Wochen hat er auf hundert Meter Entfernung zwischen meinen Daumen und Zeigefinger gepasst. Jetzt ist er groß und da. Trotzdem ist so viel Zeit vergangen, dass der Respekt, den man Menschen gegenüber verliert,

mit denen man verwandt oder in die man verliebt ist, wieder
Gelegenheit hatte einzuziehen. Am besten wäre es jetzt, ihm
formell die Hand zu schütteln und mich vorzustellen, aber das
geht nicht, denn seine rechte Hand hängt in einer Schlaufe an
seinem Hals.

»Hallo, Luzy«, sagt er ruhig und ein bisschen allergisch verstopft.

»Hallo, Jonas.«

Jetzt sind wir wieder zurück auf Start.

»Ich kann leider nicht so lange im Flur bleiben, wegen den
Pollen. Willst reinkommen?« Ist das jetzt ein Gesetzesverstoß?

»Klar.«

Drinnen sind alle Fenster verschlossen, sogar die Vorhänge
sind zugezogen. Heiter geht anders.

Jonas lässt sich auf seine Couch fallen und sprüht sich Anti-
allergikum in die Nase.

»Wie schlimm ist es dieses Jahr?«, frage ich und versuche
ihn daran zu erinnern, wie gut wir uns kennen.

»Schlimm! Ich würde mir am liebsten die Augen auskrat-
zen!«

»Soll ich dir einen kalten Wickel machen?«

Kurz schauen mich zwei trübe rote Augen an, die sagen
wollen: »Das geht doch nicht!« Dann nickt er einfach.

In der Küche hole ich eine Packung Erbsen aus dem Eisfach
und schütte davon welche in einen nassen Lappen. Ich schlage
alles so ein, dass es halten wird und so ist wie Gottes Tagewerk
bei der Erschaffung der Welt. GUT!

»Danke!«, stöhnt er, als ich ihm den Wickel auf die Augen
lege.

Jonas ist zurückgesunken und liegt blind auf dem Rücken.

»Wie geht's dir? Was hast du so gemacht?«, will er wissen.

»Ich kellnere jetzt in einem Verbrecherrestaurant, hatte einen Dreier, war mit meinem neuen verhaltensgestörten Hund

bei der Vertretung von Barbara Ottinger, der Wolfsflüsterin, und bei der Hypnose, ach, und der Mann mit dem ich dich vor zwei Jahren betrogen habe, als ich auf den Delfin gefallen bin, hat sich in meine Mutter verliebt, und dann bin ich fast von meinem Mitbewohner vergewaltigt worden.« Denke ich und finde mein Leben einigermaßen hysterisch.

»Ich hab einen neuen Job in einem Restaurant der gehobenen Gastronomie und den Hund vom Meister adoptiert.« Versuche ich das Erlebte mundgerecht zu machen, ohne dass es zu aufregend klingt. Jonas soll nicht glauben, dass mein Leben ohne ihn lebenswert ist.

»Einen Hund? Wie toll, wo ist der denn?« Der blinde Jonas ist im Begriff, sich seine Wickel abzureißen.

»Bei Tim! Der jetzt aber auszieht.« Sage ich schnell.

»Warum denn?«

»Hat sich verliebt.«

»Oh«, wundert sich Jonas. »Wie schön für ihn.«

Dann ist es ruhig, weil Jonas nix sehen kann, habe ich die einmalige Chance, ihn anzustarren. Meine Beute liegt vor mir und versucht ruhig zu atmen. Er schafft es nicht. Seine Nase blubbert und die Kehle pfeift. Die Dichte seines verschleimten Vollbarts macht es nicht leichter. Vielleicht hat er gar keine Haut darunter. Armer Jonas. Er ist leider ein Wrack. Der nasse Lappen ist ein bisschen wie die Gittertür im Beichtstuhl, er wird uns helfen, endlich frei reden zu können.

»Es tut mir leid mit dem Arm«, beginne ich die Aussprache.

»Gut«, findet er und beendet die Aussprache. Ohne zu wissen, wo ich bin, streckt er seine Hand nach mir aus, und ich greife zu.

»Es war nicht leicht die letzten Wochen«, erklärt er.

»Fehle ich dir?«, will ich wissen.

»Klar«, sagt er, »du bist nicht grade unauffällig im Nicht dasein.« Seine Hand drückt zu. Er ist zu erschöpft, um sich gegen mich zu wehren. Ich könnte jetzt einfach bleiben. Irgendwann wäre es dann wieder wie früher.

Jonas' Finger verschränken sich mit meinen. Ich mag das nicht, noch nie mochte ich diese Art des Händchenhaltens. Es ist mir einfach nicht angenehm. Normalerweise halte ich es einfach aus oder winde mich unauffällig in eine andere Stellung, aber jetzt will ich einfach nur schnell raus aus der Kralle. Weil ich weiß, dass mein Freiheitsgefühl nicht stimmen kann, fühle ich nach. »Was ist heute für ein Wochentag?«, will ich von Jonas wissen.

Er nimmt den Lappen von den Augen und schaut mich verwirrt an.

»Keine Ahnung. Mittwoch? Warum, hast du noch was vor?«

Heute ist Schnapstag. Obwohl ich hier bin, hat sich meine Seele schon ans nächste Ufer gerettet. »Ja, ich muss zur Arbeit.« Vielleicht ist Jonas sogar ein bisschen enttäuscht.

»Oh. Okay, war gut, dass wir gesprochen haben«, findet er und bringt mich zur Tür. »Darf ich dich mal anrufen?«, fragt er, als er mich zum Abschied in den Arm nimmt.

»Klar«, antworte ich.

Als ich vor der Haustür stehe, fällt mir das Bild von meinem Vater ein, das neben Jonas' Tür lehnt. Ich drücke auf die Klingel.

»Ja?«, fragt Jonas.

»Ich hab dir ein Geschenk neben die Tür gestellt.«

»Oh, danke. Möchtest du noch mal hochkommen?«

»Ein anderes Mal.«

Unser Ende ist überraschend unspektakulär.

STALIN

Ich weiß nichts über Schnaps. Aber ich kann kochen, und das Internet wird's schon richten. Mit dem Schnaps werde ich dann zur Arbeit fahren und mit Stalin trinken, bis er besoffen genug ist. Dann küssen wir. Dann wird er mir zu verstehen geben, dass das alles ein Fehler war, den er bereut. Dann wird er mich abschütteln wollen, aber die Spikes unter meinen Bergschuhen sind schon ausgefahren wie bei Reinhold, also kann ich mich halten, wahrscheinlich ein paar Jahre ...

Die grobe Handlung ist klar.

Ich brauche: einen Schnellkochtopf, Kupferrohre, zwei Meter Rohr mit einem Durchmesser von einem halben Zentimeter, einen Bohrer, einen 60-Liter-Metalltopf, einen großen Plastikeimer, Mulltuch, 1 Kilo Maismehl, 5 Kilo Zucker und 15 Gramm Hefe. Ich hab alles außer Kupferrohr.

Bobby hört auf zu bellen, als ich aufschließe. Tim ist nicht da. Ich verstehe erst, dass er nicht weg, sondern für immer nicht mehr da ist, als ich den Schnellkochtopf aus dem Schrank nehme und feststelle, dass die Katzenbrettchen verschwunden sind.

Auch im Bad fehlen seine Sachen. Ich warte auf ein Flattern im Bauch, welches erst kommt, als ich feststelle, dass es offensichtlich wirklich möglich ist, über den Verlust eines Menschen nicht traurig zu sein, denke ich traurig.

Auf meinem Bett finde ich Tims Hausschlüssel. Es sind viele Abschiede für einen Tag.

Die Bedienungsanleitung sieht vor, dass ich ein Loch in einen Topf bohren muss, durch das ich das Kupferrohr, das ich nicht hab, reinstecken soll. Der Dampf der gekochten Maische soll durch ein Wasserbad in einen weiteren Topf dampfen. Das ist dann Schnaps. Aha. Bobby taxiert mich.

»Ich bin ein Mörder«, sage ich zu ihm, denn ich will nicht, dass es Heimlichkeiten zwischen uns gibt. »Ich habe einen Hasen getötet.«

»Ist mir egal, ich liebe dich!« Sagt Bobby.

»Aber wir kennen uns nicht. Du kannst mich noch gar nicht lieben«, sage ich.

»Ist mir egal, ich liebe dich. Ich bin Bobby.«

Der Bohrer, den wir haben, bohrt nur in eine Richtung. Man sollte meinen, dass das egal ist. Bohren ist bohren. Ein Stahlmipi, der sich ganz schnell dreht und so ein Loch in die Wand macht. Dass es aber nicht so einfach ist, zeigt der Flur. Hier sieht es als, aus hätte ein Drive-by-Shooting stattgefunden. Irgendjemand stand mit einem Maschinengewehr auf unserem langweiligen Laminatboden und hat die Wand durchsiebt.

Der Versuch, ein Regal aufzuhängen, ist zu einem Denkmal meiner krankhaften Beharrlichkeit geworden. Obwohl es ganz offensichtlich nicht möglich war, ein ganz normal tiefes Loch zu bohren, habe ich nicht aufgegeben und einfach immer wieder neu angesetzt.

»Das kann nicht funktionieren, dein Bohrer bohrt nur in eine Richtung.« Jonas hatte den Fehler bald gefunden. »In die falsche Richtung.«

Kapiert hab ich den Unterschied zwischen rechter und linker Drehung nicht.

»Oh, das ist ja blöd. Und was mache ich jetzt?«

»Ich nehme das Ding mit und bring's zu Bauhaus, die können das bestimmt reparieren.«

»Das wär ja toll.«

Der Bohrer verließ nie die Werkzeugkiste. Obwohl es mir völlig egal war, weil ich kein Loch in der Wand mehr brauchte, stellte sich bei mir ein hartnäckiger Hass auf meinen Freund ein, der einfach nicht in der Lage war, ein Vorhaben bis zu Ende durchzuziehen.

In der Hoffnung, den Stahl zu durchbrechen, haue ich jetzt wütend mit dem Hammer auf den Schnellkochtopf ein. Es ist laut. Als ich merke, dass ich so nicht weiterkomme, steht mir der Schweiß auf der Stirn und Bobby ist verschwunden. Er kauert im Wohnzimmer unter unserem Monstersofa und ist nur an seiner strubbeligen zitternden Silhouette zu erkennen. »Bobby, komm raus, du musst keine Angst haben, es ist jetzt vorbei!«, erkläre ich ihm, aber Bobby schweigt. Um ihn hervorzulocken, versuche ich aus den Resten im Kühlschrank was Appetitliches für ihn zuzubereiten, aber der kleine Hund hat keinen Hunger.

Obwohl ich mir Sorgen um Bobby mache, hat Stalin Priorität.

Aus Mangel an dem erforderlichen Material werde ich den selbstgebrannten Schnaps nun kaufen müssen. Ich liebe das KaDeWe. Hier gibt es alles und davon viel.

»Ich benötige einen Schnaps.« Erkläre ich dem Schnapsmann.

»Soll es ein Brand sein?« Der Mann freut sich, über sein Steckenpferd reden zu können.

»Weiß ich nicht. Es muss so schmecken, als hätte ich ihn selber in meiner eigenen Küche hergestellt.« Die Schnapsdrossel kichert.

»Das würde ich Ihnen aber nicht raten. Selber Schnaps herzustellen kann sehr gefährlich sein.«

»Vergiftung?«

»Ja. Explosionen auch.«

»Aha.«

»Also eher was Starkes!«

Er gibt mir einen Probeschluck. »Holla?«, fragt er und erwartet eine Antwort. Das Zeug brennt sehr.

Alkohol ist geschmacklich nicht so meine Sache, Bier ist bitter, Wein sauer und Schnaps schmerzhaft. Ich hab lieber Kakao oder Piña Colada.

»Nicht stark genug!« Gehechelt. Schnapsmann ist beeindruckt. Er greift nach einer weiteren Flasche und riecht am Gläschen, bevor er es mir reicht. Während ich trinke, nickt er.

»Holla?« Was will er?

»Holla!«, antworte ich und ernte einen zufriedenen Gesichtsausdruck.

Während ich in der Fischabteilung ein Krabbenbrötchen esse, knibble ich die Etiketten von der Flasche. Weil ich es nicht mehr vor der Arbeit nach Hause zu meiner Verkleidungskiste schaffe, muss ich improvisieren. Jeder Anschein von sichtbarer Mühe beim äußeren Erscheinungsbild könnte von jemandem wie Stalin als Interesse ausgelegt werden und ihn deshalb für immer verschrecken.

Nur weil er ein Kostverächter ist, kann man aber auch nicht nichts bieten. Es muss wenigstens die Basis stimmen.

Ich lasse mich bei Mac schminken. Wegen den sportlichen Beinen bin ich, was Hosen angeht, verunsichert, also kaufe ich mir in der Damenabteilung ein kleines cremefarbenes, zartes Kleidchen. Meine Hoffnung ist, dass es meine süße Unschuld, die ich nicht habe, hervorkitzelt. Ich gebe mir Mühe, mein neues Kostüm auf dem Weg zur Arbeit so lange abzuschleifen, bis ich gebraucht genug aussehe, um nicht zu bemüht zu wirken.

Der Diktator ist nicht da. Langweilig. So verzögert er nur den unausweichlichen Prozess unserer vorhersehbaren Beziehung mit miesem Ende.

Wütend mache ich Kaffee aller Art und boniere mir die Einnahmen in das geliehene Kellnerportemonnaie.

Als ich den Müll rausbringe, treffe ich einen jungen türkischen Mann im Hinterhof, der grade dabei ist, Zwanzig-Kilo-Säcke mit gefrorenen Pommes über den Zaun zu werfen. Ich bin mir sicher, endlich einem Azubi gegenüberzustehen.

»Hey, wehe, du verpfeifst misch!«, droht er mir.

»Ich bin selber schon angeschwärzt worden.«

»Wegen was?«

»Fratzenschneiden!« Ich glaube nicht, dass der junge Mann

weiß, was ich meine. Sicherlich denkt er, dass Fratze eine Art Tresor ist, den ich aufgeschnitten habe. Er nickt mir mitfühlend zu.

»Was macht ihr denn mit den Pommes?« Neugierig gefragt, denn man interessiert sich für die Machenschaften seiner Kollegen.

»Essen, bissu blöd?«

»Zwanzig Kilo?«

Der Junge schaut mich irritiert an. »Kann man doch wieder einfrieren!«

»Wie groß ist denn euer Eisfach?«

»Eis WAT?«

Ist auch egal, alles, was den Laden in den Ruin treibt, soll mir recht sein. »Guten Appetit!«

»Danke!«

Pünktlich in dem Moment, in dem ich abends Tisch 5 mit dem Wackeltisch zusammengeschlossen habe, kommt der Diktator mit seinem Fahrrad um die Ecke.

Durch seine Präsenz wird die Restaurantterrasse zum Forum Romanum. Eine Fanfare ertönt, ein Mann in Sandalen tritt in die Mitte und verkündet: »Die Spiele können beginnen!« Endlich. Die Menge tobt.

»Kannst du mir den Tisch aufschließen?« Stalin will das Mittelstück, den Dreier, den Königshappen, genau den Tisch, an dem alles andere hängt.

»Ist dir eigentlich klar, wie aufwendig das Schließsystem hier ist?«

»Nein.«

»Wie wäre es, wenn du dich zu mir an die Bar setzt?«

»Ich will aber gar nicht bleiben!«

»Aber nur Leute, die bleiben wollen, sitzen am Tisch«, erkläre ich.

»Nein, Leute, die nicht bleiben wollen, aber dann doch bleiben, obwohl sie nicht wollen, sitzen an der Bar.« Findet er. Es ist schwieriger als gedacht.

»Puh. Dann stell dich doch an die Bar. Dann kannst du ganz schnell wieder gehen.« Die Genervtheit plus der Seufzer in meiner Stimme lässt uns kurz die Geschlechter tauschen.

Er setzt sich auf einen Barhocker, aber nur, weil er es anders machen will, als ich ihm vorschlage.

Jonas wollte lange nicht mal mit mir zusammen in einem Auto fahren. Wahrscheinlich hatte er einfach Angst, dass ich, Ted Bundy, ihm mit einem Vorwand in meinen Wagen locke, ihn dort eins überziehe, ihm einen Ehering anstecke und ihn dann hinter mir her in ein Reihenhaus ziehe, wo er für den Rest seines Lebens unter dem Namen Schatzi im Partnerlook mit mir auf der Couch kuscheln muss.

Jonas hatte es vorgezogen, in unterschiedlichen Transportmitteln denselben Weg wie ich zu fahren.

»Ich fahr dann schon mal los!«

»Wohin?«

»Ins Kino!«

»Wenn wir denselben Film sehen, können wir doch zusammen mit dem Auto fahren!«

»Ich fahr lieber Rad. Das geht schneller.« Mit Leuten, die es lieber schneller als gemütlicher haben, stimmt was nicht.

»Findest du das normal, dass wir vom selben Punkt startend auf unterschiedliche Weise ans gleiche Ziel fahren? Ist das nicht ein bisschen erzwungen?«

Seufzen.

»Uff. Vielleicht fahr ich nach dem Kino noch zu Christoph.«

Aha. Kino als Ablenkungsmanöver für die Flucht. Jonas braucht sein Fahrzeug, direkt geparkt vor der Tür, am liebsten unangeschlossen, um schnell wegzukommen. Aber ohne Schloss geht in Berlin nicht.

»Möchtest du vielleicht lieber gleich zu Christoph? Wir müssen nicht ins Kino.« Es ist nur eine rhetorische Frage, denn wir müssen unbedingt ins Kino. 1,2 Stunden, in denen irgendein Hollywoodstar für uns übernimmt. 1,2 Stunden, in denen wir die Klappe halten und einfach nur still nebeneinandersitzen. Blicke nach vorne, keine Möglichkeit für Missverständnisse. Ruhe.

»Luzy, ich möchte GERNE mit dir ins Kino. Ich will NUR alleine mit dem Rad dahin fahren.« Stöhnend, die Wörter in einzelnen Buchstaben voneinander getrennt deutlich ausgesprochen, damit ich ihn auch verstehe.

Ich verstand trotzdem: »Ich will nicht mit dir zusammen sein!«

»Ich will am liebsten gar nicht mit dir ins Kino.« Wollte ich sagen. »Für mich ist das Kino nur das kleinste aller möglichen Übel. Denn ich kann mir leider nicht aussuchen, ob ich mit dir zusammen sein will oder nicht. Ich bin an dir festgekettet. Ich bin nicht freiwillig hier. Ich persönlich würde lieber alleine fernsehen!« Dann würde ich die lange Kette, die meinen Nasenring mit seinem Gürtel verbindet, hochheben, um meine Aussage zu untermalen. Aber ich behielt die Wahrheit für mich, denn Jonas würde mir sowieso nicht glauben.

Ich stelle die Flasche mit dem Schnaps auf die Bar. »Hier, kannst du ja mit nach Hause nehmen, wenn du nicht bleiben willst.« Ich lasse die Leine nicht nur locker, sondern schmeiße sie demonstrativ weg. Du bist frei, Stalin. Lauf!

»Oh, ist das dein Selbstgebrannter?«

Stalin kommt hinter die Bar, nimmt sich ein Glas aus dem Regal und gießt sich was ein. Ich bin einigermaßen irritiert über diesen Ausflug in meinen Tanzbereich.

Er trinkt ohne Schmerz, schmatzt nach und riecht am Glas.

»Warum riechen nur alle an ihren Getränken?«

»Weil man nur vier Geschmacksrichtungen schmecken kann, aber viel mehr riechen.«

Er hält mir das Glas hin. Ganz klar, Nagellackentferner. Aber die Geschmacks- und Geruchssache wird mir helfen, den riesigen Diktator abzuschleppen.

»Für mich riecht das leider alles gleich.« Fordere ich ihn auf, mir das Gegenteil zu beweisen. Stalin räumt den Tisch voller Flaschen und Probegläser. Man darf auf keinen Fall zwei unterschiedliche Getränke aus demselben Glas trinken, denn die Reste verfälschen den Geschmack, und um den geht's. Also ihm.

Ich will nur den ersten Boxenstopp erreichen. Den Kuss, als ersten »Check«-Haken auf dem Weg zur Beziehung.

Wir trinken und reden. Ich frage, er erzählt. Wir lachen.

Es scheint ruhig. In Wahrheit ist es *Takeshi's Castle*. Ich muss über rollende Tonnen einen Abhang überqueren, während ich mit nassen schleimigen Bällen beworfen werde. Ich muss gefallen, aber unauffällig sein, die Spannung aufbauen, halten, aber trotzdem die Zügel locker im Schoß liegen lassen.

Er ist wirklich ein schöner Mann. Fast ist nicht auszumachen, was er und was nur seine Attitüde ist. Kein Wunder, denn er ist vierzig und spielt seine Rolle schon lange. Nicht so lange wie Peter, aber so lange, dass sie ihm in Fleisch und Blut übergegangen ist. Seine Geschichte hat er schon tausendmal erzählt. Sie steht wie eine Statue, fertig und fest. Das, was ich vor mir hab, ist so, wie es ist, der Mann ist nicht mehr zu ändern. Zwei Stunden sind um, und ich hab viel von dem erfahren, was ich mir schon gedacht habe. Er kommt nicht aus Berlin, schreibt und findet, dass um uns herum bald alles den Bach runtergehen wird.

Für ihn bin ich eine Überraschung, denn er hatte sich nichts vorgestellt.

Wir schauen uns in die Augen. Daran ist nichts überbewertet. Es ist intim, denn man gibt was von sich her, wenn man bereit ist, sich für den anderen aufzumachen.

Ich entscheide mich, ihn reinzulassen, versuche alle meine Ängste, alle Fragen und alles Wollen aus meinem Blick zu nehmen und sie irgendwo nach hinten zu schieben, um Platz zu machen, damit er meinen Kern erkennen kann.

Er guckt, und ich versuche mich sehen zu lassen. Mit der Hoffnung, dass ich von selbst schön bin.

»Du glotzt mich an, als wäre ich ein zu kleiner Fernseher«, sagt er mir ins Gesicht und schaut mir dabei fest in die Augen.

»Du bist ein arroganter, bindungsunfähiger, schizoider Charakter.« Platze ich heraus. »Wenn ich könnte, würde ich meinen Kopf jetzt hier auf die Bar legen und einfach einschlafen, weil deine Ablehnung Frauen gegenüber so langweilig ist. Was jetzt kommt, habe ich schon tausend Mal erlebt.« Ich freue mich so sehr über die Wahrheit, dass ich lachen muss. Laut und gelöst.

Stalin lacht mit.

»Es ist unhöflich, so zu glotzen!« Obwohl ich weiß, dass er ein Idiot ist, kränkt seine Aussage mein Labradorherz. Für meine Verhältnisse halte ich mich schon extrem zurück. Wenn ich könnte, würde ich an ihm hochspringen, jaulen und mich anbiedernd auf den Rücken werfen.

Aber heute habe ich nicht mal den Schnaps selbst gebrannt, ich habe keinen Aufwand betrieben, sondern nur im KaDeWe eingekauft.

»Ich gucke nur!«

»Nein, du guckst so, als ob du was willst!«

»Was will ich denn?«

»Du guckst so, als ob du mich willst!«

»Findest du das nicht ziemlich eingebildet?«

»Nein, das kommt mir sehr realistisch vor.« Mein Alkoholpegel dreht am Zeiger. Er hat recht, ich kann nicht einschätzen, seit wann ich wie glotze.

»Wollen wir noch was trinken gehen, woanders als hier?«, frage ich, ohne zu zwinkern.

»Ja, aber es wird nichts passieren zwischen uns!«

Welcher Mensch würde das sagen, ohne dass man ihm zuvor seine »totale Sympathie« vom Balkon des Reichssportpalastes versichert hat. Er kann es nicht ernst meinen. Es ist bestimmt ein Witz auf höchstem Niveau, den ich nicht verstehe.

Ich kann nicht mehr Auto fahren, deswegen nimmt er mich mit auf seinem Rad. Ich sitze auf der Stange, er ist über mir, tritt in die Pedale und bestimmt unseren gemeinsamen Weg. Vielleicht interpretiere ich auch zu viel in das Ganze rein. So ist das, wenn man immer, immer selber der Fahrer ist, man ist überrascht, wenn jemand anderes eine Richtung aussucht.

Wir sitzen an der Spree.

»Du lässt dich nicht so einfach abschütteln, oder?«, fragt er mich mit echtem Interesse.

»Ich bin eine Zecke, die lieber ein Schmetterling wär.«

Stalin lächelt, ich lächele zurück.

»Glotz nicht schon wieder!«

»Ich gucke dich nett an!« Ich gucke ihn nett an, weil ich mich an seine verhaltensgestörte Art gewöhnt habe.

Es windet, dann platzt der Regen los. Die Natur ist plötzlich so doll, dass es uns beide völlig überrascht. Ein Stück Zeit wird verschluckt. Es ist dieser Teil zwischen Blick und Berührung, der endlos ist und ohne den es später nicht möglich sein wird zu bestimmen, wer sich zuerst auf wen zubewegt hat.

Ich mache den ersten Haken. Sein Kuss ist zärtlich und sanft. Höflich. So als täte er es zum ersten Mal.

Es fühlt sich so gut an, dass ich kurz an echte Liebe glaube. An die, von der ich gehört habe und die nicht weh tut.

Aber es sind nur Gefühle. Ich werde weder mir noch anderen beweisen können, dass sie echt waren, wenn sie vorbei sind. Ich wünsche mir einen Urintest, der schwarz auf weiß bestätigt, dass wir verliebt sind.

Zu meiner Überraschung hält das Gefühl an. Das liegt vielleicht daran, dass wir auf dem Weg zu ihm kaum sprechen, sondern uns anglotzen. Beide!

Zwei Fernseher, die Fernsehen gucken.

Durchweicht kommen wir in eine Wohnung, die mehr aussieht wie die Behausung eines Geschichtsprofessors als die eines mittelalten Mannes. Die Möbel sind alt und holzig und wirken, als hätte man sie aus einer Ritterburg herausgetragen.

Auf einem der Lichtschalter klebt ein halb abgeknibbelter Sternchenaufkleber. Warum? Will ich fragen, aber die Ruhe zwischen uns hat dafür gesorgt, dass das Glücksgefühl es sich mit einer Decke in meinem Herzen gemütlich gemacht hat. Ich will nichts aufrütteln oder anfassen, was umfallen kann. Finger weg von allem.

Ich soll duschen, bestimmt er, denn ich zittere von der Kälte des Regens.

Der Duschkopf ist stark und hoch, denn der Mann, der hier wohnt, misst mindestens zwei Meter. Der Wasserstrahl ist so hart, dass es mich fast wegfegt. Irgendwo zwischen Wasserwerfer und den Feuerwehrschläuchen, mit denen große muskulöse Männer im Viktoriabad am Kottbusser Damm massiert werden, weil »wir in deren Verspannungen mit den Händen gar nicht reinarbeiten können«, wie mir mein Krankengymnast erklärte, als ich die weißen Wannen entdeckte, die mehr nach Klapse als nach Rückenschmerzen aussahen.

Ich musste dahin, weil mein Kopf angefangen hatte, sich von selbst zu schütteln. Immerzu hin und her, als wollte ich ständig nein sagen.

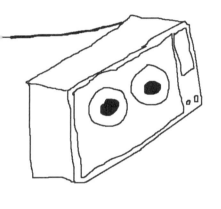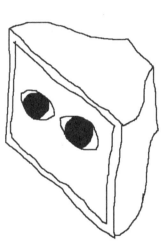

PETER Der Tremor begann in der Nacht, als das Mädchen geboren wurde.

Ihr Vater Peter war bei mir, denn wir hielten aneinander fest, völlig unklar warum.

Ich hatte Jonas angelogen, um in meiner viel zu großen Wohnung auf einen Mann zu warten, der mich in die Arme nahm und mir sagte: »Ich liebe dich, Luzy! Wirklich. Ich liebe dich wie verrückt. Wenn du nicht da bist, kann ich nur an dich denken.«

Ich glaubte ihm. Nicht weil ich naiv war, sondern weil es stimmte. Es gab Jonas und Marie und das Baby in Maries Bauch. Das Ganze war ein Verbrechen, nicht nur an den anderen, sondern auch an mir und meinem Glauben an die Liebe. Zwanzig Jahre bis lebenslänglich oder zum Erhalt des Gefühls am besten gleich die Giftspritze.

Ursprünglich war Liebe dazu gedacht, seinem Gegenüber Gutes tun zu wollen. Sie war dafür da, dass Menschen zueinanderfinden und Frieden auf der Welt herrscht.

Aber man kann jemanden auch einfach so lieben, ohne dass irgendwas Gutes dabei ist. Was im Umkehrschluss leider bedeutet, dass Liebe einen vor gar nichts beschützt. Man kann sich trotzdem belügen, weh tun und einander verlassen. In der Liebe gibt es keine Regeln.

Nachdem ich das begriffen hatte, war mir völlig unklar, warum Apollo und Jonas aus der ganzen Beziehungssache so einen Hehl gemacht hatten, denn am Ende ist das Commitment doch eh nur eine Geste.

Ich hatte mir Unterwäsche angezogen. Solche, die nur gut aussieht, wenn man jung ist. Solche, in der man kein Leben führen kann. Unterwäsche, die wie die goldenen Halsringe von afrikanischen Frauen ist. Die trug ich, damit ich hübscher war als Marie mit ihrem dicken Bauch, der bestimmt im Weg war beim Sex.

Während ich Peter seine Jacke auszog, vibrierte es in seiner Tasche und hörte nicht mehr auf, bis er gekommen war.

Die Jacke lag weit weg von uns im Flur auf dem Dielenboden des Petermuseums, trotzdem war das Brummen wie ein kleines Erdbeben.

Peter ging oft extra nicht ans Telefon, um nur für mich da zu sein.

Ich mochte das, bis ich selber zu derjenigen auf der anderen Seite wurde, die versuchte, ihn zu erreichen, während er für jemand anderen da war. »Geh dran!«, verlangte ich von ihm.

»Ich will nicht!« Es hörte nicht auf zu brummen. Die Wände wackelten im Takt. Es war dringend. »Ich will da nicht drangehen, ich bin jetzt hier!« Peter fing an zu brüllen, als ich aufstand, um das Handy aus der Küche zu holen. »Leg es hin!« Er rannte hinter mir her. Auf dem Display stand Maries Name über dem Foto, das ihrem Kontakt zugeordnet war: ein Bild von ihr halbnackt in dem Bett, das ich zusammen mit meinem Freund dem Rezeptionisten Frank für Peters alten Rücken mit harten Kissen ausgestattet hatte. Meine Nummer hatte kein Bild. Peter riss mir das Telefon aus der Hand und legte die brummende Marie auf den Tisch. »Ich geh da jetzt nicht dran!«

Ich dachte nicht nach, als ich zugriff und das Gespräch annahm.

»Luzy, nein!«, schrie er noch hinter mir, aber da hatte ich schon auf den Knopf gedrückt.

»Sag ihm, dass sein Kind kommt!«, sagte Marie, dann war es still auf der anderen Seite. Sie hatte aufgelegt.

Als Peter sich anzog, fing mein Kopf an zu wackeln und hörte erst nach drei Monaten wieder auf.

Unmerklich wackelte er vor sich hin, als Peter und ich an der Tür voreinanderstanden und klarwurde, dass genau jetzt für immer und endgültig Schluss ist.

»Herzlichen Glückwunsch«, sagte ich und schloss die Tür.

Jonas kam eine Stunde später zu mir.

Er fragte nicht nach, warum ich heulte wie ein Hund, denn es wäre einem Selbstmord gleichgekommen.

Wir legten uns in das Bett, das noch nach Peter roch. Obwohl die Zeit da gewesen wäre, hatte ich es nicht frisch bezogen. Auch die feine Unterwäsche, die wie Beweisstückmarkierungen eines Tatorts herumlagen und von Sex erzählten, hatte ich nicht weggeräumt. Jonas sollte sehen, was hier stattgefunden hatte, meinen Schmerz teilen und mit mir ein Rudel sein, das den Mond anjault.

Ich hoffte, dass er mich fragen würde, warum mein Kopf so wackelte, aber er hielt mich nur im Arm.

Ich weinte so lange, bis sein T-Shirt durchweicht war und sich mein Schmerz in schlechtes Gewissen verwandelte, das jahrelang halten sollte.

Wahrscheinlich war ich durch mein Fehlverhalten und den offensichtlichen Betrug verantwortlich für den Knacks, der von Anfang an zwischen mir und Jonas war.

Meine Hoffnung war, dass wir mit Sex überschreiben können, was ich erlebt hatte. Ich wünschte mir, dass Jonas' Spermien kleine Mäuler hätten, die alles auffraßen, was da noch so von Peter in mir rumschwamm. Wie Godzilla würden sie alles zunichtemachen, was sich ihnen in den Weg stellte, bis sie aus der Muschi den Seiteneingang meiner Seele gefunden hätten, aus dem normalerweise andersherum der Orgasmus kommt, also wenn er kommt.

Dort gäbe es dann einen epischen Kampf wie bei *Kampf der Sauriermutanten* zwischen Jonas' Killersamen und den Riesenmotten. Aber Jonas' Sperma war friedlich, und so wackelte ich weiter überzeugt mein Nein, während wir miteinander schliefen.

Ich versuchte meinen Kopf mit einem Schal an den Schultern festzuzurren, aber die Bewegung war so stark, dass sich bald der ganze Körper mit schüttelte.

»Mit Ihrem Gehirn ist alles in Ordnung, auf dem CT ist nichts Ungewöhnliches zu erkennen«, sagte der Arzt, der mich untersucht hatte. »Ich würde sagen, das ist psychosomatisch. Hatten Sie in letzter Zeit besonderen Stress?«

»Ich hab immer Stress, bitte schläfern Sie mich ein.«

»Hihihi!« Der Arzt lachte wie ein kleines Mädchen.

»Na, seien Sie mal froh, dass Sie keinen Tumor haben.« Ich war nicht froh, denn ich befand mich in diesem Alter, wo man es völlig normal findet, kerngesund zu sein.

Der Körper war bis hierhin so frisch, dass man mit Drogen und Zigaretten alles dafür getan hat, Wehwehchen ranzuzüchten, denn Gesundheit ist der Zustand, den man nicht spürt.

Die Trennung von Peter war ein Wendepunkt in meinem Leben, denn der Lack ist seitdem ab und die Blüte auf dem besten Weg, zum alten Eisen zu werden.

STALIN

Weil ich ihn ziehe, steigt Stalin in voller Montur zu mir unter die Dusche.

Das Ganze verläuft trotzdem nicht unter dem Motto »Und dann waren wir so heiß aufeinander, dass ihm seine Kleidung egal war«. Es ist eher so, als will er mich vor seinem Penis beschützen, indem er sich nicht auszieht.

Wir landen im Bett. Wieder wird geküsst. Mehr nicht, aber das ist auch nicht notwendig.

Nach einem holperigen Start fangen wir jetzt noch einmal an, ohne Fratzen und verpetzen.

Dieses Mal gehen wir vorsichtig, angezogen und höflich in Tipptoppschritten aufeinander zu.

Alles ist so schön, dass mein Argwohn schweigt und ich unvorsichtig werde, denn noch hat meine schwarze Brille rosarote Gläser und die Hoffnung in mir flüstert ganz zart: »Vielleicht werde ich ab jetzt einfach glücklich sein?«

Ich versuche mich wachzurütteln, denn wenn ich jetzt anfange zu träumen, wird es so sein, als wären meine Fantasien die Wirklichkeit. Diese Straßen bauen sich schnell.

Jetzt nur nicht denken, denke ich und denke: nicht an mich, die mit Stalin selbstgemachtes Birchermüesli frühstückt, das wir tags zuvor zusammen angemacht haben, damit die Haferflocken über Nacht weich werden, mit Kondensmilch und Wasser, denn nur so ist es beim Original und schäumt später, wenn die frische Zitrone hinzukommt.

Nicht an uns denken, die mit einem alten klapperigen Zug durch Indien fahren, zwischen Leuten eingeklemmt auf dem Weg irgendwohin in die Welt, wo es stinkt und so arm ist, dass ich mich schäme über mein unnützes Leben zu Hause, das nur aus Plastik und dem Wunsch nach Liebe besteht.

Und ich versuche nicht an Stalin zu denken, der mich beruhigend in die Arme nimmt und mir erklärt, dass ich noch werden kann, was ich will, dass mein Dasein nicht umsonst sein muss.

Ich versuche mir kein schönes warmes Meer vorzustellen, indem er mir beibringt, die Luft anzuhalten, um ohne Schnorchel zu tauchen, während er sich selbst Steine in die Badehose schaufelt, um tiefer sinken zu können.

»Wichtig ist auszuatmen, bis man ganz leer ist«, ruft er nasal durch seine Taucherbrille, die halb mit Meerwasser gefüllt ist, das vor seinen schönen braunen Augen hin und her schwappt.

Ich will nicht enttäuscht sein, wenn es nicht so läuft wie in meinem Kopf.

Ich will mit Stalin im Jetzt sein und mir nicht durch Fantastereien Jahre des Zusammenseins auf den Buckel laden, wegen denen ich ihn später, wenn er mich verlässt, vermissen werde, obwohl wir in Wirklichkeit nie zusammen gewesen sind. Aber es ist zu spät. Die Straßen sind schon fertig.

»Schön.« Findet er freiwillig und hört auf, mich zu küssen.

»Ja«, schaffe ich rauszubringen.

»Ich hab mir geschworen, das nicht mehr zu machen. Ich hab es oft versucht, aber ich kann das einfach nicht. Sei bitte nicht enttäuscht.«

Ich weiß, dass er eine Beziehung meint, die er nicht führen, geschweige denn aussprechen kann, für mich ist das keine neue Unterhaltung.

»Ich kann es auch nicht.« Platze ich raus, weil es ja wirklich auch stimmt. »Aber noch weniger, als mit jemandem zusammen zu sein, kann ich jemanden verlassen«, erkläre ich.

»Oh, mach ich auch nicht. Ich hab mich noch nie von einer Frau getrennt! Ich sorge dafür, dass sie von selber gehen.« So kann man es auch sehen, denke ich, während er sich mir anvertraut.

Stalin meint im Ernst, dass die Frauen ihn nur sitzenlassen, weil er sie vorher vergrault. Arrogant ist er und gesund zugleich.

»Das ist bei dir auch so! Bestimmt gehst du nur nicht, weil du den anderen lieber den Vortritt lassen willst. Wir sind eben höfliche Menschen.«

»Was machst du denn?«, frage ich ihn.

»Ich bin einfach sehr gemein.« Ich höre, was er sagt, aber beziehe seine Warnung null Komma null auf unsere Zukunft. Denn während er mir erklärt, dass es mit uns nichts wird, ruht mein Kopf auf seiner schönen Brust.

Das große Gericht, das über unser Verhältnis entscheidet, gibt es selbstverständlich nicht. Oft existiert jahrelang nicht mal eine mündliche Absprache, deswegen orientiert man sich an Beweisen: küssen, übernachten, Sex, angerufen werden, Komplimente, Hand halten in der Öffentlichkeit, Freunden vorgestellt werden, Eltern kennenlernen, in Urlaub fahren, zusammenziehen.

Nimmt man diese Beweise auseinander, gibt es in ihren Bestandteilen sogar weitere Indizien, die man einordnen kann. Wie, wann, wo, wie oft und wer den anderen zuerst geküsst hat. Wurde man zum Übernachten aufgefordert? Hat man darum gebeten, oder ergab es sich? Im Arm, wer bei wem? Mit oder ohne Zähneputzen?

Man schreibt nicht aktiv mit, der Vertrag erstellt sich nebenbei wie von selbst. Es ist ein Schock, wenn man wie damals bei meinem ersten Pärchenabend feststellen muss, dass alles hinfällig ist, wenn einer nicht will. Die Wirklichkeit ist Orientierungslosigkeit ohne irgendeine Versicherung.

»Eigentlich ist es nicht mal was Besonderes, Männer verlassen Frauen nie von selber, wir sind einfach so lange blöd, bis ihr geht.« Erklärt mir Stalin.

»Das stimmt nicht. Ich wurde drei von drei Malen von Männern verlassen.«

»Aber bestimmt nur, weil die Typen vorher so lange so blöd waren, bis du ausgeflippt bist und irgendwas so Schreckliches gemacht hast, dass es kein Zurück mehr gab.«

Stalin hat völlig recht. Bei jedem meiner Freunde hatte ich durch den kolossalen Fausthieb einer dramatischen Szene alles beendet: Hase getötet, Anruf von gebärender Frau angenommen, einen Arm gebrochen. Das ist die Bilanz meiner Aktionen, mit denen ich die Brücken hinter mir abgerissen hatte.

Also hatte ich in Wirklichkeit die Entscheidung getroffen, die Beziehungen zu beenden, stelle ich erfreut fest.

»Bist du denn nie verliebt?«

»Ich weiß gar nicht, was diese Liebe sein soll«, erklärt Stalin und kokettiert nicht.

»Na, diese besondere Begeisterung für jemanden, Schmetterlinge im Bauch, das reine Glück und der Wunsch, dem anderen nur Gutes zu tun«, zitiere ich die *Brigitte* oder die *Bravo* oder vielleicht auch Grimms *Dornröschen*, denn für mich ist diese Liebe bislang auch nur ein Märchen. Alles bis hierher war nicht gut, und weil das so ist, kann man eigentlich nicht von Liebe sprechen, denn Liebe heißt glücklich sein. So wie mit Sophie, so wie mit Ruth.

»Nein, aber ich finde das gut mit dir.« Höre ich Stalin sagen. »Irgendwie haben wir was gemeinsam. Wir sind beide einsame Menschen, die es nicht hinbekommen.«

Es hört sich schrecklich an, aber ich glaube, es ist ein Kompliment. Stalin hebt mich mit seiner Aussage auf seine diktatorische Augenhöhe, kurz überm Schnurrbart.

»Aber du willst es ja auch nicht hinbekommen, oder?«

»Nein, das habe ich wirklich aufgegeben. Ich bin älter als du. Da kommst du auch noch hin.«

»Wie soll denn dein Leben weitergehen, wenn du gar nichts willst?«

»Ich will ja was. Ich will meine Ruhe. Ich will keine Verantwortung für jemand anderen und kein schlechtes Gewissen haben, weil ich so bin, wie ich bin. Man müsste mich genau so lieben. Aber das tut ja keiner. Frauen wollen mich anders, und das zu Recht, denn ich bin nicht liebevoll.«

Wieder spricht er die Wahrheit gelassen aus. Stalin ist ein schwieriger Mann. Er hält einen auf Abstand, ist eingebildet und kauzig. So wie er ist, will man auf keinen Fall mit ihm zusammen sein. Auch ich mag eigentlich nicht ihn, sondern seine verbesserte Version. Wie gemein.

»Für mich hört es sich so an, als würdest du schon wollen, dass es jemand geben würde, der dich mag, wie du bist.« Ich sag extra nicht »eine Beziehung« und »liebt«, denn ich will das einäugige, lahme Kätzchen, das unter der Heizung vorgekrochen ist, nicht verschrecken.

Stalin seufzt genervt. »Uff.« Vorbei. Schade, wir scheinen seine natürliche Gesprächsgrenze erreicht zu haben.

»Nein. Ich will einfach nicht«, keift er und zieht sich in sein dunkles Seelengemäuer zurück.

Weil er mich nicht auffordert zu gehen, bleibe ich. Ich schlafe gut, denn er lässt nicht los. Der Narkoleptiker liegt auf dem Rücken, ohne sich auch nur einen Zentimeter zu bewegen.

Die Gewohnheit lässt mich, während Stalin noch schläft, aus dem, was da ist, Frühstück machen. Ich spare mir die Serviettenblumen und vergesse extra den kleinen Löffel für die weichgekochten Eier. Für meine eigene Entwicklung bin ich nachlässig. Ich werde lernen, dass ich nicht alles geben muss, denn nichts ist perfekt. Er wird sich trotzdem freuen, dass es was zu essen gibt, denn er weiß ja nicht, wie viel besser es sein könnte.

Stalin nimmt das Frühstück einfach hin, als er in die Küche kommt und sich setzt. Er greift zum Ei, das absurd winzig in seiner Mammuthand aussieht, als er es mit dem Messer köpft.

»Hart?!«, droht er fragend, betrachtet das Innere und schaut mich enttäuscht an.

»Kann nicht sein, war nur sechs Minuten drin!« Ich köpfe meins. Er hat recht, es ist sogar so hart, dass das Gelb herausbröselt.

»Kein Löffel da?!«, stellt Stalin fest. Er hört sich dabei an, als würde er die schadhaften Gasleitungen neben einem Kindergarten prüfen. Es ist zu spät, leider kann ich ihm nicht sagen, dass es sich bei dem nicht vorhandenen Löffel um einen extra eingebauten Fehler im System handelt, der lässig wirken sollte.

Der Diktator steht persönlich auf, um sich einen kleinen Löffel aus dem Besteckfach zu nehmen, denn: So schwer ist das ja nicht!

Aber ich bin schneller. Als ob es um Leben und Tod gehen würde, rupfe ich das Schubfach auf und reiche ihm das Kind von Messer und Gabel.

»Mit'm Silberlöffel Eier essen!?« Stalin bläht seine Nasenlöcher minimal auf, um seinem Ekel ein Gesicht zu verleihen.

Natürlich weiß auch ich, dass man mit Silberlöffeln keine Frühstückseier essen soll. Wir hatten zu Hause welche aus Perlmutt, die mein Vater nie benutzt hat, weil er möglichst viel Silbersulfid zu sich nehmen wollte. Es schmeckt ekelig, ist nicht giftig, aber in großen Mengen nicht gesund. Also aß er Eier. Viele Eier. Für meinen Vater war Eieressen eine doppelte Freude. Zum Silbersulfid des Löffels kommt das Cholesterin aus dem Dotter hinzu, das einen baldigen Tod durch Herzinfarkt verspricht.

In meinen Augen sieht mich Stalin strafend an.

Ich wirke wie jemand, der sich nicht genug Gedanken um den anderen gemacht hat. Obwohl ich weiß, dass in Wahrheit weder das bröselige Ei noch der silberne Löffel für Stalins Stimmungsumschwung verantwortlich ist, gebe ich mir lieber trotzdem die Schuld. So habe ich wenigstens das Gefühl, etwas negativ beeinflusst zu haben. Wenn ich es bin, die das Kind in den Brunnen geworfen hat, dann kann ich es auch wieder rausholen, denke ich und hoffe, noch nicht gänzlich die Kontrolle verloren zu haben.

Irgendwas ist seit den Küssen gestern aus dem Gleichgewicht geraten. Ich bin auf dem Mars. Dieselbe Person wie vorher, nur dass ich meine Füße nicht heben kann.

Ich hieve mich hoch, schleppe mich rüber, um schnell Sex mit ihm zu machen. Ich brauche einen weiteren Haken, irgendwas, das Halt gibt.

Stecken wir erst mal wie Mann und Frau ineinander fest, wird das schon wieder, da bin ich mir sicher.

Der Diktator mit dem silbernen Eierlöffel reicht mir keine helfende Hand, sondern frühstückt gelassen weiter. Egal, ich klappe in der Mitte ab, halte meinen Mund hin und schiebe mich ein Stück vor, damit es passieren kann. Seine Lippen sind tot und fremd. Weil die Scheißsituation immer beschissener wird, steige ich auf seinen Schoß, drücke mich an ihn und versuche im großen Stil Pheromone zu verschütten. Strömt aus! Kamelle hurra! Alaaf und helau!

Aber anstatt einen harten Schwanz unter mir spüre ich seine Hände an meinen Schultern, die mich wegschieben.

»Nein.« Sagt er einfach.

»Was meinst du mit nein?«, frage ich, obwohl die Antwort älter als die Frage ist.

»Ich will nicht!«

»Warum? Soll ich was anderes machen? Was soll ich machen?«

»Ich will keinen Sex mit dir!«, sagt er und greift um mich herum zu seinem trockenen Ei.

Das kann nicht sein! Beziehung nein, okay, tausend Mal gehört, Liebe nein, okay, tausendmal gehört, aber kein Sex ist neu.

»Ich könnte dir super einen blasen«, biete ich an und schiebe meine Lippen noch mal vor.

»Du hast Mundgeruch!«

Schock.

»Ja, ganz ehrlich, vielleicht solltest du das mal untersuchen lassen«, erklärt er mir und trinkt um mich herum einen Schluck Kaffee.

Mir ist, als könnte ich nie wieder was sagen, denn wenn ich die Lippen öffne, besteht die Gefahr, dass Menschen sterben.

Vielleicht liegt es an der Zahnprothese, und mein Mundgeruch ist nur ein Unfall. Ich will nicht selbstverschuldet unrein sein.

Raus hier! Denke ich. Schnell meinen faulenden Körper in Sicherheit bringen und mich behandeln lassen.

»Ich muss jetzt los!« Das abweisende Gefälle von Stalins Beinhaltung sorgt von selbst dafür, dass ich von ihm runterrutsche.

»Gut.« Sagt er mit weicher Stimme und schaut mich an. Jetzt nur nicht glotzen, denke ich und versuche meinem Gesichtsausdruck Würde zu verleihen.

»Bis bald«, sage ich.

»Okay.«

Als die Tür hinter mir klappt, bin ich kurz überrascht, wie leicht es ging, ihn zu verlassen. Bis mir wieder einfällt, dass ich heute Nachmittag Schicht im Verbrecherrestaurant habe.

Obwohl ich ihn nie mehr wiedersehen will, hat sich mein süchtiger Geist von ganz allein schon darauf eingestellt, sich später wieder einen fetten Shot schrecklichen Mann setzen zu können.

Und wenn er nicht kommt, werde ich ihn finden, um mir 'ne ordentliche Packung abzuholen.

Auf meinen eigenen Tränen surfe ich bis zu Ruths und Matts Haustür.

Ruth streichelt mich. Matt kommt hinzu und hilft mir auf die Couch. Beide versuchen zu verstehen, was mit mir los ist. Kurz versuche ich meinen Gestank zu verheimlichen, damit ich ihnen weiter gefallen kann. Auch wenn es stimmt, solange mein Makel kein Thema ist, ist er nicht da.

»Was ist passiert?«, will Ruth wissen. Ich reiße mich zusammen und setze mich auf.

»Er sagt, ich stinke aus dem Mund«, erkläre ich in mich hinein und ohne auszuatmen.

Ruth antwortet nicht. Das Schweigen sagt alles.

»What's wrong with her?« Matt versteht nix.

»Someone told her that she is smelling out of her mouth!«

Matt glotzt mich an. »Breath!«, befiehlt er mir, und ich halte die Luft an. Ich will es gar nicht wissen, ich will nach Hause und nie wieder atmen. Mein Kopf wird rot.

»Puste mich mal an!« Ruth ist energisch. Ich schlucke den Rest Luft runter. »Luzy, mach keinen Quatsch, atme!« Ich puste ihr ein bisschen frische Luft, die ich zwischen Vorderzähnen und Lippen festgehalten habe, entgegen.

Pffff. Ruth schnüffelt. Matt bekommt nichts ab. »Again!«, verlangt er, und ich gebe ihm etwas Atem, der mein Innerstes nie erreicht hat.

»Da ist nichts. Bestimmt hast du nur was Falsches gegessen!«

Weil sie lügt, sauge ich alle Luft im Raum ein und schicke sie durch meinen Mund in den Hals und durch die Lungenzotten durch, um sie ihr wieder ins Gesicht zu atmen. Häächh. Ruth schluckt.

»Lick your arm!«, verlangt Matt. »Than you need to wait till your spit is dry and then you smell it!« Matt scheint sich auszukennen, also lecke ich über meinen Unterarm.

Wir warten wie auf das Ergebnis eines Schwangerschaftstests.

»Wer sagt denn so was Schreckliches?«, fragt Ruth.

Ich will Stalin nicht verraten. Ich weiß selber, dass sich so viel ungefragte Ehrlichkeit nicht gehört. Wenn ich ihn jetzt schlechtmache, sind die Chancen auf einen Urlaub zu viert auf den Galapagosinseln dahin, denn eine Freundin verzeiht nie.

»Now you can try.« Matt rettet Stalin. Ich rieche an meinem Arm. Es ist wider Erwarten nicht der Geruch des Todes, der mir entgegenschlägt. Bevor ich mir ein detailliertes Urteil bilden kann, greift Matt meinen Arm und saugt sich mit der Nase daran fest.

»Mmmhh. Its not too bad«, findet er und leckt sich selber über den Arm, um eine Vergleichsprobe zu generieren. Wir warten wieder.

»Was für ein Arschloch«, sagt Ruth und beweist dadurch, dass sie auf Grund unserer freundschaftlichen Beziehung eindeutig befangen ist. Sie kann nicht mehr unparteiisch an der Auswertung teilnehmen.

Matts Arm riecht, aber ich mag ihn, also sage ich nix. Mein eigenes Verhalten lässt mich den Kern der Schrecklichkeit von

Stalins Mundgeruchanklage erkennen. Er will mich nicht schützen. Er ist bereit, mir alles ins Gesicht zu sagen. Da ist keine Angst, dass ich gehe oder ihn hasse. Ich bin ihm einfach völlig egal.

»Willst du dir zur Sicherheit vielleicht einfach mal die Zähne putzen?« Erneute Unsicherheit stellt sich ein. »Oder was essen? Vielleicht kommt das einfach vom Magen, du hast doch bestimmt seit Tagen nichts zu dir genommen!«

Ruth gibt mir Bananen, mit denen ich versuche meine Zähne einzureiben. Danach lecke ich wieder an meinem Arm, und wir warten. Die trockene Spucke riecht nach Bananen, finden Ruth und Matt, aber wer weiß schon, ob das stimmt.

»Ich brauche eine objektive Meinung.«

»What?« Matt ist ausgeschlossen.

»She needs a stranger to smell her breath«, erklärt Ruth.

»Dentist«, schlägt Matt vor.

Recht hat er, ein Arzt soll übernehmen.

Als ich wie ein Vertreter Ruth an der Tür die Hand geben will, um ihr nicht zu nahe zu kommen, zieht sie mich zu sich, drückt mir ihre offenen Lippen auf den Mund und gibt mir einen langen Zungenkuss.

»WIE kamen Sie mit den HausAUFgaben zurecht?«, will Schliki wissen.

»Ich rieche aus dem Mund!«, erkläre ich meinem Hypnotherapeuten, der jetzt wieder Zahnarzt sein soll.

»Sagt wER?« Schliki rollt mit seinem Stuhl elegant auf mich zu, um mir die Lampe ins Gesicht zu drehen.

»Josef Stalin« ist meine Antwort, denn es nützt nix, seinen Therapeuten anzulügen. Schliki hört mir nicht richtig zu, denn er ist in seinem Element.

»Atmen Sie mich mal an!« Ich röchele kehlig, um auch alles zu erwischen, was da vor sich hin modert.

»GAnz leicht vielleicht«, stellt Schliki fest.

»Was heißt das?«

»Das heißt, dass in IhrEM Atem ein Hauch von FAUlstoffen mitschwingt.«

Ich höre nur faul. »Was fault?« Meine Augen füllen sich mit Tränen. »Sind es die falschen Vorderzähne?«

»Das kann gUt sein, dass sich um dIE Prothese eine lEIchte Entzündung gebildet hat, die ...«

»Ich will diese Zähne nicht mehr«, sage ich und will die Dinger selber rausschrauben.

»Es kann aber AUch vom Magen, vom Hals, den Zahnzwi-SCHENräumen oder von den ZUNgenzotten kommen.« Er schaut mir in den Mund und kratzt mit seinem Spiegel auf dem Belag meiner Zunge herum. »Ihre sind wiRKLich ungewöhnlich lang!«

Vielleicht bin ich einfach ein medizinisches Wunder. Der Zungenzottenbär.

Es wundert mich nicht, dass wieder irgendwas von der Norm abweicht, denn alles an und in mir ist zu viel, wuchert und keimt, immer schon.

»Können wir meine Zunge bitte rasieren?!« Ich bin nicht doof, ich weiß, dass lange Zotten höchstwahrscheinlich bedeuten, dass dreiviertel des ganzen Grindes, der durch meinen Mund in mich rein- und aus mir rauskommt, darin festhängt.

»Kürzen Sie die Zotten! Abschneiden, niederbrennen, irgendwas wird doch möglich sein«, bettle ich.

»Frau Lopinski! Kein Mensch hat immer einen hunDERTprozentig frischen Atem, nicht mal Babys! SIE riechen nicht ungewöhnlich schlimm«, will er mich beruhigen.

»SIE lügen!«, kreische ich aus vollem Hals.

»Wenn Sie mir niCHT glauben, dann messen wir nach!« Schliki rollt zu seinen Gerätschaften und befestigt einen Strohhalm an einer Art Kasten, in den ich reinpusten soll. Der Halimeter misst flüchtige Schwefelverbindungen. Den Wert kann man auf der digitalen Anzeige ablesen. Wie beim Geigerzähler, wie beim Laserentfernungsmesser. Kurz stellt sich die Ruhe in mir ein, denn gleich wird es ein Ergebnis geben. Ich puste, es piepst, und dann steht da eine Zahl. Aber es ist keine null Komma null, und nur eine null Komma null wäre nix.

»SehEN Sie, alles normal!« Schliki findet null Komma Zahl normal.

»Pusten Sie da rein!«, verlange ich und reiche ihm den Strohhalm. Er tauscht das Mundstück aus.

»Damit das Ergebnis nicht verfälscht wird«, beruhigt er mich, weil er weiß, dass ich ihm Ekel vor meinem giftigen Speichel unterstelle.

Schliki hat exakt denselben Halitosiswert wie ich.

»So, und jetzt hauchen Sie mich an, damit ich weiß, wie eine 0,2 riecht!«, drohe ich bestimmt.

Er überlegt. Schliki scheint nicht sicher zu sein, wie er mit der Situation umgehen soll. Trotzdem beugt er sich ein bisschen vor und atmet in mein Gesicht. Wie ein Hund schnüffel ich in die Luft, kann auf die Entfernung aber nichts erhaschen. Also packe ich Schliki bei den Schultern, ziehe seinen Kopf über mich und dringe mit meiner Nase in seinen Mundraum ein. Vergewaltigung! Denke ich kurz erfreut, bevor ich die Luft aus seinem Rachen einsauge.

Es duftet nicht nach Rosen und Obst. Es riecht nach Mensch. Nicht intensiv, nicht krank, ganz normal eklig menschlich. So wie ein gut gepflegtes Tier.

So riecht also mein Mund, stelle ich interessiert fest und stecke die Nase noch tiefer in Schliki rein. Ich weiß nix über mich. Ich habe nie auf einem Spiegel gesessen, um meine Scheide zu begutachten, ich weiß nicht, welche Farbe mein Magen hat oder ob Venen die sind, die neues Blut bringen oder die das alte abtransportieren. Vielleicht fehlt mir sogar ein Wirbel oder eine Rippe, denn ich weiß nicht, wie viele es sein sollten.

Erstaunlich ist dieses Unwissen über neunzig Prozent meines Körpers, wenn man bedenkt, dass ich jede Delle in meinem Po und jede Falte unter den Augen kenne. Ich ärgere mich über die Krümmung meiner kurzen Finger und habe eine Meinung zu der Farbe meines Nagelbetts. Ich beschäftige mich den ganzen Tag mit mir und meiner schrecklichen Psyche, ich weiß, was ich mag und was mir Angst macht.

Dabei habe ich vielleicht, während ich mich für meine grobporige Haut schäme und mich über meine Trennungsangst ärgere, die schönsten Darminnenwände der Welt. Solche, für die man geliebt wird.

Schliki hat vor Schreck aufgehört zu atmen. Ich bin eh fertig hier, also lasse ich von ihm ab.

Es wird zwischen uns nie wieder so werden, wie es war, wird klar, als wir uns angucken. Ich habe eine Grenze überschritten und damit, wie ich von Stalin gelernt habe, eine Brücke abgerissen, so dass ich nicht mehr ins Früher zurückmuss.

Schliki ist weiß im Gesicht.

»Können Sie mir jetzt bitte noch zur Sicherheit die Vorderzähne rausnehmen?!«

Bevor ich mit meinem Leben weitermachen kann, kaufe ich Zahnseide, Zahnbürsten, Zahnzwischenraumbürsten, Zahnpasta, Atemspray, Mundwasser und einen Zungenschaber. Den gröbsten.

Ich benutze alle Produkte mehrfach auf der Toilette des Verbrecherrestaurants, bis mein Maul brennt. Zur Sicherheit lecke ich mir über den Arm und gehe beschwingt bis hysterisch ins Restaurant hinter die Theke.

Er wird herkommen und Espresso trinken. Es geht weiter! Es ist nicht vorbei. Im Gegenteil, es ist gar kein Ende in Sicht.

Ich atme tief ein, um Energie zu tanken für die nächsten fünf Jahre, aber meine Lungen bleiben schlaff.

Irgendwo sticht mich eine Ahnung, dass ich für eine volle Runde Beziehung dieses Mal keine Kraft haben werde.

»Wo sind deine Vorderzähne?«, will Sabine wissen.

»Die waren nicht mehr gut«, erkläre ich, während ich mich meinem Patenkind der Kuchentheke widme.

Sabine ist unzufrieden. Ihr Gesicht knautscht sich bedenklich zusammen, und die Lippen werden schmaler als schmal.

»Ohne Zähne kann ich dich nicht arbeiten lassen!«

»Warum nicht?«

»Weil dies ein Betrieb der gehobenen Gastronomie ist.«

Für mich steht fest, dass ich nicht gehen werde, solange Stalin nicht zum Kaffeetrinken gekommen ist. Jede andere Annäherung wäre unnatürlich umständlich und damit rückschrittlich.

»Schichtwechsel ist erst in einer Stunde, ich bin allein und die Terrasse ist voll«, erkläre ich Sabine, die selber übernehmen könnte, wenn sie ihre Kundschaft, die den Betrieb der gehobenen Gastronomie stört, nicht so sehr verabscheuen würde.

»Solange du keine Zähne hast, sagst du hier kein Wort zu niemand!«, befiehlt meine Chefin.

»Lächeln?«, frage ich lächelnd und führe meine Lücke vor.

»Auf keinen Fall!« Schnaubend fegt sie von dannen.

Um sich richtig wichtigzumachen, kommt Stalin erst am Ende meiner Schicht. Und er ist nicht allein, er hat ein Gefolge. Mann und Frau, die nicht zusammengehören, also als Paar, sie sind eher mit Stalin verbunden, wie ist allerdings unklar.

Allein die Anwesenheit der beiden verunsichert mich bis ins Mark. Sie scheinen keine Statisten zu sein. Wenn es mit ihm weitergehen soll, werde ich mit ihnen umgehen müssen. Sie nerven, denn sie rutschen in den Vordergrund, obwohl sie mich null interessieren.

Ich nenne ihn Herrn Rohrbruch und sie Frau Mückenstich, denn so sind sie. Nervig.

Ihr Körper ist mit unterschiedlichen Schichten von unspektakulären, hippiesken Kleidern verhüllt. Sie sieht sommerlich, entspannt und natürlich aus. Auf den ungefärbten Haaren sitzt ein Kranz Sommerblumen. Rohrbruch ist braungebrannt, durchtrainiert und hat ein Geweih dabei.

»Hallo, Luzy!« Stalin hat mich trotz gebürsteter Zungenzotten erkannt.

»Das sind Hanno und Leni.« Leni Mückenstich lächelt mich blitzweiß an.

Ich nicke zurück, weil ich mich noch nicht entschlossen habe, wie ich meine Zahnlosigkeit etablieren soll.

»Wir wollen nur einen schnellen Kaffee trinken, denn wir sind auf'm Sprung«, erklärt Stalin.

»Wir feiern Beltane«, erklärt Hanno Rohrbruch, flirtiv. »Das ist ein Fruchtbarkeitsfest.«

»Das hört sich ja toll an.« Begeistert, abenteuerlustig und zahnlos vorgetragen, denn ich muss schnell gebeten werden mitzukommen, um die Fruchtbarkeit zwischen Stalin und Leni zu verhindern. Die drei gucken mich geschockt an. Der Mundgeruch war mir peinlich, die Lücke nicht. Sie ist ein Zeichen dafür, dass ich Dinge anpacke.

»Vor zwei Jahren habe ich mir an einem Delfin die Vorderzähne ausgeschlagen. Die Prothesen waren nicht mehr in Schuss, deswegen habe ich sie rausnehmen lassen.« Erkläre ich, um den anderen die Fragezeichen aus den Augen zu räumen und Stalin zu berichten, dass ich mich um den Mundgeruch gekümmert habe. Er lächelt.

»Steht dir«, findet Stalin und meint es ernst. Natürlich gefällt es ihm, denn die Lücke vorzuzeigen ist uneitel.

Eitelkeit ist etwas Weibliches. Stalin will keine Beziehung. Weil er trotz Ruth und Matt wahrscheinlich vornehmlich heterosexuell ist und damit Frauen seine potentiellen Beziehungspartner sind, die er nicht will, hat er Angst vor ihnen. Weil ich keine Zähne habe, bin ich uneitel und damit unweiblich und so weniger gefährlich für ihn, ergo liebt er mich, also wenn er könnte.

»Hast du nicht Lust mitzukommen?«, schlägt Stalin vor, ohne die anderen zu fragen.

»Das ist so 'ne Art Festival an einem See in Brandenburg«, erklärt er. Leni verzieht keine Miene, so dass ich nicht erkennen kann, wie ihre Aktien in der ganzen Sache sind.

»Ja, komm mit! Wir sind alle nackt. Die Männer tragen Geweihe und die Frauen Blumenkränze, heute Nacht gibt es sogar ein Feuer.« Hanno freut sich sicher schon seit Wochen auf das Spektakel, denn er wird schon beim Erzählen ganz kribbelig.

»Ich hab kein Geweih«, erklärt Stalin.

Stalin fährt mein Auto. Das ist wie Sex, denn der Wagen ist mir so vertraut, als wäre er mein Körper. Stalin schaltet mich. Ich darf neben ihm sitzen, was sich wie ein Ritterschlag anfühlt. Wir sind die Eltern, Hanno und Leni nur Kinder. Weil das Auto alt ist, scheppert es so laut, dass wir die hinten und die uns vorne nicht hören können. Wieder hetze ich bemüht durch *Takeshi's Castle*, während Stalin bei unserer Konversation eine gute Zeit hat. Egal, solange wir im Wagen sitzen, ist alles unter Kontrolle.

Das Grundstück ist am See. Es ist überwuchert, aber aus dem Gebüsch lugt hier und da ein Bungalow hervor.

Die Wiese ist voll mit Menschen, die halbnackt in der Sonne sitzen. Ein paar sind dabei, Holz für das Feuer aufzuschichten. Es sind hauptsächlich Männer, denen sehnige Muskelstränge aus den Seiten springen, wenn sie was hochheben.

Hanno tobt, das Geweih in der Hand, sofort auf die Gruppe zu, um zu helfen. Jetzt werden die Baumstämme auf Highländerart geworfen statt geschichtet, denn es ist zu viel Kraft da. Leni, Stalin und ich bleiben stehen. Die beiden scheinen schon hier gewesen zu sein, denn sie werden begrüßt, ich eher beäugt. Hin und wieder lächele ich, um die Menschen zu verschrecken. Eine Sekunde Unsicherheit schwappt den Hippies ins Gesicht, wenn ich keine Zähne zeige.

Obwohl alles schön und frei scheint, fühle ich mich nicht wohl. Es ist unübersichtlich. Ich kann mich kaum erinnern, wann ich das letzte Mal unter so vielen Menschen gewesen bin. Mir fällt Gucci-Gregor ein. »Small Talk, Luzy, Small Talk!« Ich versuche Themen vorzubereiten, bin aber viel zu sehr von Leni abgelenkt. »Hallo, ich bin Luzy. In was für einem Verhältnis steht Stalin zu dieser Frau? Habe ich Mundgeruch?« Ich kann das einfach nicht. Egal wie nett die Menschen hier sind, mir macht das alles Angst. Ich bin jenseits von locker drauf, meine Augen huschen nervös umher, denn ich bin auf der Hut.

Stalin führt uns rum. Es gibt eine Menge zu sehen. Über der Wiese klebt ein großes Baumhaus in einer alten Buche.

Zu meinem großen Entsetzen klettern Leni und Stalin vor mir nach oben.

Höhe ist genau wie Spaß nicht mein Ding. »Luzy? Komm!«, ruft der Diktator mir zu. Ich möchte hier unten am Stamm warten. Am liebsten wäre mir, wenn die doofe Leni nicht da oben wäre, sondern nur er. Das wäre ideal. Dann könnte er da oben alleine den Ausblick genießen und ich hier unten Wache schieben. Romantischer geht es für mich kaum.

»Kommst du jetzt?« Stalin steckt seinen Kopf durch die Bodenluke und schaut mich fragend an. Schnurrbärte folgen nicht der Erdanziehungskraft, denke ich, denn seiner liegt immer noch perfekt an, obwohl er kopfüber hängt.

»Ich habe ein kleines Problem mit Höhe«, erkläre ich leise.

In Stalins Augen blitzt es, er klettert nach unten und bietet mir an, hinter mir hochzusteigen. »Ich fang dich auf, wenn du fällst. Ich bin dein Netz.« Ich vertraue diesem Mann keine Sekunde. Warum auch? Aber Stalin scheint alles um uns herum vergessen zu haben, für ihn zählt nur noch, mich auf diesen Baum zu bringen. Er will mir helfen und scheint von dieser Idee völlig besessen.

Leni Mückenstich schaut sich das ganze Spektakel von oben an. Also gebe ich mich hin. Schritt für Schritt folge ich seinen Anweisungen und klettere die Leiter nach oben. Gefallsucht siegt über Angst.

Oben angekommen, werde ich gelobt. Er drückt mich an seine starke Brust und freut sich für mich. »Das hast du gut gemacht! Siehst du, war gar nicht so schlimm, oder?«

Es ist wirklich schön. Der See liegt glatt und weit vor uns, wie ein kleines Meer. Die Krone des Baumes ist so verzweigt, dass hier oben Hängematten zwischen den Ästen hängen. Leni lässt sich in eine fallen und hängt ihr wunderschönes langes, natürliches Bein heraus, um sich selbst hin und her zu wiegen.

Wenn es eine Sache gibt, die ich noch weniger vertragen kann als Höhe, dann sind es schwankende Untergründe. Ich habe ein Problem mit meinem Innenohr. Ich kann nicht schaukeln oder im Auto hinten sitzen, mir wird schlecht und ich muss kotzen. Aber Stalin findet Hängematte toll und will, dass ich nur kurz darin liege, um zu merken, wie schön das ist.

Weil es ihn offensichtlich glücklich macht, steige ich in den Todessack und beteuere, wie großartig und super entspannend ich es finde. Stalin schaukelt mich zufrieden. Hin und her und her und hin. Die Galle kriecht mir vom Magen in den Hals, aber ich schlucke sie tapfer wieder runter. »Schön!«

»Ich würde noch 'ne Runde angeln gehen«, erklärt der Diktator. »Magst du mitkommen?«, fragt er mich, als wir wieder auf festem Boden stehen. Endlich kann man Leni die Enttäuschung ansehen. Ihre makellosen Lippen bilden eine kleine Schnute.

Ich will gar nicht, dass sie leidet, aber ich bin froh, endlich sicher zu wissen, dass sie die gegnerische Mannschaft ist.

»Klar!«

»Toll!«, findet er und lächelt mich an. Leni steht neben uns wie Karl Arsch. »Wir sind auch bald wieder da«, tröstet er sie.

»Gemein«, denken Leni und ich uns. Aber es hilft nix, auch sie scheint eine Indianerin zu sein, also wird sie die Herausforderung annehmen.

»Viel Spaß!«, wünscht sie uns und legt sich auf dem Steg auf die Lauer, während wir in See stechen.

Die Sonne scheint, und Stalin rudert uns weit hinaus. Es ist wieder wie in der Nacht in seinem Bett oder wie vorhin im Auto. Hier draußen, nur wir beide der Welt entflohen, fühle ich mich wirklich gut mit ihm. Wir rudern durch ein Vakuum und erzählen uns vom Leben.

Es ist gar nicht so, dass ich mich ihm anvertraue, denn wir wissen schon übereinander, wie verkorkst wir sind. Also kann ich frei berichten von Apollo und Peter und Jonas, ohne mir Sorgen zu machen, wie es ankommt. Ich erzähl sogar von meinen Eltern und dem Haus mit der Mauer. Stalin lacht ein freies schönes Männerlachen, wenn ich ihn amüsiere. Ich fühle mich frisch mit ihm, denn es ist, als ob er mich aufweckt. Also lasse ich los, werde echt und fest und greifbar.

An dem Zug um seine Augen kann ich erkennen, dass ich ihn berühre. Es ist nur ein kleines unmerkliches Glitzern im Augenwinkel.

Als er an der Reihe ist, von sich zu erzählen, sind wir uns so nah, dass ich das Gefühl habe, alles miterlebt zu haben.

SARA Ich glaube, ich bin aus Trotz so groß geworden. Niemand in meiner Familie ist über einen Meter siebzig. Meine ganze Masse, die sich heute auf zwei Meter ausbreitet, war damals, als ich dreizehn war, auf einen Meter vierzig zusammengestaucht. Ich hatte nicht viele Freunde. Besonders die Mädchen fanden mich eklig.

Kein Wunder, denn ich war ein fetter Junge, der von Kopf bis Fuß nach pubertärer Verwirrung roch. Ich schämte mich unheimlich für das ganze Zeug, das aus mir herausquoll.

Wegen der Schutzhaltung, die ich einnahm, um nicht zu sehr aufzufallen, wurde ich zu dem wunderlichen Nerd, für den ich gehalten wurde, bevor ich es eigentlich war. Ich hatte sogar einen Aktenkoffer, aber eigentlich nur, weil man auf dem im Winter den Berg hinterm Haus runterrutschen konnte, um den Weg zur Schule abzukürzen.

Natürlich gab es auch dieses Mädchen, das ich besonders schön fand. Sara. Kreativ war meine Wahl nicht, denn sie war einfach nur die, die herausstach, weil sie als Erste kein Kind mehr war und dafür von allen bewundert wurde.

Ich konnte sie gar nicht unauffällig betrachten, denn mein Körper machte sich in ihrer Nähe selbständig. Also verbrachte ich die Pausen in der letzten Reihe sitzend mit den Händen im Schoß.

Sara steckte mir eines Tages nach dem Sportunterricht einen Zettel zu, auf dem sie mich bat, sie bei den Röhren am Bauplatz zu treffen.

Der Bauplatz war eine alte Ruine. Eine halb fertiggebaute Siedlung, deren Investoren auf der Hälfte der Strecke das Geld ausgegangen war. Teenager trafen sich hier zum Rauchen und Abhängen. Ich wusste schon, dass es eine Falle war, bevor ich ankam. Aber die minikleine Möglichkeit, dass Sara mich treffen wollte, weil auch sie mich heimlich mochte, reichte aus, um mich freiwillig auszuliefern.

Sie waren zu viert, als sie mich festhielten und auszogen. Vielleicht hielt sich Sara irgendwo versteckt, denn sehen konnte ich sie nicht. Absurderweise war ich nur froh, dass sie nicht dabei war, als Daniel mich anpinkelte. Es wäre mir einfach peinlich gewesen.

Ich verpasste alles, während ich mich versteckte, um zu wachsen. Mit Mitte zwanzig war endlich alles an seinen Platz gerückt.

Ohne dass sich in meinem Kopf oder in meiner Seele etwas zum Positiven verändert hatte, merkte ich, dass mich Frauen auf einmal anders anguckten. Sie wollten mich, denn ich war äußerlich ein richtiger Mann geworden. Die erste, die zugriff, war eine Freundin meiner Mutter. Sie kam nach dem Essen auf mein Zimmer und bediente sich einfach. Von einer älteren Frau entjungfert zu werden ist nicht prinzipiell ein Geschenk, vor allem wenn man nicht gefragt wird. Es bedeutet nichts, wenn der Körper mitmacht, denn er funktioniert nur.

Je mehr ich mich gegen Frauen sträube, desto interessanter scheine ich zu sein. Es ist keine Masche oder Koketterie. Ich habe einfach kein Interesse an dummen Oberflächlichkeiten. Wie soll mich jemand lieben, wenn er mich nicht mal kennt? Ich hab keine Ahnung, was ihr von mir wollt, denn heute bin ich mit Sicherheit der schlechtere Mensch.

LUZY Ich glaube, er weiß selber nicht, warum er mir das erzählt hat. Es ist nicht als psychologische Begründung gemeint. Die Angelruten ruhen auf dem Bootsrand, die Schwimmer treiben drei Meter von uns entfernt. Ich traue mich nicht nachzufragen, denn aus der Erfahrung unserer letzten Nacht weiß ich, dass seine Gesprächsgrenze sehr plötzlich erreicht sein kann. Seine Geschichte ist traurig, trotzdem wirkt er wie immer aufrecht und stark.

»Wollen wir schwimmen?«, frage ich stattdessen und ernte einen genervten Blick.

»Wir angeln grade, falls es dir noch nicht aufgefallen ist.«

Es stimmt, er ist ein Nerd. Schlimmer noch. Er ist einer aus der Totgebissenen-Gruppe, vor denen ich mich früher selber so geekelt habe.

»Warum hast du mir das erzählt?«, wage ich mich vor, denn nun wirkt er weniger bedrohlich.

»Weil ich glaube, dass irgendwas zwischen uns ist.«

Ich kann kaum glauben, dass er das wirklich gesagt hat.

»Jemanden wie dich hätte ich gerne in meinem Leben.« Erklärt er und legt damit noch einen drauf. Obwohl die Sonne am Untergehen ist, wird mir heiß. Vielleicht habe ich mir sein Geständnis auch eingebildet, denn seine Körperlichkeit spricht eine komplett andere Sprache. Stalin sitzt zwei Meter von mir entfernt auf der anderen Seite des Bootes. Obwohl es leicht wäre, mich anzuschauen, ist er völlig von mir abgewandt.

Seine Haltung ist so feindselig, dass es mir die Luft abschnürt. Obwohl alles dagegen spricht, stehe ich auf und stakse über das wankende Boot auf ihn zu. Dem Diktator missfällt die Aktion, aber da bin ich schon angekommen und lasse mich neben ihm auf der Bank nieder. Unser Gewicht hebt den verlassenen Bug aus dem Wasser, der See schwappt ans Holz.

Ich sitze ganz dicht bei ihm und merke, dass er sich völlig verkrampft hat. Bevor er etwas sagen kann, schlinge ich meine Arme um ihn. Mein Kuss soll liebevoll und einladend sein. Ich möchte mich bedanken für sein Vertrauen und ihm sagen, dass es mit mir anders werden kann. Wir beide gegen den Rest der Welt.

Aber wieder treffen meine Lippen auf tote Materie. Ich spüre seine Hände an meinen Schultern, die mich entschieden wegschieben.

»Luzy, ich will das nicht!«, sagt er. »Kapier das doch!«

Ich verstehe nix, denn ich habe so gut wie keinen Mundgeruch, also laut Halimeter.

Ich versuche es noch mal und fange mir eine kräftige Ohrfeige. Stalin steht auf, das Boot schwankt gefährlich.

»Was willst du von mir, wir haben uns doch schon mal ganz wunderbar geküsst!«

»Aber nur, weil du mich einfach nicht in Ruhe gelassen hast.«

»Du hast doch grade selber gesagt, dass du mich in deinem Leben haben willst? Du schleppst mich hierher und erzählst mir solche Sachen, aber du willst nicht mit mir knutschen?«

»Nein.«

»Nie?«

»Nein.«

»Warum?«

»Weil ich dich dann irgendwann nicht mehr leiden kann, das ist mir schon hundert Mal passiert. Dich will ich aber lieben können.«

Es ist eine merkwürdige Konversation für eine Bootsfahrt. Stalin flieht vor mir und setzt sich an den Bug. Das tanzende Boot kommt langsam zur Ruhe.

»Du schnallst das nicht, oder? Lass uns wieder zurückfahren, ich glaube, ich hab mich einfach in dir getäuscht«, sagt er, greift nach den Rudern und bewegt das Boot mit kräftigen Schwüngen Richtung Hippiehochburg.

Vor meinen Augen flimmert es, denn ich kapiere wirklich nicht, was meine Aufgabe sein soll. Ich habe das Gefühl, dass wir uns zum Greifen nahe sind. Trotzdem darf ich ihn nicht anfassen. Was bedeutet Sex mir schon? Nichts. Bis auf die Nacht mit Gucci-Gregor stand Lust nie im Vordergrund. Vielleicht schafft man es, sich auch auf eine andere Art zu verbinden. Das Ufer kommt näher. Als Leni uns sieht, steht sie auf und winkt. Sie trägt kein Oberteil, ihre makellosen Brüste schwanken bei der Bewegung ein bisschen hin und her.

Die Zeit wird knapp. Aber wie verbindet man sich, ohne eine Verbindung einzugehen?

»Lass es uns doch einfach versuchen! Ich kann das bestimmt!«

Stalin schaut mich an, seine Brauen sind zusammengezogen, sein Augenwinkel glitzert noch. Wenn ich er wäre, würde ich seine Enttäuschung verstehen, denke ich enttäuscht, aber ich bin nur ich, die wie schon so oft grade wieder zurückgewiesen wurde. Ich kann mich nicht in ihn hineinversetzen, denn ich bin schon wieder voll mit meinen eigenen Problemen.

Leni greift das Seil und zurrt das Boot fest. Stalin reicht ihr die Angeln, dann steigt er auf den Steg. Das war's, denke ich. Aber natürlich geht es gleich weiter.

»Die Sauna ist an«, schreit Hanno, der nackt mit dem Geweih auf dem Kopf aus dem Gebüsch auftaucht.

Ich lege meine Kleider auf einen Stuhl, der sehr nach Schule aussieht und wie ich auf merkwürdigen Wegen hierhergekommen sein muss. Wir sind fehl am Platz.

Als ich in die Sauna komme, sind alle Plätze besetzt. Lenis Haut schimmert schwitzig, am Kinn hängt ein Tropfen wie eine Perle. »Setz dich, ich muss raus«, sagt sie, steht auf und verlässt das Saunahäuschen. Als ich mich auf ihren Platz und damit neben Stalin setze, steht auch er auf.

Schnell schließt er die Tür hinter sich, damit die heiße Luft nicht entweichen kann. Ich werde nervös.

Die Situation zwischen uns ist völlig ungeklärt. »Boa, mir ist das auch zu heiß«, erkläre ich und will hinterher, aber Hanno hält mich fest.

»Jetzt lass den beiden mal einen Moment zu zweit, ja!«, sagt er einfach so. Eiskalte Motten bringen mich zum Zittern. »Außerdem bist du doch total durchgefroren. Setz dich, ich werd dich ein bisschen durchbluten.« Hanno steht auf, macht einen

Aufguss, greift sich einen Birkenzweig und fängt an, die heiße Luft in der Sauna zu verteilen.

Um mich herum wird genüsslich gestöhnt. Außer mir sind hier nur Männer drin, muss ich feststellen.

»Du hast schöne Brüste«, sagt Hanno. Die Runde nickt zustimmend.

»Haben die beiden was miteinander?«, frage ich, denn ich finde, meine schönen Brüste haben die Jungs und mich zusammengeschweißt.

»Bestimmt«, sagt einer.

»Leni findet ihn, glaube ich, ziemlich gut«, setzt Hanno hinterher.

»Sie ist auch heiß.« Meint wieder ein anderer.

»Knut hat gesagt, dass ihre Muschi komisch schmeckt«, erklärt wieder ein anderer zu meiner Verwunderung.

»Wie komisch? Fischig?«, will ein anderer wissen.

»Nein, fischig finde ich ja gut. Das muss schon nach was schmecken, oder?«

Alle nicken. Ich fühle mich ganz komisch. Was hier verhandelt wird, ist mir zu intim.

»Findet ihr das nicht sehr merkwürdig, so über Frauen zu sprechen?«, verteidige ich auf einmal meine Konkurrentin mit der schlecht schmeckenden Muschi.

»Nein! Wir lieben Frauen«, sagt Hanno entschlossen. »Ihr seid doch nun echt das Tollste, was es gibt. Ihr hängt so eng mit der Natur zusammen, allein euer Zyklus, das ist so faszinierend! Und ihr könnt Hyperorgasmen haben. Ich wäre so gerne eine Frau.« Hanno scheint sich seiner Sache sicher. Frauen sind die besseren Männer.

»Ich glaube, ich will gar keinen Hyperorgasmus«, sage ich und meine es auch so. »Mir ist zu heiß!« Ich stehe auf, um rauszugehen.

»Dein Po ist auch super!«, wird mir hinterhergerufen. Ich

weiß, dass das nicht stimmt. Aber ich verzichte darauf, mir erklären zu lassen, dass Männer eben genau solche echten weibliche Ärsche lieben.

Es ist mein verdammter Arsch, und wenn er mir zu fett ist, dann ist das jetzt einfach so.

Die Gestalten, die ums Feuer tanzen, wirken in ihrer Nacktheit mit den Geweihen auf dem Kopf bedrohlich. Alles kann passieren, weil eigentlich aus keinem Grund gefeiert wird. Bestimmt sind Drogen im Spiel, denn der Spaß, der herrscht, ist scharf wie ein Messer. Das Fest ist so belanglos, dass es apokalyptisch wirkt.

Da, wo das Licht vom Feuer langsam dunkler wird, kopuliert man. Das ist Ficken, finde ich, denn obwohl gestöhnt wird, wirkt es zweckmäßig und unverblümt. Das kann ich deswegen beurteilen, weil ich zu jedem Paar hingehe, um zu überprüfen, ob Stalin dabei ist.

Emotional gehe ich jedes Mal wie durch eine Waschstraße, in der ich abwechselnd durchgeledert und abgespritzt werde. Die große blaue Rolle wird kommen, ganz am Ende.

Es ist zu doll hier, die Stimmung zu aufgeladen, wie die Luft in der Sauna, aus der ich komme.

Als ich alle überprüft habe, laufe ich zum See, um mich abzukühlen. Wachsam, denn in der Dunkelheit könnte ich jederzeit in einen Sexhaufen treten.

Am Ufer ist keiner. Außerhalb von mir ist es ruhig und heilig, das Wasser ist weich, als ich hineinsteige. Meine Füße unter mir sinken ein im Schmodder, der warm von den Faulstoffen ist. Ich wate in den See, der nicht tiefer wird. Nach zwanzig Metern bleibe ich stehen, das Wasser reicht mir bis zur Brust.

Mit einem Mal kommt mir meine Einsamkeit heilsam vor.

Ich kann fühlen, wie müde ich von meinem Leben bin. Was mir widerfährt, ist keine Liebe. Was ich bisher gefühlt habe, ist wie dieses Fest hinter mir nur eine Nachahmung von etwas, das es mal gab und jetzt keine Rolle mehr spielt.

Ich weiß nicht, wie lange ich hier schon stehe, als ich Stimmen hinter mir höre. Es sind er und sie.

Stalin springt mit Wucht in den See. Die Wellen, die er schlägt, erreichen mich sofort und schwappen über meine Brustwarzen. Es tut fast weh.

Leni gleitet hinter ihm ins Wasser und umschlingt ihn spielerisch. Obwohl sie ihn einfängt, sieht es leicht aus. Ich frage mich, wie bemüht sie in Wahrheit ist.

Leise mache ich mich auf, um unbemerkt näher ranzukommen. Zwei Armlängen von ihnen entfernt bleibe ich im Schilf stehen. Ich bin wieder der Indianer, der das unwegsame Terrain vorzieht. Was ich sehe, tut mir nicht weh.

Ich kenne dieses Ende, denn ich habe es vorhin auf meiner Suche am Feuer schon so oft durchlebt, dass die Wirklichkeit an Wucht verloren hat. Es betrifft mich nicht mehr.

Trotzdem gucke ich sie mir an, denn ich weiß nicht, was ich machen soll, wenn das hier vorbei ist. Mich fügen, meine Rolle annehmen und es einfach schlucken? Ich könnte es vielleicht.

Aber ich weiß jetzt schon, dass ich mich nicht mit dem abfinden werde, was er von mir will. Es ist einfach nicht das, was ich vom Leben möchte. Ich will es nicht mehr kompliziert.

Stalin erscheint mir wie der Endgegner eines Computerspiels, den man überwinden muss, um zum nächsten Level zu kommen. Aber worin besteht dieser Sieg eigentlich? Es ist kein Krieg, solange ich mich nicht messe.

Leni stöhnt in seinen Armen.

Er tut mir leid. Wenn ich könnte, würde ich ihn retten, denn ich fühle mich ihm wirklich tief verbunden. Wir sind zwei Seiten desselben Problems. Obwohl wir zusammengehören, werden wir uns niemals finden.

So wie er ist, geht es ihm gut, sagt er, und man muss ihm glauben. Es ist sein Leben. Was geht es mich eigentlich an, ich hab mein eigenes zu verderben.

Ich starre und hoffe, dass irgendwas passieren wird, das mir eine Richtung zeigt. Aber das Ritual ihrer Körper wiederholt sich nur immer wieder. Viele Möglichkeiten, ihren Sex zu gestalten, haben sie nicht, und warum sollten sie auch? Offensichtlich haben sich zwei erotische Zonen gefunden, die aufeinander reiben und für Stimmung sorgen. Es ist wie jucken und kratzen.

Ich gehe einfach, denke ich, als ich schon gehe. Anders als angenommen war dazu keine Entscheidung nötig, ich hab einfach nur die Beine bewegt. Ich guck auch nicht zurück, denn jetzt gibt es nur ein unbestimmtes Vorwärts, über die Wiese, vorbei am Feuer über die Autobahn zur Villa.

Während ich fahre, bin ich plötzlich überrascht, denn:

Es ist eine warme Sommernacht. Ich sitze im Auto und spüre die würzige Luft auf der Haut. Die Nahtstellen der Straße geben rhythmisch einen Takt vor, der mich beim Fahren begleitet. Es ist das Einzige, was ich höre, denn in meinem Kopf ist es still. Mein geschundenes Herz kühlt, während sich meine Gedanken im Nichts verlaufen.

LUZY

»Luzy, du bist ja ganz nass!« Dass ich auch nackt bin, stört meine Mutter nicht, als ich an ihr vorbei ins Haus gehe. Es ist mitten in der Nacht.

»Was ist passiert?«, will sie wissen. Ich setze mich auf einen Stuhl, denn ich bin nicht bereit zusammenzubrechen. Eine steile Lehne wird mich aufrecht halten, bis ich fertig bin.

Es soll kein Vortrag werden, denn ich habe überhaupt nichts vorbereitet. Auf der ganzen Fahrt hierher habe ich an nichts gedacht. Da sind keine Erwartungen, meine Mutter soll einfach nur wissen, wie es mir in den letzten dreißig Jahren ergangen ist. Mein Bericht hat keine emotionale Färbung.

Ich lasse nichts aus, erzähle von Schwänzen und Blasen, von Angst und Eifersucht, von schlaflosen Nächten und Selbsthass, von Apollo und Peter und Jonas und Stalin, von Gucci-Gregor, mit dem ich geschlafen habe, obwohl er in meine Mutter verliebt ist, und von all den anderen, die da waren, aber keine Rolle gespielt haben und trotzdem mein Leben bestimmt haben. Ich gestehe ihr meine Schuld an dem Ganzen, berichte von den Lügen und erkläre, dass alles so kam, wie ich es wollte, weil ich nicht anders konnte.

Es gibt keine Reihenfolge, keine Linie.

Ich frage nach Sophie, denke an Ruth und zähle dabei die Tiere auf. Den Schwan, den Hasen, den Delfin und Bobby.

Dann ist auf einmal Schluss, bis es weitergeht.

Meiner Mutter hängen Spuren von Gefühlen im Gesicht. Vielleicht hat sie geweint oder gelacht. Sie wirkt wie ein junges Mädchen, denn sie glüht, als sie aufsteht und verschwindet. Sie kommt mit einem Haufen Papiere zurück, die sie durchwühlt.

Mann, ist dieser Stuhl steil, denke ich und betrachte die Fernsehzeitschrift, die auf dem Tisch vor mir liegt und in ihren Eigenschaften so veraltet wirkt wie ich. Wer schaut wohl heute noch ins Programm.

»Was suchst du?«

»Die Adresse von der Wohnung in der Kantstraße!«

»Warum?«, frage ich, bekomme aber keine Antwort.

Meine Mutter verschwindet im Keller und kommt mit einem Benzinkanister aus den Tschernobyl-Reserven zurück. Es ist keine hysterische Aktion. Bevor sie den Inhalt über den Möbeln ausschüttet, holt sie einen Weekender und packt ein paar Sa-

chen ein, die sie brauchen wird, wenn sie in die Kantstraße zieht.

Es ist eine lebendig gewordene Kinderfantasie, welche auf die alte Frage von Sophie damals unter der Decke folgt: »Welche zehn Sachen würdest du mitnehmen, wenn du müsstest?«

Während meine Mutter auf dem Weg nach draußen den Kanister leert, nimmt sie mich mit sich.

Bevor meine Mutter das Haus niederbrennt, klingelt sie bei meinem Vater. »Wer ist da?«, schnarrt es durch die Gegensprechanlage.

»Hier ist deine Frau. Ich werde jetzt das Haus anzünden.«

Mein Vater schweigt auf der anderen Seite der Leitung, während meine Mutter ungeduldig auf der Stelle tritt.

»Aha«, setzt er mit ziemlichem Abstand hinterher. Meine Mutter verzieht genervt das Gesicht.

»Gut. Viel Glück, Anton!«, sagt sie kraftvoller als gedacht, dann fällt das Streichholz auf die benzingetränkte Fußmatte.

Es ist nicht wie im Film, wo alles Schlag auf Schlag passiert. Es braucht eine ganze Weile, bis wir die Flammen durch die Fenster schlagen sehen.

Wenn so viel Zeit vergeht, kann auch in eine außergewöhnliche Situation eine Art Alltag einziehen.

»Gut steht dir das, mein Schatz«, findet meine Mutter und meint ihre weiße Hippiebluse, die sie mir zum Überziehen gegeben hat, als ich nackt ins Haus kam.

Sie hat recht. Ich sehe irgendwie leicht aus. Floral.

»Sollten wir den Nachbarn Bescheid sagen?«, fragt sie mich.

Ich finde nicht. Unser Garten ist groß genug, dass keine akute Gefahr droht.

Wir reden sogar kurz über die Rechtslage, die uns nicht eindeutig genug erscheint, um verhaftet zu werden.

»Und wennschon. Dann gehe ich halt ins Gefängnis. Anders hätte das ja nie aufgehört.«

Auch das stimmt. Mamas Teil der Villa steht jetzt komplett in Flammen, die sich langsam auf die Seite meines Vaters rüberfressen.

Am Ende wird mein Keller übrigbleiben, denke ich irgendwie erfreut, denn so ganz will man seine Kinderstube ja auch nicht hergeben.

»Es war ja auch nicht das Haus, das stört, sondern die Situation.« Findet meine Mutter, die merkwürdig ruhig dafür ist, dass ihr Mann verbrennt.

»Ich glaube nicht, dass er drinnen bleibt«, erklärt sie monoton.

Als ich meinen Vater im atomar verseuchten Regen sitzen sah, rief ich nicht um Hilfe.

Nach all den Horrorgeschichten, die meine Mutter uns erzählt hatte, war ich sicher, dass mein Vater das nicht überleben konnte. Selbstverständlich wollte ich nicht, dass er stirbt, aber noch weniger wollte ich, dass der Krach weiterging. Meine Eltern hatten in den vergangenen Wochen in der Isolation des Hauses so heftig gestritten, dass ich mich nach ein bisschen Ruhe sehnte.

Während ich schwieg, drehte er sich um und entdeckte mich im Fenster. Ich fühlte mich ertappt. Ich war eine Tochter, die ihren Vater beim Verrecken beobachtete, ohne Hilfe zu holen.

Seine Miene war teilnahmslos, bis meine Mutter in den Garten kam. Sie rannte mit nackten Füßen über den nassen Rasen und schrie wie am Spieß. Zu meinem Entsetzen hatte sie sich auch nicht gegen den Regen geschützt. Ihre dünnen Kleider weichten durch, als sie versuchte, ihren Mann ins Haus zu ziehen.

»Anton! Bitte komm rein!« Meine Mutter weinte flehend, weil sie es nicht schaffte, meinen damals noch dicken Vater zu bewegen.

»Wenn du mich verlässt, will ich nicht mehr leben!«, brüllte er zurück und sprach damit zum ersten Mal die Drohung aus, die für die nächsten fünfundzwanzig Jahre in der Luft hängen würde.

Sie versprach ihm, dass sie nicht gehen würde, umschlang, küsste und hielt ihren Mann, meinen Vater, der auch anfing zu weinen, fest. Schließlich gingen sie ins Haus zurück.

Ich bin das Gegenteil meines Vaters. Er will sterben, wenn er nicht geliebt wird, und ich will geliebt werden, damit ich nicht sterben muss.

Irgendjemand hat die Feuerwehr verständigt, denn man hört die nahenden Martinshörner durch die Nacht im Grunewald heulen.

Ich schlage meiner Mutter vor, mit Gucci-Gregor zusammenzukommen. Aber sie will nicht.

»Ist dir das ekelig, dass ich mit ihm geschlafen hab?«, frage ich.

»Nein, mein Schatz, im Gegenteil, es wäre mir eine Ehre!«, erwidert sie und meint es nicht pervers. Ich wünsche ihr eigentlich keinen Mann, denn was soll das nach all dem auch für eine Lösung sein.

»Ist noch jemand im Haus?«, schreit der erste Feuerwehrmann, der aus dem Wagen springt. Meine Mutter überlegt, so ganz sicher scheint sie sich nicht zu sein.

»Nein«, sage ich, als sich die Haustür öffnet und mein Vater hustend das Haus verlässt.

Er ist rußverschmiert, aber wohlauf, als er auf uns zutaumelt. Vor meiner Mutter bleibt er stehen. Kurz zuckt Erleichterung über ihr Gesicht, die von unbändiger Wut überschwappt wird.

»Ich wusste es! Du bist ein feiges Schwein«, sagt sie leise.

Kurz ist endlich mal Schluss. Mein Vater wird in eine goldene Decke gewickelt und bekommt Sauerstoff, während meine

Mutter anfängt, Formulare auszufüllen und Fragen zu beantworten.

Ich bin mir nicht sicher, ob sie nicht wieder zusammenkommen und das Haus wieder aufbauen, denn was sollen sie auch machen. Sie haben sich ineinander verhakt, aber durch das Feuer hat sich ihr Aggregatzustand unwiderruflich verändert. Es wird nicht mehr sein, wie es war. Ist das jetzt diese Liebe? Ich würde es bezweifeln.

Einige Nachbarn sind zusammengelaufen und betrachten das Haus, das verkohlt unter den Wassermassen vor sich hin qualmt.

Weil meine Mutter noch im Gespräch ist, verabschiede ich mich stattdessen von meinem Vater. Mir fehlt das Gefühl für die Situation, ich erkenne nur, dass man ihn wie alle anderen Männer tatsächlich nicht zu ernst nehmen sollte.

»Tschüs, Papa!«

»Ciao, Luzy!«

Ich bin mir nicht sicher, wie es ihm geht, aber er sitzt auf jeden Fall noch unter der Couch, denn ich kann seine struppige Visage sehen.

»Komm, Bobby!«, locke ich, aber er dreht nur den Kopf.

Seine Augen reflektieren das Licht, was unheimlich wäre, wenn es mich nicht so erleichtern würde.

Das scheiß bekloppte Kuschelecksofa lässt sich nicht bewegen, und ich pass nicht drunter, obwohl ich alles gebe. Fett und dumm fühlt man sich, egal wo man nicht rein- oder durchpasst. Es kommt sicher von Aschenputtel, denke ich und ärgere mich über die Märchen, in denen Frauen in schönen Kleidern von Prinzen gejagt werden.

Zum ersten Mal seit immer packt mich ein Gefühl, das mir so echt erscheint, dass ich mich darauf verlassen kann.

»Bobby, komm jetzt bitte! Ich will nicht mehr warten müs-

sen«, sage ich entschlossen, und das Hundeding kriecht kratzend unter der Couch hervor. Bobby sieht aus wie ein Hund, als er mich anguckt.

»Ich bin die Meute«, sage ich zu ihm.

Es muss auch nicht immer New York sein, erkläre ich Bobby, dem es völlig egal ist, wo wir hingehen, solange ich nicht weggehe.

»Ich bin Bobby!«, sagt er und hat recht damit. Wir fahren Richtung Niedersachsen, um uns Barbara Ottinger und ihrem Rudel anzuschließen. Es ist erst mal ein Plan, wie gut er ist, wird sich herausstellen.

Wir finden einen Platz im Zug an einem Vierertisch, der mehr Platz vorgaukelt, als eigentlich da ist. Aber immerhin haben wir einen Tisch. Ich lehne mich an und schaue mich um. Zum ersten Mal in meinem Leben blicke ich aus mir heraus in die Welt, die einfach da ist.

Ein kleiner Junge spielt mit seiner Armlehne, die er begeistert hoch- und runterklappt, während sein Vater ihm einen Saft aufschraubt und hinüberreicht.

Das Kind trinkt und betrachtet mich dabei. Ich hätte Lust, mit ihm zu sprechen, aber mir fehlen die Zähne. Vielleicht ist es ganz gut, eine Weile nichts zu sagen, denn alles, was ich zu berichten hätte, wäre eh von dem gefärbt, was war.

Neu werde ich wohl nicht werden, aber vielleicht anders, denke ich voll Hoffnung und ohne eine Idee, was wohl anders sein wird.

Der Junge hat Stifte ausgepackt und malt auf einem Papier herum. Gut, dass der Tisch da ist. Er zeichnet mich und Bobby, das kann ich erkennen, obwohl das Blatt auf dem Kopf steht. Auch sein Vater scheint das bemerkt zu haben, denn er mustert mich lächelnd, als unsere Blicke sich treffen. Wie sein Kind ist er blond und sieht ein bisschen so aus, wie ein Außerirdischer einen Mann beschreiben würde. Form follows function. Chucks, Labrador, Apfel, Lada Niva und dieser Mann auf der anderen Seite des Tisches.

»Wie heißt der Hund?«, will er wissen, und sein Sohn guckt neugierig von seinem Papier hoch.

Die Landschaft rauscht vorbei. Irgendwas fängt wieder von vorne an, denn meine Geschichte hat kein Ende. Das Leben ist ein Haufen ...